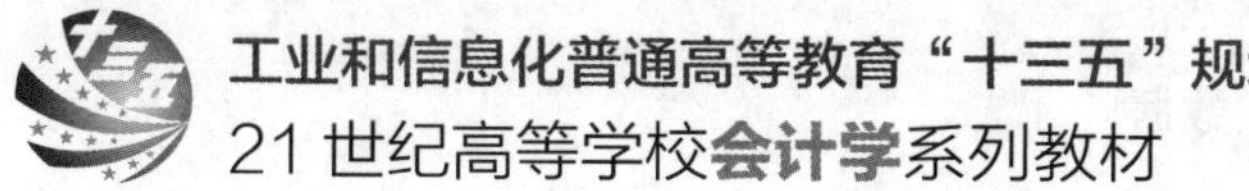

工业和信息化普通高等教育“十三五”规

21世纪高等学校**会计学**系列教材

COMPARISON OF PROFESSIONAL ACCOUNTING

行业会计比较

附微课

◆ 洑建红 主编

人 民 邮 电 出 版 社

北 京

图书在版编目（CIP）数据

行业会计比较 : 附微课 / 洑建红主编. -- 北京 : 人民邮电出版社, 2019.6（2019.12重印）
21世纪高等学校会计学系列教材
ISBN 978-7-115-50946-8

Ⅰ. ①行… Ⅱ. ①洑… Ⅲ. ①部门经济－会计－对比研究－高等学校－教材 Ⅳ. ①F235-03

中国版本图书馆CIP数据核字(2019)第043604号

内 容 提 要

本书针对多个行业的特点及现状，以我国新修订的企业会计准则、新的税收政策为依据，紧贴会计实践工作所需进行编写。本书结合高校本科学生未来就业的主要行业分布情况，重点讲解我国经济部门中除工业制造企业以外的商品流通企业、旅游餐饮服务企业、物流企业、商业银行、施工企业、房地产开发企业、农业企业等行业的会计业务特点、会计核算的特点及其专门业务的会计核算原理和方法。

本书适合本科院校会计类专业及其他经济管理类专业师生使用，也可以作为多元化经营的企业财会人员的业务参考书。

◆ 主　　编　洑建红
责任编辑　李育民
责任印制　焦志炜

◆ 人民邮电出版社出版发行　　北京市丰台区成寿寺路 11 号
邮编　100164　　电子邮件　315@ptpress.com.cn
网址　http://www.ptpress.com.cn
北京隆昌伟业印刷有限公司印刷

◆ 开本：787×1092　1/16
印张：14.5　　2019 年 6 月第 1 版
字数：408 千字　　2019 年 12 月北京第 2 次印刷

定价：42.00 元

读者服务热线：(010)81055256　印装质量热线：(010)81055316
反盗版热线：(010)81055315
广告经营许可证：京东工商广登字 20170147 号

前言 Preface

不同行业的经营业务千差万别，其业务内容和会计核算方法存在着明显的差异，因此，学生在学习了财务会计课程的基础上进一步学习行业会计课程，不仅有助于加深对财务会计理论的理解，完善知识结构，还有助于扩展对各行各业的认识，提高分析应用能力和从事各种行业会计工作的适应能力。

本书主要介绍制造业以外的其他行业的特色业务和会计核算方法，针对本科财经类专业学生的人才培养目标进行内容组织和形式设计，努力使内容贴近本科学生的就业需求，表现形式更符合本科学生的学习特点。本书的基本特色如下。

1. 基于新企业会计准则、新税法和移动支付新趋势编写本书内容

本书基于本科学生的就业需求，选取了商品流通企业、旅游餐饮服务企业、物流企业、商业银行、施工企业、房地产开发企业和农业企业 7 个行业企业，介绍其典型业务内容和核算方法，全部按照新企业会计准则和新税法的规定进行业务核算。本书还基于当前已普及的移动支付结算，在商品流通企业、旅游餐饮服务企业的相关内容中介绍了其业务核算方法。

2. 合理设计典型案例和技能训练内容

本书以提高学生的实践能力、创新能力、就业能力和创业能力为目标，融“教、学、做”于一体，重点培养学生对经济现象的分析能力。本书对 7 个行业企业分别设计了各章节的情境案例，并基于具体的企业案例剖析业务核算方法；基于每个章节的学习目标和内容，配套有针对性的习题资源。

3. 提供大量直观易懂的图表，用于表述和归纳抽象的概念、原理和方法

本书共提供了 130 多张图表，通过高质量且生动、直观的图表呈现抽象的概念、原理和方法，归纳总结知识点，这样不仅能够提高学生的学习兴趣，而且能够帮助学生梳理复杂、抽象的逻辑关系，形成系统的知识体系，从而提高其分析应用能力。

在配套资源建设方面，本书为授课教师提供教学用 PPT 和技能训练题答案，读者登录人邮教育社区（www.ryjiaoyu.com）即可下载相关资源。针对教材中一些重点、难点和扩展的知识点，本书提供了相应的微课资源，读者扫描书中二维码即可观看。

本书的参考学时为 68 学时，各章的参考学时参见下面的学时分配表。

章	节	学时分配
第一章　商品流通企业典型业务核算	第一节　商品流通企业概述	1
	第二节　批发商品业务的核算	6
	第三节　零售商品业务的核算	6
第二章　旅游餐饮服务企业典型业务核算	第一节　旅游餐饮服务企业概述	1
	第二节　旅行社典型经营业务核算	3
	第三节　餐饮企业典型经营业务核算	3
	第四节　酒店企业典型经营业务核算	3
第三章　物流企业典型业务核算	第一节　物流企业概述	1
	第二节　公路运输业务核算	4
	第三节　运输相关业务核算	4
第四章　商业银行典型业务核算	第一节　商业银行概述	2
	第二节　存款业务的核算	3
	第三节　贷款业务的核算	3
	第四节　支付结算业务的核算	4
第五章　施工企业典型业务核算	第一节　施工企业概述	1
	第二节　周转材料和临时设施的核算	1
	第三节　工程成本的核算	4
	第四节　工程合同收入与合同费用的核算	4
第六章　房地产开发企业典型业务核算	第一节　房地产开发企业概述	1
	第二节　房地产开发成本的核算	4
	第三节　房地产开发产品的核算	4
第七章　农业企业典型业务核算	第一节　农业企业概述	1
	第二节　农业企业的生物资产核算	4
学时总计		68

本书由洑建红担任主编。在本书的编写过程中，常州市久久灵会计服务有限公司朱亚媛总经理参与了课程的案例设计，并提供了有益的资料和宝贵的建议，在此表示感谢。

限于水平和时间有限，书中难免存在疏漏之处，请各位读者不吝赐教。

编者

2019 年 4 月

目录 Contents

第三章 物流企业典型业务核算

第四章 商业银行典型业务核算

第五章 施工企业典型业务核算

第六章　房地产开发企业典型业务核算

第七章　农业企业典型业务核算

参考文献

商品流通企业典型业务核算　第一章

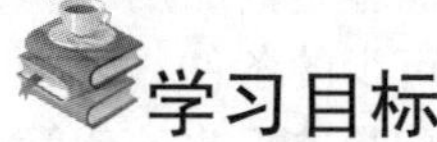

学习目标

- 熟悉商品流通企业的主要经营业务及其核算特点。
- 能对批发商品业务进行购进、销售、储存和成本的核算。
- 能对零售商品业务进行购进、销售、储存和成本的核算。
- 能对鲜活商品业务进行购进、销售、储存和成本的核算。

第一节　商品流通企业概述

人们的日常生活与商品流通密不可分，琳琅满目的商品丰富着我们的物质生活。随着市场经济的发展、产品的不断创新，商品流通涉及的范围不断扩展，业务规模迅速扩大，商品流通业在我国国民经济中所占的比重不断提高。近年来，在互联网信息技术快速发展的背景下，商品流通企业的经营形式也在不断创新，形成了更加多样化的商业模式。学习商品流通企业典型业务核算，必须先了解商品流通企业的主要经营业务。商品流通企业是怎样开展商品购销业务的？经营业务活动与会计核算是怎样相互衔接的？与其他行业中的企业相比较，商品流通企业的会计核算有哪些特点？在本节里，通过学习，你应对这些问题形成清晰的认识，从而为后续学习业务核算知识打下基础。

一、商品流通企业的主要经营业务

商品流通是指商品通过购销交易，从生产企业向消费者转移的过程。商品流通企业是通过组织商品流通而获利的企业。商品流通企业经营活动的主要内容是商品购销，其主要经营业务如图 1-1 所示，包括购进、储存、调拨和销售 4 个环节。其中，购进和销售是完成商品流通的关键业务环节，储存和调拨等是围绕商品购销展开的。

图 1-1　商品流通企业的主要经营业务

1. 商品购进

商品流通企业的商品购进是商品流转的起点。商品购进的成立，必须同时具备两个条件：①购进商品的目的是为了销售，如果购进的商品是企业自用，就不属于商品购进的范围；②通过货币结算取得商品的所有权，不通过支付货款而取得的商品，均不属于商品购进的范围，如其他单位赠送的样品、收回销货退回的商品、为收取手续费而替其他单位代购的商品。以物易物交易中取得的商品因为已付出对价的商品或通过退补结算了差价，可视为特殊的货币结算方式，交易双方均应做购销业务处理。

2. 商品储存

商品储存是指商品流通企业购进的商品销售以前在企业中的停留状态。商品储存是商品购进和商品销售的中间环节，保持合理的商品储存量是商品流通企业开展经营活动必不可少的条件。处于商品储存状态的商品包括库存商品、委托代销商品、受托代销商品、发出商品和购货方拒收的代管商品等。购进的商品入库前需进行验货，验收人员包括商品检验人员和实物负责人。验货入库后需填写一式三联的“入库单”，一联作为实物负责人登记商品账的依据，一联交会计部门作为商品采购入账的依据，一联交采购部门备查。

在直运销售业务中，购进的商品以在途物资的形态存续，不经过入库存储环节。

3. 商品调拨

商品调拨是商品流通企业在同一独立核算单位内部各实物负责人或柜组、门市部（非同一县、市除外）之间的商品转移。商品调拨不是商品流转的必需环节，只是为了实现销售而在内部进行的商品储存位置或经济责任的调整。商品调拨不是对外销售，不进行销售核算，也不进行内部结算，只是转移各实物负责人或柜组、门市部所承担的经济责任。

4. 商品销售

商品销售是指商品流通企业通过货币结算而售出商品的交易行为，是商品流通的终点。不通过货币结算而发出的商品，不属于商品销售的范围，主要有发出加工的商品、进货退回的商品、赠送给其他单位的样品、为收取手续费而替其他单位代销的商品、虽已发出但仍属于本单位所有的委托代销商品等。

二、商品购销中的交接货方式

企业对消费者的购销业务交接货方式一般比较简单，主要是货款两清制，即消费者在企业的卖场自选商品后，一手交钱一手交货。企业对企业的购销业务交接货方式，需要根据商品的特点、运输条件和管理要求等影响因素，由购销双方协商确定，一般有提货制、发货制和送货制 3 种方式。

1. 提货制

提货制又称为“取货制”，是由购货单位指派专人到销货单位的仓库或指定的地点提取并验收商品的一种交接货方式。这种方式一般适用于现货交易的同城商品购销业务。其交接结算业务流程如图 1-2 所示。

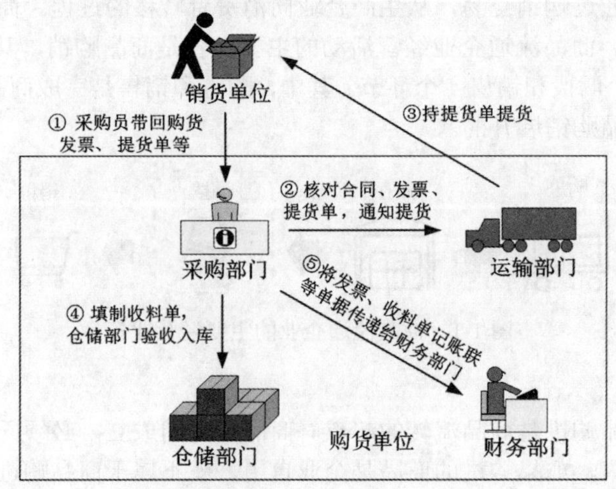

图 1-2 提货制交接结算业务流程

2. 发货制

发货制是由供货单位根据购销合同规定的条件，将商品委托物流企业发运到购货单位所在地或指定地点，由购货单位领取并验收入库的一种交接货方式。这种方式一般适用于异地商品的购销业务。其交接结算业务流程如图 1-3 所示。

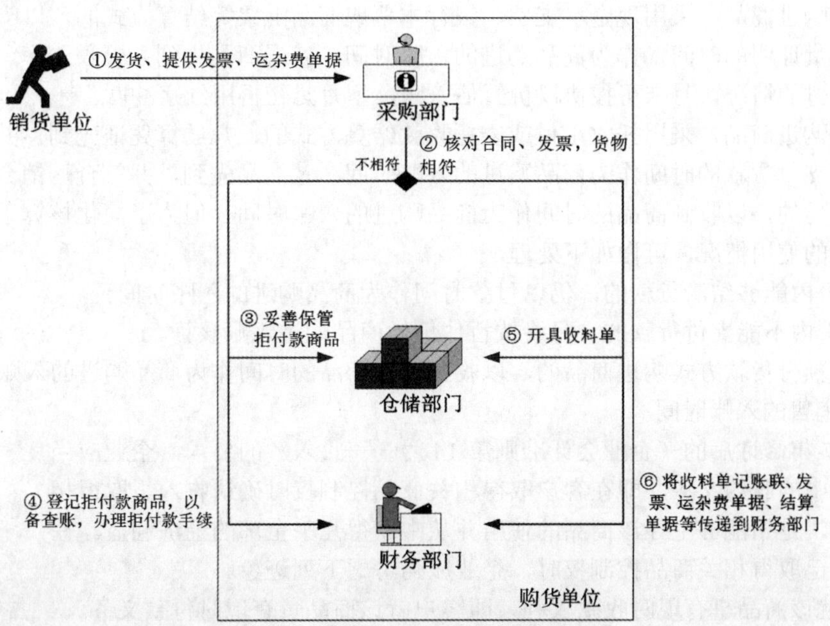

图 1-3　发货制交接结算业务流程

3. 送货制

送货制是指供货单位将商品送到购货单位的仓库或指定地点，由购货单位验收的一种交接货方式。这种方式一般适用于商品的销货对象比较固定的购销业务。其交接结算业务流程如图 1-4 所示。

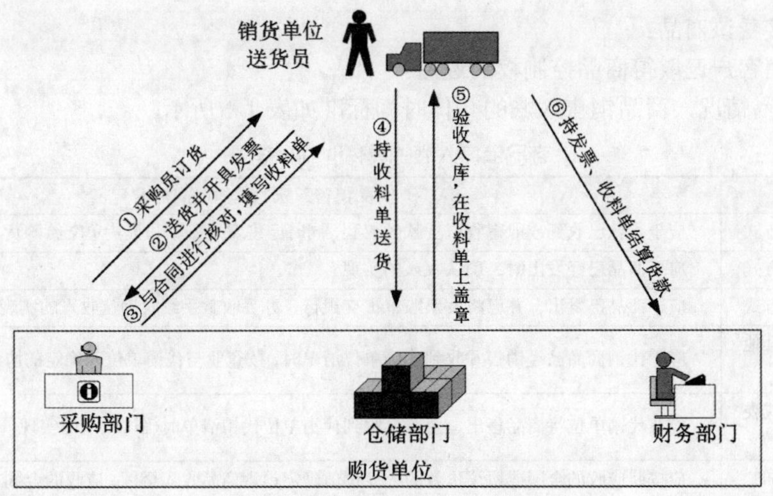

图 1-4　送货制交接结算业务流程

三、商品购销的入账时间

商品购销的确认与购销中的交接货方式和货款结算方式密切相关，应根据企业会计准则的有关规定，结合业务具体情况确定商品购销的入账时间。

1. 商品购进的入账时间

商品购进的入账时间，应以取得商品所有权或支配权的时间作为依据，在实际工作中，由于货款结算方式和商品交接方式的不同，商品购进的具体入账时间有以下几种情况。

（1）同城购进商品，采用现金、支票、银行本票或商品汇票等结算方式的，以支付货款并取得供货单位的发货证明的时间，作为商品购进的入账时间；若遇商品先到并验收入库，货款因结算联未到而尚未支付的情况，月末可按协议价暂估入账，下月月初再用红字冲回。

（2）异地购进商品，采用托收承付或委托收款结算方式的，凡结算凭证先到，并承付货款，商品后到的，以支付货款的时间作为商品购进的入账时间；凡商品先到，并符合购销合同规定已验收入库，货款后付的，以收到商品的时间作为商品购进的入账时间。但为了简化核算手续，便于集中反映采购资金的使用情况，可做如下处理。

① 对月份内能够结清货款的，仍以付款时间作为商品购进的入账时间。

② 对月份内不能支付货款的，月终按暂估价做商品购进入账核算。

（3）采用预付货款方式购进商品的，以收到所购商品的时间作为商品购进的入账时间。

2. 商品销售的入账时间

按照 2017 年修订后的《企业会计准则第 14 号——收入》的要求，企业应当在履行了合同中的履约义务，即在客户取得相关商品控制权时确认收入。取得相关商品控制权，是指能够主导该商品的使用并从中获得几乎全部的经济利益。在判断客户是否已取得相关商品控制权时，企业应当考虑下列迹象。

微课：《企业会计准则第 14 号——收入》原文

① 企业就该商品享有现时收款权利，即客户就该商品负有现时付款义务。

② 企业已将该商品的法定所有权转移给客户，即客户已拥有该商品的法定所有权。

③ 企业已将该商品实物转移给客户，即客户已占有该商品实物。

④ 企业已将该商品所有权上的主要风险和报酬转移给客户，即客户已取得该商品所有权上的主要风险和报酬。

⑤ 客户已接受该商品。

⑥ 其他表明客户已取得商品控制权的迹象。

结合具体交易情况，商品销售入账的具体时间标准如表 1-1 所示。

表 1-1　商品销售入账的具体时间标准

交易内容	商品销售入账的具体时间标准
采用交款提货销售方式	应于货款已收到或取得收取货款的权利，同时已将发票账单和提货单交给购货方时确认收入的实现
采用预收账款销售方式	应于商品已经发出时，确认收入的实现
采用托收承付结算方式	应于商品已发出，并已将发票账单提交银行、办妥收款手续时确认收入的实现
采用买断方式委托其他单位代销	应于代销商品已经销售并收到代销单位清单时，按企业与代销单位间确定的协议价确认收入的实现
采用收取手续费方式委托其他单位代销	应在代销单位将商品售出、企业已收到代销单位代销清单时确认收入的实现
具有融资租赁性质的分期收款式销售方式	应按照应收的合同或协议价款的公允价值确定销售商品收入金额，应收的合同或协议价款与公允价值之间的差额，应在合同或协议期间内分期摊销

四、商品流通企业典型业务的核算特点

商品流通企业的会计核算与其他行业企业一样，都需遵循企业会计准则和相关会计制度的规定，

其对资产、负债、所有者权益、收入、费用、利润的核算与其他企业有许多共同之处。同时，由于商品流通企业主要围绕商品购销开展经营活动，故商品流通企业的会计核算必须以商品购销为核心，从而形成了商品流通企业会计核算的显著特点。

1. 核算对象的特点

商品流通企业会计核算的对象是商品流转，即商品购进、商品储存和商品销售的过程和结果。与制造企业相比较，商品流通企业没有生产过程，购进的商品一般可直接销售，或仅需要进行简单的包装加工即可销售，所以在会计核算中无须设置“生产成本”和“制造费用”科目。

2. 存货核算的特点

存货在商品流通企业的全部资产中占有较大的比重，是企业核算和管理的重点。商品存货内容的复杂多样，特别是商品类型的多样和商品经营方式的不同，决定了商品流通企业存货核算方法的特殊性。根据不同类型商品流通企业的经营特点和管理需要，对商品的核算可采用进价核算和售价核算两种不同的方法。这两种方法又可再细分为金额核算和数量核算两种，如表 1-2 所示。

表 1-2 商品流通企业存货的核算方法

存货核算方法		含义	优、缺点	适用范围
进价核算法	进价金额核算法	又称“进价记账，盘存计销”，对库存商品的总分类核算和明细分类核算都按进价金额记账，不反映实物数量	优点：核算手续简便，工作量小； 缺点：以存计耗，不能对商品进、销、存的数量实施控制	售价变化快、实物数量不易控制的鲜活商品流通企业
	数量进价金额核算法	对库存商品的明细分类账同时以实物数量和进价金额两种计量单位进行核算	优点：能对每种商品进、销、存的数量和金额进行管理和控制； 缺点：记账工作量大	①批发企业；②农副产品收购企业；③粮食企业；④品种单一、专业性强的零售企业；⑤采用进、销、存管理软件的零售企业
售价核算法	售价金额核算法	又称“售价记账，实物负责制”，对库存商品的总分类核算和明细分类核算都只按售价金额记账，不反映实物数量	优点：核算工作量小； 缺点：对库存商品实物数量缺乏控制	一般的小型零售企业
	数量售价金额核算法	对库存商品的明细分类账同时以实物数量和售价金额两种计量单位进行核算	优点：能反映每种商品进、销、存的数量和售价金额变动情况； 缺点：在商品购进时要核算每种商品的进销差价，记账工作量大	①小型批发企业；②品种单一的专业零售企业；③采用进、销、存管理软件的零售企业

3. 成本核算的特点

商品流通企业不进行产品生产，已销商品的成本即为购进商品的成本。采购商品过程中发生的运输费、装卸费、保险费及其他可归属于存货采购成本的费用，应计入所购商品的成本，也可以先对相关费用进行归集，期末根据所购商品的数量或金额进行分摊；进货费用金额较小的，发生时也可直接计入当期的销售费用。

采用进价核算法的商品流通企业，其商品销售的成本即为已销商品的购进成本；采用售价核算法的企业，由于购进的商品按售价核算，其商品销售的成本为商品销售收入与已销售商品分摊的进销差价的差额。

技能训练题

一、单项选择题

1. 以下选项中不属于商品流通企业经营中必须经过的环节是（　　）。

A. 商品购进　　B. 商品储存　　C. 商品调拨　　D. 商品销售

2．一般适用于异地商品购销业务的交接货方式是（　　）。

A．提货制　　B．送货制　　C．发货制　　D．自选制

3．企业在购进商品时，如遇月末商品先到、货款结算凭证尚未到达，则（　　）。

A．不入账　　B．按暂估价入账

C．按实际价入账　　D．按过去的入库价入账

4．大中型批发企业通常采用的存货核算方法是（　　）。

A．进价金额核算法　　B．售价金额核算法

C．数量进价金额核算法　　D．数量售价金额核算法

5．进价金额核算法适用于（　　）。

A．工业品批发公司　　B．粮食企业

C．专业性强的零售企业　　D．经营鲜活商品的零售企业

6．商品流通企业核算与管理的重点是（　　）。

A．存货　　B．收入　　C．费用　　D．货币资金

二、多项选择题

1．以下不应做商品购进业务核算的是（　　）。

A．合作商家赠送的样品　　B．本单位为发放职工福利而购进的商品

C．以物易物取得的商品　　D．为收取手续费而替其他单位代购的商品

2．以下属于商品流通企业存货的是（　　）。

A．发出商品　　B．购货方拒收的代管商品

C．在途物资　　D．受托代销商品

3．以下关于商品购进入账时间的说法中，正确的是（　　）。

A．同城购进商品的，为支付货款并取得供货方的发货证明的时间

B．采用托收承付结算方式的，结算凭证先到、商品后到的，为支付货款的时间

C．采用托收承付结算方式的，结算凭证先到、商品后到的，为收到商品的时间

D．采用预付货款方式的，为预付货款的时间

4．以下关于商品销售入账时间的说法中，正确的是（　　）。

A．采用预收账款销售方式的，为商品发出的时间

B．采用买断方式委托代销的，为代销商品已经销售并收到代销清单的时间

C．采用托收承付结算方式的，为商品已发出，并实际收到货款的时间

D．采用交款提货销售方式的，为购货方实际已提货的时间

5．商品流通企业一般无须设置的科目是（　　）。

A．“其他业务收入”　B．“其他业务成本”　C．“生产成本”　D．“制造费用”

三、判断题

1．购进供本单位自用的商品属于商品购进的范围。（　　）

2．商品流通企业也可能会发生对购进商品的加工，其加工所产生的费用应开设“生产成本”等账户进行核算。（　　）

3．采用预收账款方式销售商品的，应于商品已经发出时，确认收入的实现。（　　）

4．商品流通企业进货费用金额较小的，发生时也可直接计入当期的销售费用。（　　）

5．采用售价核算法的企业，其商品销售的成本即为已销商品的购进成本。（　　）

第二节 批发商品业务的核算

现实生活中，我们经常能看到各类的专业批发市场，如农产品批发市场、小商品批发市场、家电批发市场等。市场中的商家面对的客户主要是各类零售商。通过批发交易，零售商购进所需的商品，再将其销售给最终的消费者。本节以一家从事批发业务的企业——鸿达数码公司为背景，介绍批发商品的典型业务。批发商品购进业务可能涉及哪些具体情况？会计核算是怎样进行的？批发商品的销售有哪些具体方式？每种方式的会计核算方法是什么？批发企业的商品储存与成本核算业务有哪些特点？应如何准确地进行商品销售成本核算？通过学习，你应对这些问题形成清晰的认识，并能够结合具体的批发企业经济业务进行相应的会计核算。

一、批发商品业务的核算方法

批发商品业务是指批发企业从生产企业或其他企业购进商品，销售给零售企业或其他批发企业，用以转售或进一步加工的购销业务。批发企业商品流转的特点是：①一般经营的是大宗商品的购销业务，经营规模和业务量较大；②为确保商品销售，一般库存商品数量较大；③购销对象一般为生产企业和零售企业，异地交易比重较大；④交易额较大但交易次数不如零售企业频繁。由于具有这些特点，批发企业在内部管理上要求有较严密的分工协作，要加强对库存商品的控制和管理。其购销活动一般以经济合同为依据，购销双方都应提供内容完整的交易凭证，以利于商品的交接和货款结算。

批发企业经营商品的流转特点决定了其采用的存货核算方法。一般批发企业采用数量进价金额核算法，小型批发企业也可采用数量售价金额核算法。

1. 数量进价金额核算法

数量进价金额核算法指库存商品总分类账户和明细分类账户除了按照进价金额反映外，明细分类账户还反映商品的实物数量。具体核算内容如下。

（1）财会部门设置“库存商品”总账和明细账。总账按商品的实价金额记账；明细账按每一商品的品名、规格或等级分别开立明细账户，同时运用实物数量和进价金额两种量度记账。

（2）业务部门和仓库保管部门也按每一商品的品名、规格或等级设置商品调拨账与实物保管账，记录各种商品收、发、存方面的数量变动。

（3）财会部门定期核对“库存商品”总账和明细账，与仓库保管部门核对“库存商品”实物保管账，并定期实地盘点库存商品实物，以确保账账、账实相符。

（4）根据商品经营的特点，采用恰当的方法，随时或定期计算并结转已销商品的销售成本。

采用数量进价金额核算法，有利于从数量和金额两方面对库存商品进行控制和管理，可以满足业务部门开展购销业务活动、会计部门加强资金管理、保管部门明确经济责任的需要。但由于每笔购销业务都需要填制会计凭证并登记商品的明细账，会计核算的工作量较大。由于批发企业一般交易额较大但交易次数不多，需要加强对库存商品的控制和管理，故通常使用数量进价金额核算法进行会计核算。

2. 数量售价金额核算法

数量售价金额核算法的内容与数量进价金额核算法基本相同，都需要分别开立“库存商品”总账、明细账和实物保管账，实行数量和金额的双重控制。数量售价金额核算法与数量进价金额核算法的不同之处是：①“库存商品”总账和明细账均按售价记账；②需开设“商品进销差价”账户，记录售价金额和进价金额之间的差额，定期分摊已销商品的进销差价，计算已销商品的进价成本和结存商品的进价金额。

数量售价金额核算法同样能反映和控制商品的数量，同时还能反映和控制商品的售价和进销差价，有利于充分发挥会计的监督作用，但每当商品售价变动时就要盘点库存商品，调整库存商品的金额和差价，核算的工作量较大。因此，数量售价金额核算法仅适用于经营的商品售价相对稳定的小型批发企业和经营贵重物品的零售企业。

本节以下仅介绍在批发企业中普遍采用的数量进价金额核算法。

二、批发商品购进业务的核算

为反映批发商品购进业务，企业需设置“在途物资”和“库存商品”账户。

“在途物资”账户用以核算货款已付、尚未验收入库的在途商品的采购成本，明细账可按供货单位和商品的品名、规格或等级设置。

“库存商品”账户用以核算企业库存的各种商品的实际成本、计划成本或售价，明细账按商品的品名、规格或等级设置。

根据批发商品购进业务发生情况的不同，我们可将批发商品购进业务分为多种情境，如图 1-5 所示。核算中还会涉及“应交税费——应交增值税（进项税额）”“应付账款”“银行存款”“待处理财产损溢”等多个相关核算账户。

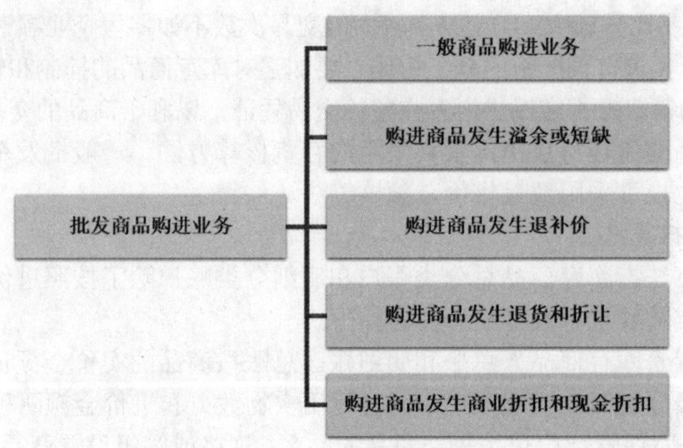

图 1-5　批发商品购进业务的典型情境

1. 一般商品购进业务的核算

批发商品购进业务包括同城商品购进业务和异地商品购进业务。在通常情况下，同城购进商品时，进货和付款结算可在一天内完成，能在一天内做到钱货两清；异地商品购进一般由供货单位采用“发货制”发运商品，购货单位在本地接货，进货和付款结算不一定能在一天内完成，从而形成“单货同到”“单到货未到”和“货到单未到”3 种情况。其会计核算的方法与制造企业购进材料的账务处理方法相同。

微课：财政部、国家税务总局、海关总署〔2019〕第 39 号文

【例1-1】鸿达数码公司购进网线一批，商品由采购员提回后交仓库验收入库，并取得购进商品的增值税发票，不含税价款20 000元，进项税额3 200元；供货方代垫运费，取得增值税专用发票，不含税价100元，增值税税额9元。开出转账支票支付了货款

和运费。做会计分录如下。

借：库存商品——网线　　20 100
　　应交税费——应交增值税（进项税额）　　2 609
　　贷：银行存款　　22 709

【例1-2】鸿达数码公司向厂家购进无线鼠标一批，已取得厂家发来的增值税专用发票，商品尚未收到。增值税发票显示不含税价30 000元，增值税税额3 900元。

在“单到货未到”的情况下，可根据商品的到货时间，结合具体情况进行会计处理。如果商品在近日内即可到货，可妥善保管相关发票，待货到后按“单货同到”的情况进行会计核算；如果在收到发票后即进行了货款支付，则做会计分录如下。

借：在途物资——无线鼠标　　30 000
　　应交税费——应交增值税（进项税额）　　3 900
　　贷：银行存款　　33 900

【例1-3】鸿达数码公司购进音箱50台，按合同规定不含税单价为1 000元，增值税税率为13%，商品已到并验收入库，尚未收到相关发票。

在“货到单未到”的情况下，一般未付款的购进商品可暂不入账，待收到发票等结算单据后再进行会计核算；如果月底仍未收到相关结算单据，则需做暂估入账，编制会计分录如下。

借：库存商品——音箱　　50 000
　　贷：应付账款——暂估应付账款　　50 000

次月月初用红字冲回。

借：库存商品——音箱　　[50 000]
　　贷：应付账款——暂估应付账款　　[50 000]

2. 购进商品发生溢余或短缺的核算

商品在购进过程中，由于出入库工作差错、自然升溢或损耗、运输部门差错等原因，可能发生商品的溢余或短缺。如果出现此种情况，应查明原因，及时进行有关的会计处理。具体核算过程如图 1-6 所示。

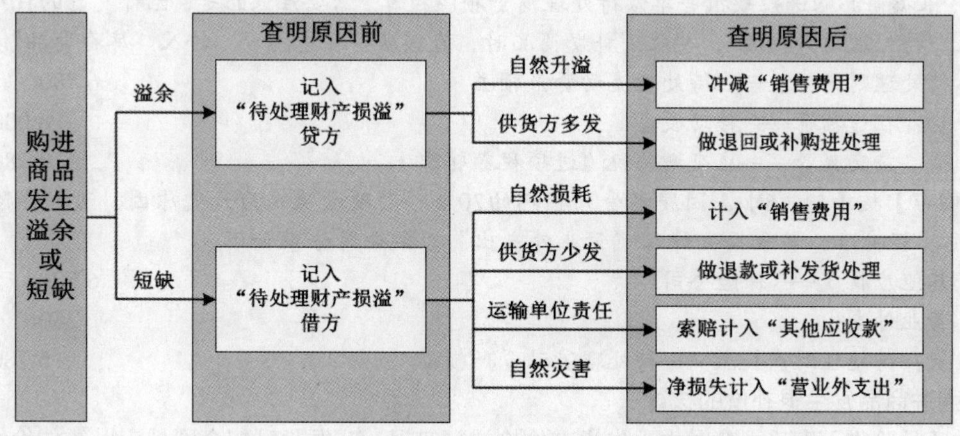

图 1-6　购进商品发生溢余或短缺的核算过程

【例1-4】鸿达数码公司从华强公司异地购进耳机共100个，不含税单价为50元，商品运到，并取得增值税专用发票，价款5 000元，增值税税额650元。验收入库时发现耳机实为120个，因该项业务存在异常情况，货款暂不支付。根据实收商品入库单、增值税专用发票和商品购进溢余报告单，做会计分录如下。

借：库存商品——耳机　6 000
　　应交税费——应交增值税（进项税额）　650
　　贷：应付账款——华强公司　5 650
　　　　待处理财产损溢——待处理流动资产损溢　1 000

【例1-5】接【例1-4】，后经查实，多收的20个耳机为供货单位多发，经协商决定做商品购进处理，取得供货单位补开的增值税专用发票，并通过银行电汇支付了全部货款。

（1）查明原因后，做补购进处理，做会计分录如下。

借：待处理财产损溢——待处理流动资产损溢　1 000
　　应交税费——应交增值税（进项税额）　130
　　贷：应付账款——华强公司　1 130

（2）支付全部货款时，做会计分录如下。

借：应付账款——华强公司　6 780
　　贷：银行存款　6 780

【例1-6】鸿达数码公司从科华公司异地购进移动硬盘共100个，不含税单价为300元，商品运到，并取得增值税专用发票，价款30 000元，增值税税额3 900元。验收时发现，实际到货90个。经查实，短缺的10个移动硬盘为供货单位少发货，经协商，供货单位随即补发货。在收到的90个移动硬盘中，有20个移动硬盘因浸水受到损坏。因收到商品存在短缺、损坏问题，暂不付款结算。根据实收商品入库单、增值税专用发票和商品购进短缺报告单，做会计分录如下。

（1）根据购销合同和取得的增值税专用发票做购进商品核算。

借：在途物资——移动硬盘　30 000
　　应交税费——应交增值税（进项税额）　4 800
　　贷：应付账款——科华公司　34 800

（2）根据商品入库单做验收入库核算。

借：库存商品——移动硬盘　21 000
　　贷：在途物资——移动硬盘　21 000

（3）根据商品购进短缺报告单做待处理财产损溢核算。需要注意的是，已补发货的10个移动硬盘不计入“待处理财产损溢”，待收到补发商品时，直接从“在途物资”转入“库存商品”。

借：待处理财产损溢——待处理流动资产损溢　6 780
　　贷：在途物资——移动硬盘　6 000
　　　　应交税费——应交增值税（进项税额转出）　780

【例1-7】接【例1-6】，因浸水受到损坏的20个移动硬盘确定为天气原因，可向保险公司索赔6 500元。经批准，其余损失计入“营业外支出”。做会计分录如下。

借：其他应收款——保险公司　6 500
　　营业外支出　280
　　贷：待处理财产损溢——待处理流动资产损溢　6 780

3. 购进商品发生退补价的核算

购进商品验收入库后，有时由于供货方价格计算错误，或发货时按合同规定以暂估价结算，而导致进货退价或补价情况的发生。进货退补价业务只涉及商品价格，不涉及商品数量。

（1）进货退价的核算。进货退价是由于已购进的商品核算进价高于实际进价所导致的后续购销双方的结算。此种情况下，应由销货方填制红字增值税专用发票送交购货方，并退付货款。财会部门收到供货方的红字增值税专用发票及退货款时，应根据该批商品的存、销情况做出账务处理。如果退价时购进的商品尚未售出，或虽已售出，但尚未结转销售成本，则以退回的货款冲减库存商品和增值税进项税额；如果退价时购进的商品已经全部或部分售出，并已结转销售成本，则以退回的货款冲减主营业务成本和增值税进项税额。

【例1-8】鸿达数码公司上月从飞达公司购进充电宝100个，取得增值税专用发票，充电宝的不含税单价为70元，增值税税率为13%，商品已验收入库，以电汇方式支付了货款。本月接到飞达公司通知，该批充电宝每个不含税单价应为60元，并开来红字增值税专用发票，退来货款1 130元。经查，该批商品已于上月销售60个，并已结转商品销售成本。该项业务会计处理如下。

（1）上月购进商品时的会计核算

借：库存商品——充电宝	7 000	
应交税费——应交增值税（进项税额）	910	
贷：银行存款		7 910

（2）本月收到飞达公司红字增值税专用发票及退货款时的会计核算

应冲减的库存商品成本=1 130÷（1+13%）×40%=400（元）

应冲减的主营业务成本=1 130÷（1+13%）×60%=600（元）

借：银行存款	1 130	
应交税费——应交增值税（进项税额）	[130]	
贷：库存商品——充电宝		400
主营业务成本		600

(2) 进货补价的核算。进货补价是由于已购进的商品核算进价低于实际进价所导致的后续购销双方的结算。此种情况下，经双方协商，供货单位填制补价发票送交购货单位，购货单位财会部门收到供货方的补价发票后补付货款，并根据该批商品的存、销情况做出账务处理。其会计分录与发生退价的分录正好相反，这里不再赘述。

4. 购进商品发生退货和折让的核算

由于企业购进商品数量较多，在验收入库时，一般只能按整件抽样验收。以后如发现商品有品种、质量或规格不符的情况，应及时与供货方联系退货。经供货方同意后，做购货退回或折让处理。

(1) 购货退回。企业发生的购货退回有两种情况。

① 企业进货后尚未支付货款，且未做账务处理。此时发生退货，购货方无须进行账务处理，但需将收到的原增值税专用发票的发票联和抵扣联退还给供货方。供货方收到后，在退回的发票联、抵扣联及有关记账联上注明“作废”，作为扣减当期销项税额和进行账务处理的凭证。

② 企业进货后已支付货款，或者未支付货款但已做账务处理。在这种情况下，原增值税专用发票的发票联和抵扣联已无法退还，此时发生退货，购货方必须取得当地主管税务机关开具的红字增值税专用发票通知单，将其送交供货方，作为供货方开具红字增值税专用发票的合法依据。供货方收到通知单后，根据退回货物的实际数量金额情况向购货方开具红字增值税专用发票。所开具的红字增值税专用发票的记账联作为供货方扣减当期销项税额和进行有关账务处理的依据，发票联、抵扣联经税务机关认证后作为购货方扣减进项税额和进行有关账务处理的依据。

【例1-9】鸿达数码公司从科迅公司异地购进墨盒100个，取得增值税专用发票，墨盒不含税单价为150元，增值税税率为13%，商品已验收入库，以电汇方式支付了货款。次日，发现该批墨盒存在质量问题，经协商，供货方同意退货，并取得科迅公司开具的红字增值税专用发票和退款。有关会计处理如下。

（1）收到科迅公司发来的商品时

借：库存商品——墨盒	15 000	
应交税费——应交增值税（进项税额）	1 950	
贷：银行存款		16 950

（2）发现墨盒存在质量问题，进行退货处理时

借：银行存款　　16 950

应交税费——应交增值税（进项税额）　　[1 950]

贷：库存商品——墨盒　　15 000

（2）购货折让。购货折让是指企业购进的商品因品种、规格和质量不符等原因，销货方所给予的价格上的减让。销货方应填制红字增值税专用发票送交购货方，并退付货款。其业务处理方法与发生退价的处理方法相同，这里不再赘述。

5. 购进商品发生商业折扣和现金折扣的核算

商业折扣是销货方为促进商品销售而在商品标价基础上给予的价格扣除，商业折扣通常以百分数表示，如 10%、20%等。购销双方均按扣除商业折扣后的发票金额进行业务核算。现金折扣与商业折扣不同，现金折扣是指购货方在赊购商品后，因及时清偿赊购货款而从供货方处取得的债务扣除。发生现金折扣时，应按总价法进行核算，取得的现金折扣计入“财务费用”账户。

【例1-10】鸿达数码公司10日从科通公司购进无线路由器100台，取得增值税专用发票，无线路由器不含税单价为100元，增值税税率为13%，付款条件为“2/10，1/20，*N*/30”，商品已验收入库。29日以电汇方式支付了货款。

（1）10日从科通公司购进商品的会计核算

借：库存商品——无线路由器　　10 000

应交税费——应交增值税（进项税额）　　1 300

贷：应付账款——科通公司　　11 300

（2）29日以电汇方式支付货款的会计核算

支付货款的时间未超过20日，可获得1%的现金折扣，可冲减的财务费用=11 300×1%=113（元）。做会计分录如下。

借：应付账款——科通公司　　11 300

贷：银行存款　　11 187

财务费用　　113

三、批发商品销售业务的核算

批发商品销售业务的核算主要反映商品的销售、出库和货款结算情况。需设置“主营业务收入”账户，用以反映商品销售收入；设置“主营业务成本”账户，用以反映商品销售成本。根据批发商品销售业务发生情况的不同，我们可将批发商品销售业务分为多种情境，如图 1-7 所示，核算中还会涉及“库存商品”“应交税费——应交增值税（销项税额）”“应收账款”“银行存款”等多个其他相关账户。

1. 一般商品销售业务的核算

根据客户所在的区域不同，商品销售可分为本地销售和异地销售。本地销售一般采用提货制和送货制，异地销售一般采用发货制。在异地销售中，一般由供货方委托运输单位将商品运至购货方处。支付给运输单位的运费，需

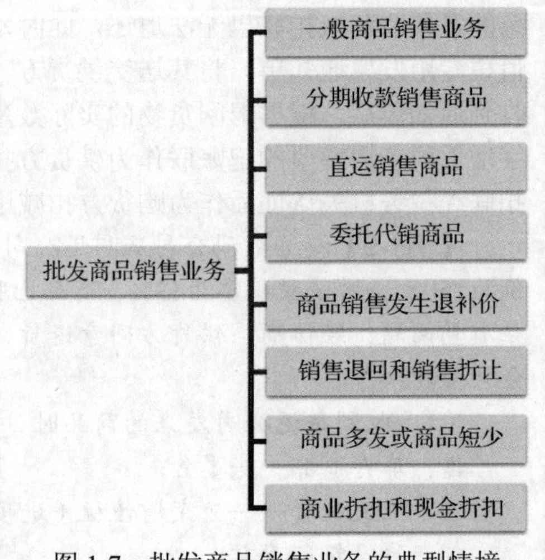

图 1-7　批发商品销售业务的典型情境

在购销合同中确定承担方。如由销货方承担运费，则该笔运费销货方作为“销售费用”核算，并以包含运费的销售价格销售商品；如果运费由购货方承担，则销货方应按代垫运费计入“应收账款”，连同销货款一并与购货方进行结算。

【例1-11】鸿达数码公司销售给讯和公司一批网线，合计价款10 000元，销项税额1 300元，已向物流公司办理了发运手续，以现金代垫运费100元，货款尚未收到。做会计分录如下。

借：应收账款——讯和公司　　11 400
　贷：主营业务收入　　10 000
　　应交税费——应交增值税（销项税额）　　1 300
　　库存现金　　100

在实际工作中，如果商品不符合收入确认的条件，则不应确认收入。发出的商品，应通过“发出商品”账户进行核算。“发出商品”为资产类账户，用以核算企业已发出仓库但尚未实现销售的商品。借方登记企业已发出但尚未售出的商品数额，贷方登记已实现销售的发出商品数额，期末余额在借方，反映企业已发出但尚未实现销售的商品数额。该账户应按商品品种、规格、等级等进行明细分类核算。

【例1-12】假定【例1-11】中鸿达数码公司销售给讯和公司网线时，得知该公司资金周转发生困难，货款回收存在较大的不确定性，但为了减少商品积压，仍决定将商品发往讯和公司，并开具增值税专用发票。该批网线的购进成本为8 000元，则会计处理如下。

（1）进行发出商品的核算

借：发出商品——网线　　8 000
　贷：库存商品——网线　　8 000

（2）将增值税专用发票上注明的增值税税额和代垫运费计入“应收账款”

借：应收账款——讯和公司　　1 400
　贷：应交税费——应交增值税（销项税额）　　1 300
　　库存现金　　100

【例1-13】接【例1-12】，10天后，讯和公司资金状况好转，采用电汇方式支付了该批网线的相关货款。会计处理如下。

（1）收到货款结算单时，进行收入核算和货款回收核算

借：银行存款　　11 400
　贷：主营业务收入　　10 000
　　应收账款——讯和公司　　1 400

（2）进行结转成本核算

借：主营业务成本　　8 000
　贷：发出商品——网线　　8 000

2. 分期收款销售商品的核算

分期收款销售商品是指销货方按照合同规定，将商品先发送给购货方，再分期或延期收款的一种销售方式。根据分期或延期的时间长短，我们可将其分为不具有融资性质的分期收款销售和具有融资性质的分期收款销售。通常情况下，批发企业采用的分期收款销售方式一般期限在一年以内，可视为不具有融资性质，会计核算上应按照合同约定的收款日期确认销售收入，同时分期结转销售成本。

【例1-14】鸿达数码公司采用分期收款方式向科天公司发出蓝牙音箱一批，总成本30 000元，总售价40 000元（不含增值税），价款在半年内分3次收回，第1次和第2次分别收取价款的40%，第3次收取20%，并在收款日分3次向科天公司开具相应金额的销售发票。会计处理如下。

（1）发出商品时，根据分期收款销售的发货单，编制如下会计分录。

借：发出商品——蓝牙音箱　　30 000
　　贷：库存商品——蓝牙音箱　　30 000

（2）第1次收款日到，确认当期的销售收入并结转销售成本。

借：应收账款——科天公司　　18 080
　　贷：主营业务收入　　16 000
　　　　应交税费——应交增值税（销项税额）　　2 080
借：主营业务成本　　12 000
　　贷：发出商品——蓝牙音箱　　12 000

（3）第2次收款日到，编制与第1次收款日相同的会计分录。

（4）第3次收款日到，以同样的方法计算应确认的收入和结转的销售成本。

借：应收账款——科天公司　　9 040
　　贷：主营业务收入　　8 000
　　　　应交税费——应交增值税（销项税额）　　1 040
借：主营业务成本　　6 000
　　贷：发出商品——蓝牙音箱　　6 000

3. 直运销售商品的核算

直运销售商品是指企业从供货方处购进商品后，不通过企业仓库而直接发往购货方的一种销售方式，如图 1-8 所示。采用直运销售商品的方式，可以减少商品存储所占用的时间和出入库手续，有利于节约流通费用，加速资金周转。直运销售方式主要适用于数量大、规格单一、质量稳定的商品。

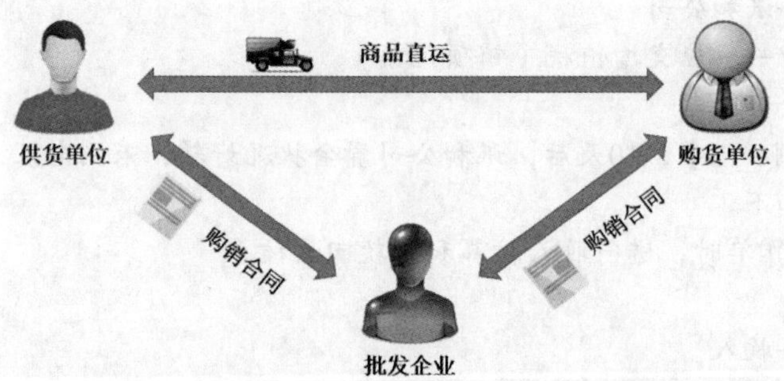

图 1-8　直运销售商品图示

直运销售商品的特点是商品的购进和销售业务同时发生，不通过“库存商品”账户核算购进商品，而是通过“在途物资”账户核算。由于直运商品购进和销售的增值税专用发票上已列明商品的购进金额和销售金额，故商品销售成本可以按照实际进价成本分销售批次随时进行结转。

直运销售商品的一般业务程序是：①批发企业派采购员驻供货单位办理商品发运，代垫运费及委托所在地银行向购货单位托收货款等事项；②在商品发运后，采购员寄回托收凭证回单联，增值税专用发票发票联、抵扣联及直运商品收发货单。

【例1-15】鸿达数码公司从飞科公司购进U盘200个，U盘不含税单价为40元，计价款8 000元，税额1 040元。鸿达数码公司已收到飞科公司的结算凭证，货款已转账支付。按合同规定，该批U盘直运销售给时代商城，不含税单价为50元，计价款10 000元，税额1 300元。鸿达数码公司以现金代垫运费50元（普通发票），已向银行办妥了对时代商城的托收手续，货款尚未收到。该项业务的会计处理如下。

（1）收到飞科公司的结算凭证，支付货款的会计核算。

借：在途物资——U盘　　8 000
　　应交税费——应交增值税（进项税额）　　1 040
　　贷：银行存款　　9 040

（2）向银行办妥对时代商城的托收手续时的会计核算。

借：应收账款——时代商城　　11 350
　　贷：主营业务收入——U盘　　10 000
　　　　应交税费——应交增值税（销项税额）　　1 300
　　　　库存现金　　50

（3）结转商品销售成本的会计核算。

借：主营业务成本——U盘　　8 000
　　贷：在途物资——U盘　　8 000

4. 委托代销商品的核算

委托代销商品是指货物的所有人委托其他单位或个人销售货物的交易方式。根据代销商品销售后不同的处理方法，其可分为视同买断和收取手续费两种具体方式。

（1）视同买断方式

视同买断方式的委托代销是指委托方和受托方之间的合同或协议明确规定，受托方在取得代销商品后，实际售价由受托方自定，实际售价与协议价之间的差额归受托方所有。由于此种销售方式本质上仍为委托代销，委托方将商品交付给受托方时，商品所有权上的风险和报酬并未转移给受托方，因此，委托方在交付商品时不确认收入，受托方也不作为购进商品处理。受托方将商品销售后，应按实际售价确认为销售收入，并向委托方开具代销清单。委托方收到代销清单时，再确认收入。

采取视同买断方式的委托代销业务核算，应设置“发出商品”“受托代销商品”“受托代销商品款”等账户。“发出商品”账户在分期收款销售商品的核算方法中已做介绍，以下说明“受托代销商品”“受托代销商品款”账户的记账方法。

“受托代销商品”账户为资产类账户，用以核算企业接受其他单位或个人委托代销的商品。借方登记企业收到的代销商品，贷方用于结转已售的代销商品成本，期末余额在借方，反映企业尚未销售的代销商品数额。该账户应按委托单位和商品品种、规格、等级等进行明细分类核算。

“受托代销商品款”为负债类账户，用以核算企业接受代销商品的货款。贷方登记企业收到的代销商品金额，借方登记销售的代销商品金额，期末余额在贷方，反映尚未销售的代销商品金额。该账户应按委托单位进行明细分类核算。

【例1-16】鸿达数码公司委托腾飞公司销售墨盒100个，协议价180元/个，增值税税率为13%。代销协议约定，腾飞公司可自行定价销售。该批商品已发出，月末，腾飞公司已销售墨盒40个，不含税单价为200元，并向鸿达数码公司开具了商品代销清单。鸿达数码公司据此开具增值税专用发票。腾飞公司收到发票后通过银行转账支付了货款。该批墨盒的成本为150元/个。会计处理如下。

（1）鸿达数码公司的会计核算

① 发出商品的会计核算。

借：发出商品——腾飞公司——墨盒　　15 000
　　贷：库存商品——墨盒　　15 000

② 收到腾飞公司商品代销清单的会计核算。

借：应收账款——腾飞公司　　8 136
　　贷：主营业务收入　　7 200
　　　　应交税费——应交增值税（销项税额）　　936

③ 结转已销商品销售成本的会计核算。

借：主营业务成本　　6 000

　贷：发出商品——腾飞公司——墨盒　　6 000

④ 收到代销商品款的会计核算。

借：银行存款　　8 136

　贷：应收账款——腾飞公司　　8 136

（2）腾飞公司的会计核算

① 收到商品时的会计核算。

借：受托代销商品——鸿达数码公司——墨盒　　18 000

　贷：受托代销商品款——鸿达数码公司　　18 000

② 对外销售代销商品后的核算。

借：银行存款　　9 040

　贷：主营业务收入　　8 000

　　应交税费——应交增值税（销项税额）　　1 040

借：主营业务成本　　7 200

　贷：受托代销商品——鸿达数码公司——墨盒　　7 200

借：受托代销商品款——鸿达数码公司　　7 200

　贷：应付账款——鸿达数码公司　　7 200

③ 支付的货款核算。

借：应付账款——鸿达数码公司　　7 200

　应交税费——应交增值税（进项税额）　　936

　贷：银行存款　　8136

（2）收取手续费方式

收取手续费方式的委托代销是指委托方和受托方之间的协议或合同明确规定，将来受托方没有将商品售出时可以将商品退给委托方，或受托方因代销商品出现亏损时可以要求委托方补偿。在此种委托代销方式下，委托方在发出商品时通常不确认销售收入，受托方也不做购进商品处理；受托方销售商品后，按实际售价确认收入，并向委托方开具代销清单，同时按合同或协议约定的方法计算手续费收入，委托方根据收到的代销清单核算销售收入和手续费。

与视同买断方式的委托代销类似，收取手续费方式的委托代销业务核算也应设置“发出商品”“受托代销商品”“受托代销商品款”等账户。

【例1-17】鸿达数码公司委托腾飞公司销售音箱100个，按协议约定，每台按不含税价150元销售，增值税税率为13%。鸿达数码公司按不含税售价的10%支付腾飞公司代销的手续费。本月月末，鸿达数码公司收到腾飞公司开来的代销清单，销售音箱30个，鸿达数码公司根据代销清单向腾飞公司开出了增值税专用发票。该批音箱的成本为120元/个。会计处理如下。

（1）鸿达数码公司的会计核算

① 发出商品时的会计核算。

借：发出商品——腾飞公司——音箱　　12 000

　贷：库存商品——音箱　　12 000

② 收到代销清单时的收入核算。

借：应收账款——腾飞公司　　5 085

　贷：主营业务收入　　4 500

　　应交税费——应交增值税（销项税额）　　585

③ 结转代销商品成本的核算。

借：主营业务成本　　3 600
　　贷：发出商品——腾飞公司——音箱　　3 600

④ 代销手续费的核算。

借：销售费用　　450
　　贷：应收账款——腾飞公司　　450

⑤ 收到腾飞公司支付的货款时的核算。

借：银行存款　　4 634
　　贷：应收账款——腾飞公司　　4 634

（2）腾飞公司的会计核算

① 收到商品时的会计核算。

借：受托代销商品——鸿达数码公司——音箱　　15 000
　　贷：受托代销商品款——鸿达数码公司　　15 000

② 对外销售代销商品后的核算。

借：银行存款　　5 085
　　贷：应付账款——鸿达数码公司　　4 500
　　　　应交税费——应交增值税（销项税额）　　585
借：受托代销商品款——鸿达数码公司　　4 500
　　贷：受托代销商品——鸿达数码公司——音箱　　4 500

③ 收到委托方开来的增值税专用发票时的核算。

借：应交税费——应交增值税（进项税额）　　585
　　贷：应付账款——鸿达数码公司　　585

④ 支付货款并核算代销手续费。

收取的手续费应交的增值税销项税额=450÷（1+6%）×6%=25.47（元）

借：应付账款——鸿达数码公司　　5 085
　　贷：银行存款　　4 635
　　　　其他业务收入　　424.53
　　　　应交税费——应交增值税（销项税额）　　25.47

5. 商品销售发生退补价的核算

批发企业在商品销售后，发现商品的货款计算错误或先按暂定价结算后又正式定价的，需要向购货单位退还或补收货款。实际销售价格低于已结算货款价格的应进行销售退价，销货单位应将多收的货款差额退还给购货单位；实际销售价格高于已结算货款价格的应进行销售补价，销货单位应向购货单位补收少算的货款。商品销售发生退补价时，先由业务部门填制“销货更正单”，财会部门审核后，据以开具红、蓝字增值税专用发票，办理退补价手续。销售退补价仅涉及销售金额的调整，不涉及商品销售数量的调整，会计核算上只需增加或减少“主营业务收入”“应交税费——应交增值税（销项税额）”账户的金额，不需要调整“库存商品”和“主营业务成本”账户的金额。

【例1-18】鸿达数码公司日前销售给时代商城100个鼠标，不含税单价为50元，增值税税率为13%，货款尚未收到。现发现单价开错，该批鼠标不含税单价应为40元，开出红字增值税专用发票，应退对方货款1 130元。会计处理如下。

借：应收账款——时代商城　　[1 130]
　　贷：主营业务收入——鼠标　　[1 000]
　　　　应交税费——应交增值税（销项税额）　　[130]

若销售商品发生补价事项，则根据实际补价按【例 1-18】做蓝字会计分录。

6. 销售退回和销售折让的核算

批发企业在商品销售后，购货方发现商品的品种、规格、质量等与购销协议或合同不符等而提出退货或价格折让时，经批发企业业务部门同意后，根据具体情况办理销售退回或销售折让手续。

（1）销售退回。企业应根据销售退回发生的时间做相应的处理。

① 未确认收入的售出商品发生退回的，企业应将退回商品的成本金额从"发出商品"账户转回"库存商品"账户。借记"库存商品"，贷记"发出商品"。

② 已确认收入的售出商品发生退回的，企业应取得开具红字增值税专用发票通知单，据此开具红字增值税专用发票。销售退回无论是当年发生还是以前年度发生，均应在发生时冲减退回当期的商品销售收入，同时冲减退回当期的商品销售成本。

③ 已确认收入的售出商品发生销售退回属于资产负债表日后事项的，应按照资产负债表日后事项的有关规定进行处理。

【例1-19】鸿达数码公司日前销售给时代商城50个墨盒，不含税单价为180元，增值税税率为13%，尚未收到货款。现购货方发现商品存在质量问题，要求退货。经业务部门同意，商品已退回并验收入库，已向购货方开具了红字增值税专用发票。会计处理如下。

借：应收账款——时代商城　　10 170（红字）

　贷：主营业务收入——墨盒　　9 000（红字）

　　应交税费——应交增值税（销项税额）　　1 170（红字）

如果退回的商品已结转了销售成本，则还应按发出商品的成本借记"库存商品"账户，贷记"主营业务成本"账户。

（2）销售折让。企业因销售的商品品种、规格和质量不符等原因，经与购货方协商，给予价格上的折让时，应由销货方根据购货方提供的开具红字增值税专用发票通知单，填制红字增值税专用发票交送购货方，并退还货款。其业务处理方法与发生销售退价的处理方法相同，这里不再赘述。

7. 商品多发或商品短少的核算

商品销售过程中，企业应对发货环节进行严格控制，明确经济责任，尽可能杜绝多发或少发商品情况的发生。一旦发现商品多发，应及时与运输部门和购货方取得联系，协商处理问题。

① 如购货方同意做购进处理，则应由销售方补开发票，并及时进行收入确认和货款结算。

② 如购货方不同意做购进处理，则应及时将商品退回，重新入库，所发生的运杂费计入"销售费用"。

③ 如多发的商品无法收回，则应将多发商品的金额及相应的进项税额计入"待处理财产损溢"，经批准后再转入相关账户。

商品销售过程中造成商品短少的情况有多种，应根据具体情况确定业务处理方法，如图 1-9 所示。

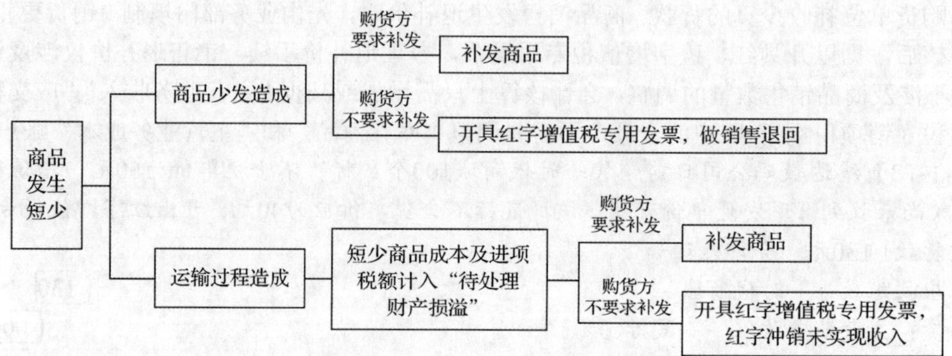

图 1-9　商品销售过程中发生商品短少的情况分类

【例1-20】鸿达数码公司日前向时代商城销售蓝牙音箱100台，不含税单价为100元，增值税税率为13%，商品已发出，并开出了增值税专用发票，货款尚未收到。现时代商城反馈实际收到蓝牙音箱90台，经查，系捷达物流公司运输过程中丢失造成，获得物流公司赔偿损失1 000元。时代商城不要求补发商品，并开来了开具红字增值税专用发票通知单，鸿达数码公司据此开具了红字增值税专用发票。该批蓝牙音箱的成本为90元/台，尚未结转商品销售成本。会计处理如下。

（1）发出商品，确认销售收入的会计核算

借：应收账款——时代商城　　11 300
　贷：主营业务收入——蓝牙音箱　　10 000
　　应交税费——应交增值税（销项税额）　　1 300

（2）确认商品短少时的会计核算

借：待处理财产损溢——待处理流动资产损溢　　1 017
　贷：库存商品　　900
　　应交税费——应交增值税（进项税额转出）　　117

（3）根据红字增值税专用发票冲销因商品短少而减少的收入

借：应收账款——时代商城　　[1 130]
　贷：主营业务收入——蓝牙音箱　　[1 000]
　　应交税费——应交增值税（销项税额）　　[130]

（4）获得物流公司赔偿损失的会计核算

借：银行存款　　1 000
　营业外支出　　17
　贷：待处理财产损溢——待处理流动资产损溢　　1 017

8. 商业折扣和现金折扣的核算

商业折扣是企业为促进商品销售而在商品标价上给予的价格扣除，购销双方均按折扣后的发票金额进行业务核算。现金折扣是销货方为及时收回销货款而给予购货方的债务扣除。发生现金折扣时，销货方应按总价法进行核算，产生的现金折扣计入“财务费用”账户。

【例1-21】鸿达数码公司10日销售给鸿飞公司无线路由器100台，不含税单价为100元，增值税税率为13%，付款条件为“2/5，1/10，*N*/15”。18日，其收到了鸿飞公司支付的货款。

（1）10日销售商品确认收入的会计核算

借：应收账款——鸿飞公司　　11 300
　贷：主营业务收入——无线路由器　　10 000
　　应交税费——应交增值税（销项税额）　　1 300

（2）18日收取货款的会计核算

鸿飞公司支付货款的时间未超过10天，可获得1%的现金折扣，现金折扣=11 300×1%=113（元），会计分录如下。

借：银行存款　　11 187
　财务费用　　113
　贷：应收账款——鸿飞公司　　11 300

四、批发商品储存业务的核算

商品储存是保证商品流通正常进行的基础。为了解全部商品的储存数额及所处的状态，满足业务部门合理组织购销活动的需要，财会部门应合理设置库存商品账，定期对库存商品进行清查，如实反映库存商品的数量及金额情况。

1. 库存商品明细账的设置

采用数量进价金额核算法的企业，购销业务部门、仓储部门和财会部门都需要掌握库存商品的明细资料。为了满足各个部门的不同需要，应合理设置库存商品明细账。购销业务部门和仓储部门一般需掌握库存商品数量情况，财会部门需进行数量和金额的详细核算。传统手工会计记账模式下，根据办公场所是否同在一处，即账簿资料共享难度的不同，分为三账分设、两账合一和三账合一等账簿设置方式。在运用 ERP 软件进行财务业务一体化管理的企业，各购销业务部门、仓储部门和财会部门随着业务的开展，在各自不同的操作权限和查询权限范围内，完成业务处理和财务处理，根据业务凭证可生成多种账簿，实现了更大程度的资源共享，信息传递的时效性也得到大大提高。

2. 库存商品盘点及溢缺的核算

企业进行库存商品盘点时，应填制“商品盘点表”，以反映盘点结果。如有盘盈、盘亏情况，还应填制“商品溢余（短缺）报告单”，按规定的审批程序进行处理。在盘点中，如发现商品残损、变质及其他问题，应查明原因及责任，单独列表说明。库存商品盘点溢缺的账务处理与商品购进发生溢缺的账务处理基本相同。在未查明原因前，先计入“待处理财产损溢——待处理流动资产损溢”账户，调整“库存商品”账户的账面记录，待查明原因后，根据不同情况从“待处理财产损溢——待处理流动资产损溢”账户转入相关账户。

3. 库存商品跌价的核算

企业应当定期或至少在每年年度终了时，对库存商品进行全面清查，如由于商品遭受毁损、全部或部分陈旧过时、市场变化导致销售价格低于成本等原因，使库存商品成本高于可变现净值时，应将库存商品成本高于可变现净值的部分计提存货跌价准备，计入当期损益。

【例1-22】鸿达数码公司年末“库存商品——移动硬盘”明细账的余额为30 000元，数量为75个。其中有30个已被华明公司订购，不含税售价为350元/个，其余45台未被订购，一般市场不含税售价为380元/个，预计销售费用和税金为15元/个。

该批移动硬盘的可变现净值=350×30+380×45−15×75=26 475（元）

企业应对该批移动硬盘计提的商品跌价准备=30 000−26 475=3 525（元）

	借方	贷方
借：资产减值损失	3 525	
贷：存货跌价准备——移动硬盘		3 525

五、批发商品销售成本的核算

商品流通企业的商品销售成本是指已销售商品的采购成本。企业每次购进商品时的单位成本一般不完全一致，因此，必须明确商品销售成本的计算和结转方法，主要包括先进先出法、加权平均法、移动平均法、个别计价法和毛利率法等。前 4 种方法与制造企业的存货发出计价方法相同，这里仅介绍毛利率法。

毛利率法是以上季实际毛利率为基础，根据本月实际商品销售收入，先匡算本月商品销售的毛利，再据以计算本月商品销售成本的一种方法。其计算公式如下。

本月商品销售毛利=本月商品销售总额×上季实际毛利率

本月商品销售成本=本月商品销售总额−本月商品销售毛利

=本月商品销售总额×（1−上季实际毛利率）

毛利率法是按大类或全部计算商品销售成本的，不能逐一品种计算销售成本，所以计算手续比较简单，但计算结果不够准确。在实际应用中，一般在每季度的前两个月采用，到季末，需采用加权平均法或移动平均法等方法计算出全季度的商品销售成本，再用全季度的商品销售成本减去前两个月的商品销售成本，即为第三个月的商品销售成本。通过这种计算，我们可以在前两个月用毛利率法估算商品销售成本的基础上，在第三个月用实际商品销售成本进行调整，使得每季度的商品销售成本及季末结存商品的价值更接近实际，以提高每季度商品销售成本计算的准确性。

【例1-23】鸿达数码公司第一季度的毛利率为20%，4月商品销售总额为500万元，5月商品销售总额为520万元，6月商品销售总额为480万元。二季度根据库存商品账簿资料用加权平均法计算得出销售总成本为1 250万元。

4月商品销售成本=500×（1−20%）=400（万元）

5月商品销售成本=520×（1−20%）=416（万元）

6月商品销售成本=1 250−400−416=434（万元）

二季度实际毛利率=（500+520+480−1 250）÷（500+520+480）×100%=16.67%

6月结转商品销售成本的会计分录如下。

借：主营业务成本　　4 340 000

　贷：库存商品　　4 340 000

毛利率法一般适用于经营品种多、每月按品种计算销售成本有困难的批发企业。随着财务软件在商品流通企业中应用的普及，用计算机代替人工计算商品销售成本准确而快捷，曾普遍应用于手工会计核算的毛利率法已逐渐被取代。

技能训练题

一、单项选择题

1. 购入商品在验收入库时发现实收数多于应收数，后查明是自然溢余所致，则贷方科目应计入（　　）。

A．“在途物资”　B．“库存商品”　C．“管理费用”　D．“销售费用”

2. 购进商品短缺，如果查明属于运输单位的责任，则借方科目应计入（　　）。

A．“销售费用”　B．“其他应收款”　C．“营业外支出”　D．“其他应付款”

3. 期末如果计算的结存商品金额偏低，则（　　）。

A．商品销售成本就会偏高，毛利额就偏低　B．商品销售成本就会偏高，毛利额就偏高

C．商品销售成本就会偏低，毛利额就偏高　D．商品销售成本就会偏低，毛利额就偏低

4. 库存商品期末的（　　）低于账面净值的，应计提“存货跌价准备”。

A．现值　B．重置成本　C．可变现净值　D．公允价值

5. 毛利率推算法与加权平均法综合运用，计算出来的第三个月的商品销售成本，实质上是（　　）。

A．第三个月的商品销售成本

B．对前两个月商品销售成本的调整

C．对第三个月商品销售成本的调整

D．第三个月的商品销售成本及对前两个月商品销售成本的调整

二、多项选择题

1. “在途物资”账户用以核算企业购入商品的采购成本，它包括（　　）。

A．采购商品发生的差旅费　B．应计入成本的采购费用

C．采购商品的自然损耗　D．小规模纳税人采购商品的进项增值税

2. 购进商品发生短缺，查明原因后，以下处理正确的是（　　）。

A．由于供货方少发造成的短缺，应计入“其他应收款”

B．由于自然损耗造成的短缺，应计入“销售费用”

C．由于自然灾害造成的短缺，应计入“营业外支出”

D．由于本单位运输部门的责任造成的短缺，应计入“销售费用”

3．以下（　）业务的核算需要设置“发出商品”账户。

A．分期收款销售商品　　B．预收货款销售商品

C．委托代销　　D．直运销售商品

4．委托代销业务需设置的会计账户有（　　）。

A．受托代销商品款　B．委托代销商品　C．发出商品　D．受托代销商品

5．直运商品销售与仓库商品销售的主要区别是（　　）。

A．通过“库存商品”账户核算　　B．不通过“库存商品”账户核算

C．随时结转销售成本　　D．月末一次结转销售成本

三、判断题

1．企业在预付货款时，不能作为商品购进，只有在收到商品时才能作为商品购进。（　　）

2．库存商品发生短缺，无论是自然损耗还是责任事故，经领导批准由企业列支时，均列入“销售费用”账户。（　　）

3．购进商品发生退价的，如果商品已经全部售出，则用退回的货款冲减“主营业务成本”和增值税进项税额。（　　）

4．发生退货时，购货方必须取得当地主管税务机关开具的开具红字增值税专用发票通知单，送交供货方，作为供货方开具红字增值税专用发票的合法依据。（　　）

5．商业折扣应按总价法进行核算。（　　）

四、业务核算题

1．商品购进的核算。A 公司为增值税一般纳税人，向 B 公司购进毛巾 20 000 条，合同规定不含税单价 4 元，增值税税率为 13%，供货方代垫运费 500 元（普通发票），货款采用托收承付结算方式。现商品先到，毛巾的增值税专用发票未到。月末按合同价暂估入账，次月 2 日收到有关增值税专用发票。要求：根据上述情况分别编制相应的会计分录。

2．购进商品发生短缺溢余的核算。A 公司为增值税一般纳税人，某月发生下列有关经济业务。

（1）1 日，银行转来 B 制糖厂托收凭证，附来增值税专用发票，开列绵白糖 10 000 千克，每千克 7 元，计货款 70 000 元，增值税税额 9 100 元，运费增值税专用发票 600 元，税额 54 元，查验与合同相符，当即承付。

（2）2 日，银行转来 C 制糖厂托收凭证，附来增值税专用发票，开列白砂糖 20 000 千克，每千克 8 元，计货款 160 000 元，增值税税额 20 800 元，运费增值税专用发票 800 元，税额 72 元，查验与合同相符，当即承付。

（3）4 日，收到 B 制糖厂发来的绵白糖，验收时实收 9 978 千克，短缺 22 千克，储运部门送来商品购进短缺报告单，原因待查。

（4）5 日，收到 C 制糖厂发来的白砂糖，验收时实收 20 030 千克，溢余 30 千克，储运部门送来商品购进溢余报告单，原因待查。

（5）8 日，业务部门查明 4 日短缺的 20 千克绵白糖中，有 2 千克是运输途中的自然损耗，20 千克系供货单位少发商品。经协商后，已开来退货的红字增值税专用发票，价款 140 元，税额 18.2 元，并通过银行转账支付了退货款。

要求：根据以上资料编制相应的会计分录。

3．购进商品退回及退补价的核算。A 公司为增值税一般纳税人，某月发生下列有关经济业务。

（1）5 日，收到本市服装厂通知，上月购入的工装服 500 件每件少收 5 元，并补来增值税专用

发票，计列价款 2 500 元，增值税税额 325 元，开出转账支票支付了货款。经查，该批商品上月已售出 200 件，并已结转了销售成本。

（2）8 日，收到本市日化厂通知，原购进的 400 箱沐浴液每箱多收 10 元，现已转来红字增值税专用发票，退回多收价款 4 000 元，增值税税额 520 元，货款已转入银行账户。经查，该批商品已售出 100 箱，但尚未结转销售成本。

（3）15 日，仓库发现上月购进的工装服中有 50 件存在质量问题，经协商，厂方同意退回，已转出红字增值税专用发票，并通过银行退回了价税款 1 695 元。

要求：根据以上资料编制相应的会计分录。

4．购进商品折让和现金折扣的核算。A 公司为增值税一般纳税人，本月从 D 公司购进休闲鞋 200 双，不含税单价为 60 元，增值税税率为 13%，付款条件为“2/10，1/20，*N*/30”。本月 2 日商品送达，验收时发现质量不符合要求，与供货方协商后，同意给予 10%的购货折让，4 日收到供货方的红字增值税专用发票。A 公司于 10 日转账支付了该批货物的全部货款。要求：根据上述经济业务编制相应的会计分录。

5．委托代销商品的核算。A 公司委托 B 公司销售女装 200 件，每件不含税价为 100 元，B 公司按不含税售价的 10%收取手续费，该商品成本为 80 元/件，增值税税率为 13%。月末 B 公司实际销售 50 件。A 公司在收到 B 公司交来的代销清单时，向 B 公司开具了增值税专用发票。B 公司收到发票后即支付了货款。要求：根据上述经济业务分别编制 A 公司和 B 公司相应的会计分录。

6．销售商品退补价、销售折让的核算。A 公司为增值税一般纳税人，适用税率为 13%，某月发生以下经济业务。

（1）上月销售给 D 公司的男装因价格计算错误，每件少收 10 元，共销售给 D 公司 200 件，现补开发票，并向 D 公司收取价税款存入银行。

（2）2 日，出售给 B 公司运动鞋 1 000 双，每双不含税单价 50 元，以现金代垫运费 600 元。已通过银行办妥托收手续。

（3）5 日，收到 B 公司的拒付理由书，原因是商品与合同不符。经查，发给 B 公司的商品确有质量问题，经协商决定每双运动鞋折让 10 元，共折让货款 10 000 元，增值税 1 300 元，已开具红字增值税专用发票，并已电汇支付了款项。

要求：根据上述经济业务编制相应的会计分录。

7．销售商品成本按毛利率法的核算。A 公司采用毛利率法计算商品销售成本，以下是某年第三季度服装商品购销资料。

7 月服装商品销售额为 110 000 元，8 月服装商品销售额为 120 000 元，第二季度毛利率为 15%。9 月月末统计本季度共购进服装商品 350 000 元，月末盘点结存商品 70 000 元，7 月月初结存商品金额为 10 000 元。

要求：（1）计算 7 月、8 月、9 月的商品销售成本和第二季度的商品销售总成本。

（2）编制 9 月结转商品销售成本的会计分录。

第三节 零售商品业务的核算

零售企业遍布大街小巷，是人们在日常生活中最为熟悉的企业类型。随着互联网信息技术的发展，零售业态也在发生着快速变化，涌现出大量的网上商铺，结算方式也从传统的现金为主，发展为支付宝、微信、信用卡等多种结算方式。与批发企业相比，零售企业的客户主要是最终消费者，

交易频次多，单笔交易金额小，为了促进销售，零售企业往往还会组织各种形式的促销活动，这些差异导致零售企业的业务核算与批发企业有所不同。那么，零售企业是怎样进行商品购进和商品销售核算的呢？本节以一家经营数码产品的零售企业——时代商城为例，具体说明零售企业的商品购进、商品销售、商品储存和商品销售成本的核算方法。在本节的最后，还以一家经营鲜活商品的零售企业——丰达超市为例，说明鲜活商品零售的核算方法。

一、零售商品业务的核算方法

与批发业务不同，零售商品业务直接面对消费者，具有经营商品品种、规格多样、商品进销频繁、单笔业务销售数量少的特点。据此，零售企业大多采用售价金额核算法，经营鲜活商品的零售企业多采用进价金额核算法。

售价金额核算法又称“售价核算，实物负责制”，其业务核算特点如下。

（1）需建立实物负责制。企业为了加强对库存商品的管理和控制，将经营商品的柜组或门市部划分为若干实物负责小组，实物负责小组对其经管的全部商品承担经济责任。商品的购进、销售、调拨、调价、削价、溢缺等，都要建立必要的手续制度，这是实行售价金额核算法的基础。

（2）库存商品按含税售价记账。库存商品总分类账和明细分类账都按含税售价（即商品零售价）记账，并按实物负责小组设置库存商品明细分类账，以随时反映和掌握各实物负责小组对其管理的商品所承担的保管责任，这是售价金额核算法的核心。

（3）需设置“商品进销差价”账户。由于库存商品按含税售价记账，在商品购进时，“库存商品”账户反映的是商品的含税售价，因此需要设置“商品进销差价”账户，以反映商品的实际购进价格及与含税售价的差额。在月末要分摊和结转已销商品所实现的商品进销差价及销售商品相应的增值税销项税额。

（4）必须加强商品盘点。由于库存商品明细分类账户只反映库存商品的售价金额，不反映数量和进价金额，期末为了核实各实物负责小组库存商品的实有数额，每月必须进行一次全面盘点，计算出库存商品实际结存的售价金额，并与账面结存金额进行核对。如发生溢缺，要及时查明原因，进行处理，做到账实相符。对于有自然损耗的商品，应当核定损耗率，作为考核的依据。遇到实物负责人调动的情况，必须进行临时盘点，以分清责任；遇到商品调价，也必须通过盘点，确定调价金额，进行账面调整。

对进价金额核算法的说明详见本节“鲜活商品的核算”的有关内容。

二、零售商品购进业务的核算

零售企业购进商品时一般以本地商品为主，也有一些零售企业从外地组织进货，或从国外进口商品。零售企业从本地购进商品时，通常采用提货制或送货制；从外地购进商品时通常采用发货制。企业无论采用哪种商品交接货方式，在商品送达后，都应认真组织商品验收工作。由实物负责人根据发票或合同、协议所列内容，逐一清点商品数量，检查商品质量，核对商品编号、品名、数量、单价和金额等相关资料，验收无误后，填制一式数联的“商品验收单”。实物负责人留存一联，其余各联分送仓储、财务等有关部门。

1. 一般商品购进业务的核算

零售商品与批发商品一样，由于进货渠道、结算方式等的不同，可能会出现单货同到、单到货未到、货到单未到等情况。会计核算上，购进的零售商品验收入库时，按商品含税售价计入“库存商品”，含税售价与采购成本之间的差额计入“商品进销差价”科目。

【例1-24】时代商城是一家从事数码商品零售的企业，本月29日周边柜组从鸿达数码公司购进U盘200个，每个不含税价为50元，计价款10 000元，税额1 300元，鸿达数码公司代垫运费50元（普通发票），有关结算凭证尚未到达。30日，其收到该项业务的有关结算凭证并通过银行支付了款项。每个U盘的含税售价为75元。

在货到单未到的情况下，商品验收入库时，可暂不做账务处理。收到结算凭证时，做会计分录如下。

借：在途物资——周边柜——U盘　　10 050
　　应交税费——应交增值税（进项税额）　　1 300
　贷：银行存款　　11 350
借：库存商品——周边柜——U盘　　15 000
　　贷：在途物资——周边柜——U盘　　10 050
　　　　商品进销差价——周边柜——U盘　　4 950

也可将以上两笔会计分录合并，编制如下会计分录。

借：库存商品——周边柜——U盘　　15 000
　　应交税费——应交增值税（进项税额）　　1 300
　　贷：银行存款　　11 350
　　　　商品进销差价——周边柜——U盘　　4 950

【例1-25】接【例1-24】，假定有关结算凭证月末尚未到达，则会计处理如下。

（1）月末做购进商品的暂估入账分录

借：库存商品——周边柜——U盘　　15 000
　　贷：应付账款——暂估应付账款　　10 050
　　　　商品进销差价——周边柜——U盘　　4 950

（2）下月月初用红字冲回

借：库存商品——周边柜——U盘　　[15 000]
　　贷：应付账款——暂估应付账款　　[10 050]
　　　　商品进销差价——周边柜——U盘　　[4 950]

2. 购进商品发生溢余或短缺的核算

零售企业在购进商品的过程中，也会由于自然或人为因素发生商品溢余或短缺的现象。零售企业对此的核算程序与批发企业基本相同，但由于零售企业多采取售价金额核算法，因此，两者在会计处理上又不完全相同。具体的核算方法如图 1-10 所示。

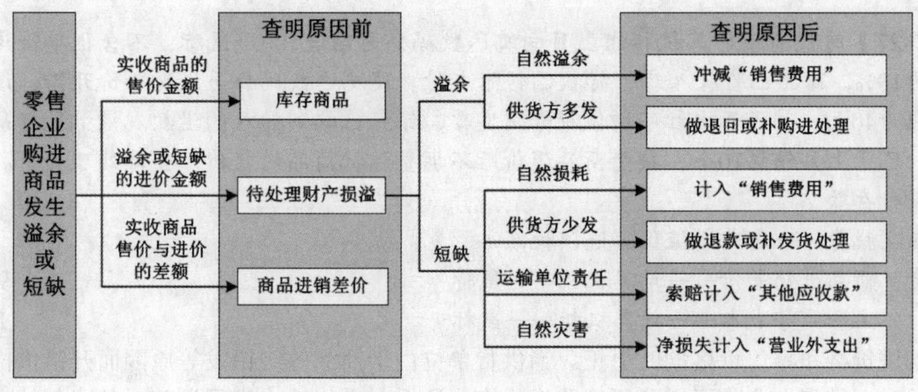

图 1-10　零售企业购进商品发生溢余或短缺的核算

【例1-26】时代商城音像柜组向鸿达数码公司购进蓝牙音箱100台，不含税进价为100元/台，增值税税率为13%，现发票与商品均已送达。验收时发现实际收到蓝牙音箱90台，因该批购进商品存在数量差异，货款暂未支付。经查，系捷达物流公司运输过程中丢失造成，时代商城不要求补发商品，鸿达数码公司开具了红字增值税专用发票。该批蓝牙音箱的市场零售价格为含税价140元/台。会计处理如下。

（1）收到商品时的会计核算

借：库存商品——音像柜——蓝牙音箱　　12 600

　　应交税费——应交增值税（进项税额）　　1 300

　　待处理财产损溢——待处理流动资产损溢　　1 000

　　贷：应付账款——鸿达数码公司　　11 300

　　　　商品进销差价——音像柜——蓝牙音箱　　3 600

（2）根据红字增值税专用发票冲减购进商品的会计核算

借：应交税费——应交增值税（进项税额）　　130

　　贷：应付账款——鸿达数码公司　　1 130

　　　　待处理财产损溢——待处理流动资产损溢　　1 000

3. 购进商品发生退补价的核算

零售企业购进商品时，会由于供货方价格计算错误等原因，发生退价或补价。发生退补价时，购货方应根据供货方填制的增值税专用发票及销货更正单进行相应的账务处理。具体分为只更正购进价格、购进价格和零售价格同时更正两种情况。

（1）只更正购进价格。当供货方开来更正发票时，由于只需更正购进价格，不影响商品的零售价格，因此，会计核算上根据商品是否已经售出，只需调整“商品进销差价”账户或“主营业务成本”账户，无须调整“库存商品”账户，如图 1-11 所示。

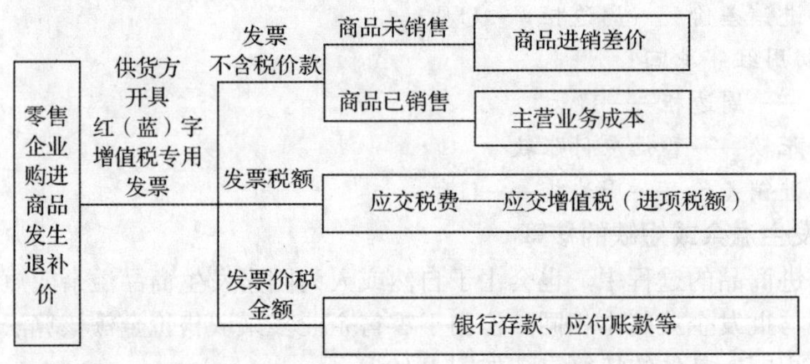

图 1-11　购进商品发生退补价——只更正购进价格的核算

【例1-27】时代商城计算机柜组上月向鸿达数码公司购进100个鼠标，不含税单价为50元，增值税税率为13%，商品已验收入库，货款已转账支付。现鸿达数码公司发现单价开错，该批鼠标不含税单价应为40元，并已开出红字增值税专用发票，银行已收到转入的退款。该批鼠标每个含税售价为70元，已于上月销售10个，接受商品退价后不调整该批商品的售价。会计处理如下。

借：银行存款　　1 130

　　应交税费——应交增值税（进项税额）　　130

　　贷：商品进销差价——计算机柜——鼠标　　900

　　　　主营业务成本——计算机柜——鼠标　　100

（2）购进价格和零售价格同时更正。当供货单位由于商品等级错发等原因而开错价格，事后开来更正发票时，零售企业除了需要更正购进价格，还需对零售价格进行调整。其账务处理需在只更正购进价格的核算方法的基础上，调整“库存商品”账户的售价金额，按更正后的进销差价与原入账进销差价的差额调整“商品进销差价”账户。

【例1-28】接【例1-27】，假定接受商品退价后，将商品售价调整为每个鼠标含税售价65元。会计处理如下。

（1）只更正购进价格的会计分录。

借：银行存款　　1 130
　　应交税费——应交增值税（进项税额）　　[130]
　　贷：商品进销差价——计算机柜——鼠标　　900
　　　　主营业务成本——计算机柜——鼠标　　100

（2）更正商品售价的会计分录。

借：商品进销差价——计算机柜——鼠标　　450
　　贷：库存商品——计算机柜——鼠标　　450

4. 购进商品发生退货和折让的核算

零售企业购进商品后，发现商品的质量、品种、规格等不符合要求，可向供货单位提出退货或价格折让要求。经同意后，由供货方开出退货或折让的红字增值税专用发票。

发生退货时，应根据销售退回发生的时间做相应的处理，其业务处理方法与批发企业发生退货的处理方法类似。发生价格折让的业务处理方法与发生退价的处理方法相同。

【例1-29】时代商城周边柜组从鸿达数码公司购进50个墨盒，不含税单价为180元，增值税税率为13%，货款尚未支付。现时代商城发现商品存在质量问题，要求退货，经供货方同意，商品已退回，并已收到对方开具的红字增值税专用发票。该批墨盒零售含税价为235元/个，因发现质量问题，尚未销售。有关会计处理如下。

（1）收到鸿达数码公司发来的商品时。

借：库存商品——周边柜——墨盒　　11 750
　　应交税费——应交增值税（进项税额）　　1 170
　　贷：应付账款——鸿达数码公司　　10 170
　　　　商品进销差价——周边柜——墨盒　　2 750

（2）发现墨盒存在质量问题，进行退货处理时。

借：应付账款——鸿达数码公司　　10 170
　　应交税费——应交增值税（进项税额）　　[1 170]
　　商品进销差价——周边柜——墨盒　　2 750
　　贷：库存商品——周边柜——墨盒　　11 750

三、零售商品销售业务的核算

零售企业的商品销售过程是面向消费者的销售过程。零售企业的客户，除了少量单位客户外，绝大多数是个人消费者，由此，形成了零售企业商品销售收款方式多种、促销形式多样、单笔交易量小、交易次数频繁的特点。在会计核算上，零售企业也因此与批发企业有所不同。

1. 一般商品销售业务的核算

由于零售企业面对的客户有个人消费者和单位客户，客户众多，结算方式多样，故收款结算成为商品销售业务的重要环节。零售企业主要通过设立门店销售自己所经营的商品，常用的销售方式是现货交易，货款结算方式主要是现金、银行卡转账、支付宝或微信支付、支票等。不论采用哪种收款结算方式，均应在当天解缴货款。解缴的方式有分散解缴和集中解缴两种。

集中解缴是每天营业结束后，由各门店（柜组）或收款员按其所收货款，填制“内部交款单”及“商品进销存日报表”，连同所收的货款，一并送交财会部门。财会部门将各门店或柜组的销货款集中汇总后，填制“缴款单”送存银行。

分散解缴是在每天营业结束后，由各门店（柜组）或收款员负责，按其所收的销货款，填制“缴款单”，将现金直接缴存银行。取得银行缴款单回单后，填制“内部交款单”“商品进销存日报表”，并送交财会部门。

“内部交款单”如图 1-12 所示，“商品进销存日报表”如图 1-13 所示。

内部交款单

交款部门：手机柜　　2017 年 10 月 15 日　　单位：元

项 目	摘 要	金 额			备 注
		应 交	实 交	长短款	
销货款	现金	20 000	20 000		
	信用卡	10 000	10 000		
	支付宝	20 000	20 000		
	微信	25 000	25 000		
	支票	5 000	5 000		
合 计		80 000	80 000		
大写（人民币）	捌万元整				

实物负责人：张雅　　复核：　　制表：　黄莉

图 1-12　零售企业“内部交款单”

商品进销存日报表

柜组名称：手机柜　　2017 年 10 月 15 日　　单位：元

项目		金额	项目		金额	备注
昨日结存		200 000	今日减少	本日销售	80 000	
今日增加	本日购进	50 000		本日调出		
	本日调入	10 000		降价减值	10 000	
	提价增值			盘点短缺		
	盘点溢余			合计	90 000	
合计		260 000	今日结存		170 000	

实物负责人：张雅　　复核：　　制表：　李萌

图 1-13　零售企业“商品进销存日报表”

由于零售企业的商品售价均为含税价，为便于数据处理，零售企业平时在“库存商品”账户中反映的也为含税售价，在“商品进销差价”账户中反映的是库存商品含税售价与不含税进价之间的差额。这些账户核算数据的特点，导致零售企业核算已售商品销售收入的方法也与批发企业不同。零售企业一般商品销售收入及成本核算的方法如图 1-14 所示。

零售企业一般将每日汇总的含税销售额计入“主营业务收入”账户，同时，为了能及时反映商品实物负责小组负责的库存商品的购销动态和结存情况，明确其所承担的经济责任，需要随时转销已销库存商品的成本，将已售商品按含税售价从“库存商品”账户转入“主营业务成本”账户。待月末根据本月全部含税销售额换算为不含税销售额和销项税额，将销项税额从“主营业务收入”账户中转出，计入“应交税费——应交增值税（销项税额）”账户。同时按一定的方法计算分摊已售商品的进销差价，并据此核算出已售商品的销售成本（商品进销差价的分摊计算方法详见本节“零售商品销售成本的核算”的相关内容）。

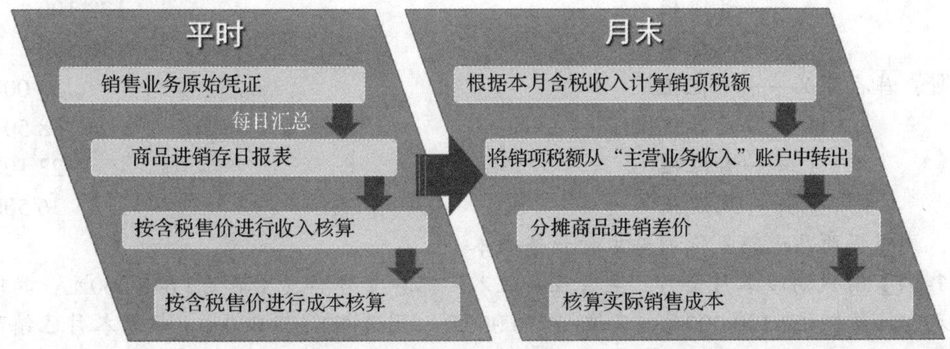

图 1-14　零售企业一般商品销售收入及成本核算方法

零售企业销售收入的结算一般为店面钱货两清制，对个别单位客户可能会发生短期的赊账销售。随着现代新型结算方式的普及，零售企业在结算中大量使用支付宝、微信和信用卡支付等方式。在会计核算中，通过支付宝和微信支付方式收取的货款计入“其他货币资金”账户，通过信用卡刷卡收取的货款计入“银行存款”账户，同时应计算银行收取的手续费，并计入“财务费用”账户。

【例1-30】时代商城各营业柜组商品销售及货款收入情况如表1-3所示，信用卡结算手续费率为5‰。

表 1-3　时代商城商品销售及货款收入汇总表

20××年 12 月 15 日

单位：元

柜组	销售额	缴款结算					
		现金	信用卡	支付宝	微信	支票	合计
手机柜	54 000	3 000	21 000	13 000	17 000		54 000
计算机柜	68 500	5 000	15 000	19 000	19 500	10 000	68 500
音像柜	23 100	1 000	2 000	9 000	11 100		23 100
周边柜	36 500	2 000	11 000	13 000	10 500		36 500
合计	182 100	11 000	49 000	54 000	58 100	10 000	182 100

（1）根据各柜组上交的“内部交款单”编制会计分录。

借：库存现金　　11 000
　　银行存款　　58 755
　　财务费用——手续费　　245
　　其他货币资金——支付宝　　54 000
　　　　　　　　——微信财付通　　58 100
　贷：主营业务收入——手机柜　　54 000
　　　　　　　　　——计算机柜　　68 500
　　　　　　　　　——音像柜　　23 100
　　　　　　　　　——周边柜　　36 500

（2）将现金集中存入银行，取得现金缴款单回单，编制会计分录。

借：银行存款　　11 000
　贷：库存现金　　11 000

（3）根据各柜组上交的“商品进销存日报表”结转已销商品成本，编制会计分录。

借：主营业务成本——手机柜　　54 000
　　　　　　　　——计算机柜　　68 500
　　　　　　　　——音像柜　　23 100
　　　　　　　　——周边柜　　36 500
　贷：库存商品——手机柜　　54 000
　　　　　　　——计算机柜　　68 500
　　　　　　　——音像柜　　23 100
　　　　　　　——周边柜　　36 500

月末，再根据商品进销差价调整主营业务成本。

【例1-31】时代商城本月全月“主营业务收入”账户贷方净发生额为5 648 000元，其中手机柜1 670 000元，计算机柜2 100 000元，音像柜770 000元，周边柜1 108 000元。核算本月已销商品的销项税额。

不含税销售额=5 648 000÷（1+13%）=4 998 230.09（元）

销项税额=4 868 965.52×13%=649 769.91（元）

手机柜营业收入=1 670 000÷（1+13%）×13%=192 123.89（元）

计算机柜营业收入=2 100 000÷（1+13%）×13%=241 592.92（元）

音像柜营业收入=770 000÷（1+13%）×13%=88 584.07（元）

周边柜营业收入=1 108 000÷（1+13%）×13%=127 469.03（元）

借：主营业务收入——手机柜　　192 123.89
　　　　　　　　——计算机柜　　241 592.92
　　　　　　　　——音像柜　　88 584.07
　　　　　　　　——周边柜　　127 469.03
　贷：应交税费——应交增值税（销项税额）　　649 769.91

2. 受托代销商品的核算

零售企业接受委托代销商品业务，应由业务部门与供货单位签订受托代销合同，约定受托代销方式及商品的质量和保管责任等事项。零售企业的库存商品采用售价金额核算法，采用视同买断方式的受托代销业务核算，因涉及商品进销差价的核算，所以与批发企业的核算方法略有不同；而采用收取手续费方式的受托代销业务核算，因不涉及商品进销差价，所以与批发企业的核算方法相同。

【例1-32】时代商城周边柜组接受鸿达数码公司委托，代销墨盒100个，协议价180元/个，增值税税率为13%。代销协议约定，时代商城可自行定价销售。本月，时代商城已销售墨盒40个，每个含税单价235元，并向鸿达数码公司开具了商品代销清单。鸿达数码公司据此开具增值税专用发票。时代商城收到发票后用银行转账方式支付了货款。会计处理如下。

（1）收到商品时的会计核算

借：受托代销商品——鸿达数码公司——周边柜——墨盒　　23 500
　贷：受托代销商品款——鸿达数码公司　　18 000
　　　商品进销差价——周边柜——墨盒　　5 500

（2）对外销售代销商品后的核算

借：银行存款　　9 400
　贷：主营业务收入——周边柜　　9 400

借：主营业务成本——周边柜组　　9 400
　贷：受托代销商品——鸿达数码公司——周边柜——墨盒　　9 400

借：受托代销商品款——鸿达数码公司　　7 200
　　贷：应付账款——鸿达数码公司　　7 200

（3）支付货款的核算

借：应付账款——鸿达数码公司　　7 200
　　应交税费——应交增值税（进项税额）　　936
　　贷：银行存款　　8 136

（4）月末计算并结转代销商品的销项税额的核算

销项税额=9 400÷（1+13%）×13%=1 081.42（元）

借：主营业务收入——周边柜　　1 081.42
　　贷：应交税费——应交增值税（销项税额）　　1 081.42

3. 商品销售长短款的核算

零售企业销售商品时大量通过现金结算，交易笔数多，较易出现商品销售长短款差错。每日结清销售款时，如发现存在长短款问题，在未查明原因前，应先计入“待处理财产损溢”账户，待查明原因并经批准后，再予以转销。发生的长款，多收的货款应予以退回，正常尾款舍零误差冲减“销售费用”，无法查明原因的转入“营业外收入”；发生的短款，正常尾款舍零误差转入“销售费用”，属于部门或个人责任的转入“其他应收款”，无法查明原因的转入“营业外支出”。

【例1-33】时代商城某日计算机柜组销货记录为58 000元，实收现金58 100元。经查，计算机柜的长款原因不明，转入“营业外收入”。会计处理如下。

（1）发生差错当日的会计分录

借：库存现金　　58 100
　　贷：主营业务收入——计算机柜　　58 000
　　　　待处理财产损溢——待处理流动资产损溢　　100

（2）查找原因后进行转销处理的会计分录

借：待处理财产损溢——待处理流动资产损溢　　100
　　贷：营业外收入　　100

4. 消费奖励积分的核算

企业在销售产品或提供劳务的同时给予客户奖励积分的，应将销售取得的货款或应收货款在收入与奖励积分之间进行分配。与奖励积分相关的部分首先作为递延收益，待客户兑换奖励积分或失效时，结转计入当期损益。

【例1-34】时代商城进行国庆促销活动，规定购物满100元赠送5积分（1积分的价值相当于1元），不满100元不送积分，积分可在本年内再次购买商品时抵减货款。某顾客在计算机柜以现金购买了含税零售价为4 650元的平板电脑一台，获得230积分；该顾客于11月购买了含税零售价为300元的蓝牙音箱一台，用积分抵减230元，余额以现金支付。相关会计处理如下。

（1）国庆销售时的会计核算

借：库存现金　　4 650
　　贷：主营业务收入——计算机柜　　4 420
　　　　递延收益　　230

（2）11月顾客在有效期内使用积分时的会计核算

借：库存现金　　70
　　递延收益　　230
　　贷：主营业务收入——音像柜　　300

5. 以旧换新的核算

以旧换新属于以物易物销售方式，销售商品与收购旧货物是两项不同的业务活动，销售额与收购额不能相互抵减。销售的商品应当按照销售收入确认条件确认收入，回收的商品作为购进商品处理。

【例1-35】时代商城对计算机采取以旧换新方式销售，旧计算机折价100元/台，新计算机含税零售价为3 500元/台。某日采用此销售方式销售计算机4台，货款以现金结算。会计处理如下。

借：库存现金　13 600

　库存商品——旧计算机　400

　贷：主营业务收入——计算机柜　14 000

对于金银首饰的以旧换新，根据国家税务总局发布的《关于金银首饰等货物征收增值税问题的通知》的规定，应按销售方实际收取的不含增值税的全部价款计缴增值税。

6. 赠品促销、返券销售、有奖销售的核算

零售企业为促进商品销售，往往组织多种形式的促销活动。在进行业务核算时，应注意结合增值税的有关税法规定和企业会计准则中关于收入和费用的核算方法进行账务处理。

（1）赠品促销的核算。赠品促销是指向客户赠送实物的促销行为。如果赠品由厂家提供且未赠出的赠品也由厂家处理，则此时商家无须进行账务处理。若赠品由商家提供，根据国家税务总局发布的《关于确认企业所得税收入若干问题的通知》的规定，企业以“买一赠一”等方式组合销售本企业商品的，不属于捐赠，应将总的销售金额按各项商品的公允价值的比例来分摊确认各项的销售收入。

【例1-36】时代商城计算机柜本月推出购买平板电脑一台赠送蓝牙音箱一台的买赠活动，组合零售价为4 500元/台。该平板电脑日常零售价为4 450元/台；蓝牙音箱不含税进价100元/台，售价150元/台，以上售价均为含税价格。促销当天共售出平板电脑5台，同时赠出蓝牙音箱5台，货款以现金收讫。

（1）当天确认销售收入时的会计核算

借：库存现金　22 500

　贷：主营业务收入——计算机柜　22 500

（2）月末结转属于该批销售商品应计的销项税额时的会计核算

增值税销项税额=22 500÷（1+13%）×13%=2 588.50（元）

借：主营业务收入——计算机柜　2 588.50

　贷：应交税费——应交增值税（销项税额）　2 588.50

说明：为说明本例中业务的核算方法，在计算销项税额时采用的是当天数据。在实际工作中，月末先对全月销售收入进行汇总，在此基础上一并计算和转出增值税销项税额。

本例中的赠品属于时代商城的销售行为，在促销活动中已与平板电脑组合在一起售出，因此可视为同时进行了两笔商品的销售。

（2）返券促销的核算。返券促销就是当顾客购买的商品满一定金额时，商家赠送一定金额的购物券，顾客在该商家再次购物时，可凭此购物券享受券面所载明金额的价值减免。企业在销售实现时，应将派发的购物券确认为“销售费用”，同时贷记“预计负债”；顾客使用购物券时，借记“预计负债”，贷记“主营业务收入”等科目，同时结转销售成本。若客户逾期弃用购物券，则将“销售费用”和“预计负债”予以冲销。

【例1-37】时代商城国庆节举行促销活动，顾客购物满100元可获得10元购物券，购物券只可在促销期间使用，逾期作废。促销当天实现现金销售收入50万元，当日发出购物券5万元，顾客实际使用购物券3.5万元。

（1）发出购物券的会计分录

借：销售费用　　50 000

　　贷：预计负债　　50 000

（2）顾客使用购物券的会计分录

借：预计负债　　35 000

　　贷：主营业务收入　　35 000

【例1-38】接【例1-37】，促销期满时，经统计共发出购物券总计35万元，收回30万元，作废5万元。对未使用的作废购物券做冲销，分录如下。

借：预计负债　　50 000

　　贷：销售费用　　50 000

（3）有奖销售的核算。有些赠品的取得还需满足一定条件，如集齐某些数字或图案等，赠品的发出处于不确定状态，在商品售出的同时对赠品做"预计负债"处理。当赠品发出时，应借记"销售费用"，贷记"预计负债"；领取赠品时，借记"预计负债"，贷记"主营业务收入"科目。若赠品没有发出，做相反的会计分录，将"销售费用"和"预计负债"冲销。

【例1-39】时代商城元旦举行有奖销售活动，购物满100元可获得一张刮刮卡，刮刮卡共3种图案，按均等的比例印制，随机发放，集齐3张不同图案的刮刮卡可兑换一台蓝牙音箱。蓝牙音箱不含税进价为100元/台，售价为150元/台。只可在促销期间兑换，逾期作废。促销当天时代商城实现现金销售收入10万元，当日发出刮刮卡300张，顾客实际兑换蓝牙音箱50个。会计处理如下。

（1）发出刮刮卡的会计核算

当日共发出300张刮刮卡，预计最多可兑换100台蓝牙音箱，共15 000元。

借：销售费用　　15 000

　　贷：预计负债　　15 000

（2）顾客使用刮刮卡的会计分录

借：预计负债　　7 500

　　贷：主营业务收入　　7 500

【例1-40】接【例1-39】，促销期满时，经统计共发出刮刮卡600张，收回450张，作废150张。对未使用的作废刮刮卡做冲销，分录如下。

借：预计负债　　7 500

　　贷：销售费用　　7 500

四、零售商品储存业务的核算

零售企业为了满足市场需求，保证商品销售，一般需要保持适当的商品储存量。由于零售企业采用售价金额核算法，且商品进出频繁，因此平时更应加强对库存商品的控制和核算管理。零售企业商品储存业务的核算，主要包括盘点业务的核算、商品调价的核算和内部调拨的核算等内容。

1. 库存商品盘点业务的核算

零售企业普遍对库存商品采用售价金额核算法，库存商品明细分类账一般按营业柜组或门店设置，平时只反映各营业柜组或门店商品进、销、存的售价金额，而不反映各种商品的结存数量。因此，只有通过盘点清查，逐项计算出各种商品的售价金额及售价总金额，再与当天库存商品账户余额进行核对，才能了解和控制各种商品的实存数量，确保账实相符。

库存商品发生账实不符的原因很多。发生账实不符时，营业柜组或门店应填写“商品盘点溢余短缺报告单”。该报告单一式数联，其中一联报送领导审批，另一联送交财会部门及时进行账务处理。在查明原因之前，先将溢余或短缺的商品售价金额计入“待处理财产损溢”账户，待查明原因后，再从“待处理财产损溢”账户转入有关账户。其账务处理过程及方法如图 1-15 所示。

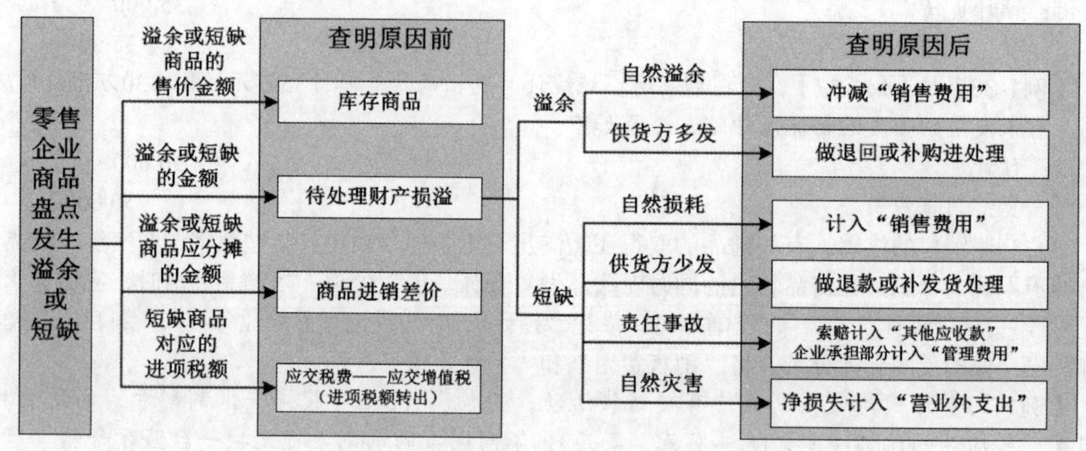

图 1-15　零售企业商品盘点发生溢余或短缺的核算

【例1-41】时代商城周边柜组某日盘点商品，发现U盘的实际库存商品金额小于账面结存金额250元，按上月月末进销差价率20%计算，进销差价金额为50元。经查，短缺的商品营业员方明负有责任，责成其赔偿150元，其余无法查明原因，经批准列支销售费用。会计处理如下。

（1）查明原因前，根据“商品盘点溢余短缺报告单”进行会计核算。

转出盘亏商品对应的进项税额=（250−50）×13%=26（元）

借：待处理财产损溢——待处理流动资产损溢　　226

　　商品进销差价——周边柜——U盘　　50

　　贷：库存商品——周边柜——U盘　　250

　　　　应交税费——应交增值税（进项税额转出）　　26

（2）查明原因后，根据领导审批意见进行会计核算。

借：销售费用　　76

　　其他应收款——方明　　150

　　贷：待处理财产损溢——待处理流动资产损溢　　226

零售企业在期末或年度终了时，应对库存商品进行全面盘点清查。如发现库存商品金额低于可变现净值时，应计提存货跌价准备。

2. 库存商品调价的核算

商品调价是指商品流通企业根据价格政策或市场情况，对某些商品的价格适当调高或调低。由于零售企业采用售价金额核算法，故调整某种商品零售价时，需通过盘点查明应调价商品的数量，计算商品调价金额，据此填制一式数联的“商品调价差额调整单”，如图 1-16 所示，一联送交财会部门，财会部门据此调整“库存商品”和“商品进销差价”账户。如遇调低商品价格后，可变现净值低于商品购进成本时，企业除了根据削价金额调整“库存商品”和“商品进销差价”账户外，还应冲减“存货跌价准备”账户。

【例1-42】时代商城音像柜根据市场情况，对一批音箱调整零售价格，音像柜经过盘点后，编制图1-16所示的“商品调价差额调整单”。该批音箱进价成本为110元/台，商品进销差价余额为12 000元。财会部门收到并复核后，做如下会计处理。

商品调价差额调整单

填报部门：音像柜　　2017 年 10 月 10 日　　单位：元

品名	规格	计量单位	盘存数量	零售价格		调整单价差额		调整金额
				原价	新价	增加	减少	
音箱	GD2010	台	300	150.00	100.00		50.00	15 000.00
合计								15 000.00

实物负责人：张雅　　复核：　　制表：　吴兴

图 1-16　商品调价差额调整单

因降价而计提的存货跌价准备=（110−100）×300=3 000（元）

借：商品进销差价——音像柜——音箱　　12 000

　　存货跌价准备　　3 000

　　贷：库存商品——音像柜——音箱　　15 000

3. 库存商品内部调拨的核算

商品内部调拨是指零售企业在同一独立核算单位内部各实物负责人或柜组（门店）之间的商品转移。商品内部调拨不作为商品销售处理，也不进行结算，只是转移各实物负责人或柜组（门店）所承担的经济责任。在调拨商品时，一般由调出部门填制一式数联的"商品内部调拨单"，如图 1-17 所示。调出部门在各联上签章后，连同商品一并转交调入部门。调入部门验收无误后，在调入部门签章处签章，表示商品已收讫，然后调入与调出部门各留一联，作为商品转移的依据，另一联转交给财会部门据以入账。商品内部调拨在核算时，借记调入部门库存商品的明细分类账，贷记调出部门库存商品的明细分类账，"库存商品"账户的总额保持不变。采取分柜组差价率推算法分摊已销商品进销差价的企业，还要相应调整"商品进销差价"账户。

【例1-43】时代商城将周边柜组的200个耳机调入音像柜组，该批耳机的含税售价为50元/个，进价为30元/个，双方已办妥调拨手续。财会部门根据转来的图1-17所示的"商品内部调拨单"进行会计处理。

商品内部调拨单

调入部门：音像柜　　2017年11月5日　　调出部门：周边柜

品名	计量单位	调拨数量	零售价格（元）		购进价格（元）	
			单价	金额	单价	金额
耳机	个	200	50.00	10 000.00	30.00	6 000.00
				10 000.00		6 000.00

调入部门签章：张雅　　调出部门签章：孙海

图 1-17　商品内部调拨单

（1）调整库存商品明细分类账

借：库存商品——音像柜——耳机　　10 000

　　贷：库存商品——周边柜——耳机　　10 000

（2）调整商品进销差价明细账

借：商品进销差价——周边柜——耳机　　4 000

　　贷：商品进销差价——音像柜——耳机　　4 000

4. 库存商品明细分类核算

采用售价金额核算法的商品零售企业，库存商品明细分类账按营业柜组或门店设置，用以控制各营业柜组或门店的库存商品总额。由于“商品进销差价”是“库存商品”账户的抵减账户，在发生经济业务时，这两个账户往往同时发生变动。为了便于记账，企业可以将“库存商品”与“商品进销差价”的明细分类账户合在一起，设置“库存商品和商品进销差价联合明细分类账”，如图 1-18 所示。

库存商品和商品进销差价联合明细分类账

部门：音像柜　　　　商品品名：耳机

年		凭证字	摘要	库存商品								商品进销差价			
				借方				贷方		借或贷	余额	借方	贷方	借或贷	余额
月	日			购进	调入	调价	溢余	销售	调出						

图 1-18　库存商品和商品进销差价联合明细分类账

五、零售商品销售成本的核算

采用售价金额核算法的零售企业，平时在核算商品销售收入的同时，按商品含税售价结转商品销售成本，为了核算商品销售的实际成本，月末就需要计算和结转已销商品的进销差价。可见，正确计算已销商品进销差价是正确核算商品销售成本和期末库存商品金额的基础。零售企业计算已销商品进销差价的方法有综合差价率推算法、分柜组差价率推算法和实际进销差价计算法 3 种。

1. 综合差价率推算法

综合差价率推算法是按照全部商品的存销比例，推算本期销售商品应分摊的进销差价的一种方法。具体的计算方法是根据月末调整前的“商品进销差价”账户余额、“库存商品”“受托代销商品”账户余额及本月商品含税销售额，计算综合差价率，并按商品的存销比例，分摊商品进销差价。其计算公式如下。

$$\text{综合差价率}=\frac{\text{月末分摊前“商品进销差价”账户余额}}{\text{月末“库存商品”账户余额+月末“受托代销商品”账户余额+本月商品含税销售收入}}\times 100\%$$

本期已销商品进销差价=本月商品含税销售收入×综合差价率

【例1-44】时代商城本月月末分摊前“商品进销差价”账户余额为1 473 000元，“库存商品”账户余额为1 320 000元，“受托代销商品”账户余额为16 300元，“主营业务收入”账户余额为5 648 000元。利用综合差价率推算法计算本月已销商品应分摊的商品进销差价。

$$\text{综合差价率}=\frac{1\,473\,000}{1\,320\,000+16\,300+5\,648\,000}\times 100\% = 21.09\%$$

本月已销商品进销差价=5 648 000×21.09%=1 191 172.20（元）

根据计算结果，做如下会计分录。

借：商品进销差价　　1 191 172.20

　　贷：主营业务成本　　1 191 172.20

综合差价率推算法的计算相对简便，但全部商品按同一差价率计算已销商品进销差价并不完全符合实际情况，导致其计算结果不够准确。因此，综合差价率推算法一般适用于经营的各种商品差价率较为接近的企业。

2. 分柜组差价率推算法

分柜组差价率推算法是按各营业柜组或门店商品的存销比例，推算出本期销售商品应分摊的进销差价的一种方法。这种方法要求按营业柜组分别进行计算，其计算方法与综合差价率推算法基本相同，只是缩小了推算范围，将全部商品按柜组或门店进行分类，再分别求出各类已销商品的进销差价率。其计算结果比综合差价率推算法更为准确。

【例1-45】时代商城月末根据有关各明细账户的资料，编制已销商品进销差价计算表，如图1-19所示。

时代商城已销商品进销差价计算表

2017年10月31日　　单位：元

计算项目	项目代号及计算关系	手机柜	电脑柜	音像柜	周边柜	合计
“库存商品”账户余额	(1)	250 000.00	185 000.00	129 000.00	756 000.00	1 320 000.00
“受托代销商品”账户余额	(2)				16 300.00	16 300.00
“主营业务收入”账户余额	(3)	1 670 000.00	2 100 000.00	770 000.00	1 108 000.00	5 648 000.00
本期存销商品合计金额	(4) = (1) + (2) + (3)	1 920 000.00	2 285 000.00	899 000.00	1 880 300.00	6 984 300.00
结转前“商品进销差价”账户余额	(5)	384 000.00	465 000.00	276 000.00	348 000.00	1 473 000.00
差价率	(6) = (5) ÷ (4)	20.00%	20.35%	30.70%	18.51%	21.09%
已销商品进销差价	(7) = (3) × (6)	334 000.00	427 352.30	236 396.00	205 065.15	1 202 813.44
期末商品进销差价	(8) = (5) - (7)	50 000.00	37 647.70	39 604.00	142 934.85	270 186.56

图 1-19　已销商品进销差价计算表

根据计算结果，做如下会计分录。

借：商品进销差价——手机柜　　334 000.00
　　　　　　　　——计算机柜　　427 352.30
　　　　　　　　——音像柜　　236 396.00
　　　　　　　　——周边柜　　205 065.15
　贷：主营业务成本——手机柜　　334 000.00
　　　　　　　　——计算机柜　　427 352.30
　　　　　　　　——音像柜　　236 396.00
　　　　　　　　——周边柜　　205 065.15

由于同柜组或门店的不同品种商品的进销差价也不完全相同，因此，用分柜组差价率推算法计算出的结果仍与已销商品应分摊的实际进销差价有一定的误差。为了真实反映库存商品和已销商品的进销差价，企业年终应通过盘点商品并采用实际进销差价计算法对商品进销差价进行核实调整。

3. 实际进销差价计算法

实际进销差价计算法是根据库存商品实际盘点结果，先计算出期末库存商品应保留的进销差价，然后倒算出已销商品应分摊的进销差价的方法。具体做法如下。

（1）计算出期末库存商品的售价金额和进价金额。期末各营业柜组或门店盘点出各种商品的实存数量，将其分别乘以销售单价和购进单价，求得库存商品的售价金额和进价金额。

（2）计算库存商品应保留的进销差价。计算公式如下。

结存商品应保留的进销差价=结存商品的售价金额-结存商品的进价金额

（3）计算已销商品应分摊的进销差价。计算公式如下。

已销商品应分摊的进销差价=分摊前商品进销差价余额-结存商品应保留的进销差价

【例1-46】时代商城手机柜组年末进行库存商品盘点，按进价计算的库存商品总金额为198 000元，按售价计算的库存商品总金额为235 000元，“商品进销差价”账户余额为38 000元。相关会计处理如下。

结存商品应保留的进销差价=235 000−198 000=37 000（元）

已销商品应分摊的进销差价=38 000−37 000=1 000（元）

根据计算结果编制以下会计分录。

借：商品进销差价——手机柜　　1 000

　　贷：主营业务成本——手机柜　　1 000

采用实际进销差价计算法时，如果调整前“商品进销差价”账户余额大于结存商品应保留的进销差价，则说明原来少结转了已销商品的进销差价，应补结转已销商品的进销差价；反之，如果调整前“商品进销差价”账户余额小于结存商品应保留的进销差价，则说明原来多结转了已销商品的进销差价，要冲回多转的进销差价，即借记“主营业务成本”，贷记“商品进销差价”。

采用实际进销差价计算法能够准确地计算各种商品的差价率，但需要逐一盘点计价，工作量大，所以，实际工作中，该方法一般在年终决算前调整商品进销差价和核实库存商品价值时使用。

六、鲜活商品的核算

鲜活商品包括鱼、肉、禽、蛋、蔬菜、水果等。其经营特点是：①鲜活商品一般需要经过清洗整理，分等分级，按质论价；②商品的销售价格随着商品鲜活程度的变化，需随时进行调整，价格变动比较频繁，由此形成早晚时价不同；③鲜活商品交易频繁，数量零星，往往随进随出；④鲜活商品季节性强，上市时间集中，容易腐烂变质，不易保管，损耗数量难以掌握。因此，经营鲜活商品的零售企业一般采用进价金额核算法。

进价金额核算法又称“进价记账，盘存计销”，其核算特点是：按实物负责人设置库存商品明细账，商品购进时只记进价金额，不记数量；商品销售后，按实际取得的销售收入，贷记“主营业务收入”账户，平时不结转商品销售成本，通过定期实地盘点，查明实存商品数量，用最后进价法计算并结转商品销售成本。

1. 鲜活商品购进业务的核算

经营鲜活商品的零售企业，其进货渠道主要是当地批发企业，或直接向农村专业户采购。商品的交接货方式一般为提货制或送货制。在提货制下，购货单位派采购员到供货单位采购商品，采购员取得采购发票后，当场验收商品并将其运回，实物负责人（或柜组）根据采购员带回的采购发票对商品进行复验。在送货制下，供货单位根据合同要求送货到采购方指定地点，实物负责人（或柜组）根据供货合同和供货单位开具的发票对商品进行验收。

不论采用何种商品交接货方式，实物负责人（或柜组）在验收商品后，都应填制一式数联的“收货单”：一联连同供货单位开具的发票交财会部门，作为财会部门进行商品采购核算的依据；一联作为仓库登记商品保管账的依据；一联交采购部门留底备查。

在验收商品时，如发生实收数量与应收数量不符，应及时查明原因。对于短缺商品，若为供货单位少发，可要求其补发或退回多收的货款；若为途中合理损耗，则无须进行账务处理。对于溢余商品，若为供货单位多发，则应补付供货单位货款或将商品如数退回；若为途中升溢，则冲减“销售费用”账户。

微课：国家税务总局财税〔2017〕37号文件

经营鲜活商品的零售企业购进的商品中有大量的农副产品，根据财税〔2017〕37号文件《财政部税务总局关于简并增值税税率有关政策的通知》的有关规定，应区别不同情况进行增值税进项税额的核算，如图1-20所示。未取得合法增值税抵扣凭证的，应将所支付的全部价款计入原材料的采购成本。

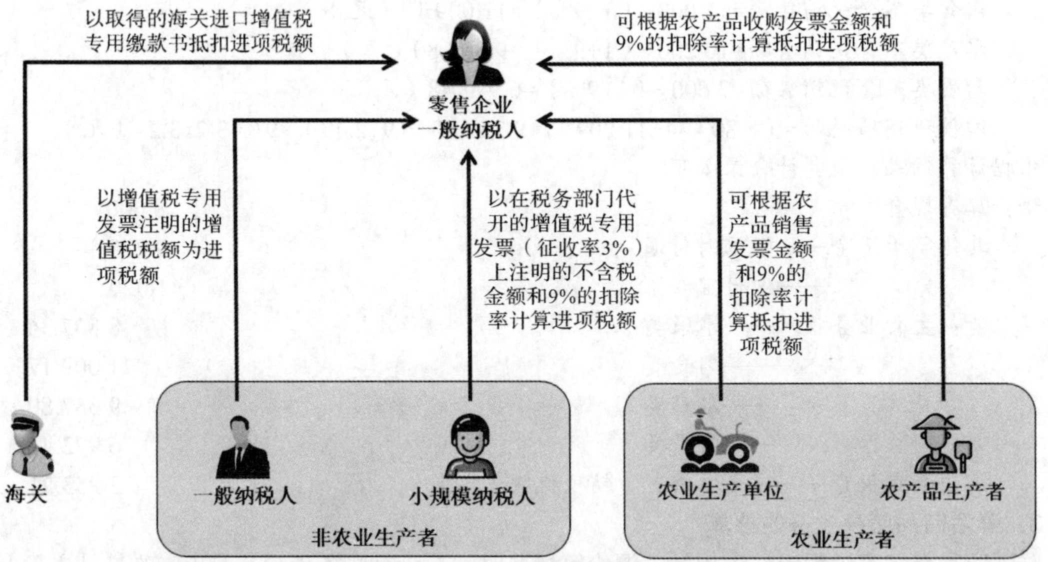

图 1-20　经营鲜活商品的零售企业购进农产品进项税额可抵扣的条件

【例1-47】丰达超市为增值税一般纳税人，现向福新村水果合作社购进一批新鲜水果，开来的销售发票中注明荔枝10 000千克，价格为5元/千克，芒果20 000千克，价格为4元/千克，木瓜30 000千克，价格为3元/千克，合计发票金额为220 000元。货款已付，商品已验收入库。

根据农业生产单位开具的销售发票，计算可抵扣的增值税进项税额及商品采购成本。

可抵扣的增值税进项税额=220 000×9%=19 800（元）

荔枝的采购成本=10 000×5×（1−9%）=45 500（元）

芒果的采购成本=20 000×4×（1−9%）=72 800（元）

木瓜的采购成本=30 000×3×（1−9%）=81 900（元）

借：库存商品——水果类——荔枝	45 500
——水果类——芒果	72 800
——水果类——木瓜	81 900
应交税费——应交增值税（进项税额）	19 800
贷：银行存款	220 000

2. 鲜活商品销售业务的核算

经营鲜活商品的零售企业每日营业结束后，各营业柜组根据实收货款填制一式数联的“商品销售收入缴款单”，连同当天的销货款一并送交财会部门。财会部门当面点收无误后，由出纳员在“商品销售收入缴款单”上签字并加盖收讫章，其中一联退回缴款部门留存，财会部门自留一联作为业务核算的依据。在汇总各营业柜组上交的销货现金款后，由出纳员缴存银行。

企业取得的销货款为含税销售额，在进行业务核算时，需将含税销售额换算为不含税的销售收入，并计算相应的增值税销项税额。计算公式如下。

不含税销售收入=含税销售额÷（1+增值税税率）

销项税额=不含税销售收入×增值税税率

【例1-48】丰达超市本日收到各营业柜组缴交的销货款及“商品销售收入缴款单”，其中，水果类9 600元，肉食类12 000元，水产类10 200元，禽蛋类7 600元。增值税税率为9%。实收货款中，现金8 600元，微信支付19 780元，支付宝支付11 020元。会计处理如下。

水果类不含税销售额=9 600÷（1+9%）=8 807.34（元）

肉食类不含税销售额=12 000÷（1+9%）=11 009.17（元）

水产类不含税销售额=10 200÷（1+9%）=9 357.80（元）

禽蛋类不含税销售额=7 600÷（1+9%）=6 972.48（元）

增值税销项税额=（8 807.34+11 009.17+9 357.80+6 972.48）×9%=3 253.21（元）

根据计算结果，做会计分录如下。

借：库存现金　8 600
　其他货币资金——微信财付通　19 780
　　　　　　——支付宝　11 020
　贷：主营业务收入——水果类　8 807.34
　　　　　　　　——肉食类　11 009.17
　　　　　　　　——水产类　9 357.80
　　　　　　　　——禽蛋类　6 972.48
　　应交税费——应交增值税（销项税额）　3 253.21

3. 鲜活商品储存业务的核算

鲜活商品在储存过程中发生损耗、调价等情况时，不进行账务处理，月末一次性计入商品销售成本内，但发生责任事故时，应及时查明原因，分清责任，报经审批后，根据不同情况进行处理。属于企业损失的计入“营业外支出”，属于当事人应赔偿的计入“其他应收款”。

【例1-49】丰达超市本月购进的一批500千克的荔枝全部变质报废，购进价格为5元/千克。现查明是保管员刘新失职造成的，报经领导批准后，确定60%作为企业损失处理，其余40%由保管员负责赔偿。做会计分录如下。

借：营业外支出　1 500
　其他应收款——刘新　1 000
　贷：库存商品——水果类——荔枝　2 500

4. 鲜活商品销售成本的核算

月末，由各营业柜组对实存商品进行盘点，根据盘存商品的实际数量填写“商品盘存表”，以最后一次进货单价作为期末库存商品的单价，据此计算出各种商品的结存金额，进而计算出期末库存商品的结存总金额，然后倒挤出本月已售商品的成本。其计算公式如下。

$$\text{本期商品销售成本} = \text{期初结存商品金额} + \text{本期收入商品金额} - \text{本期非销售发出商品金额} - \text{期末结存商品金额}$$

【例1-50】月末，丰达超市对鲜活商品进行盘点，编制“商品销售成本计算表”，如图1-21所示。

商品销售成本计算表

2017年11月　　单位：元

柜组名称	期初结存商品金额	本期收入商品金额	本期非销售发出商品金额	期末商品结存金额	本期商品销售成本
水果类	38 100.00	152 980.00	2 500.00	26 980.00	161 600.00
肉食类	69 420.00	256 480.00	—	55 840.00	270 060.00
水产类	54 720.00	159 680.00	—	14 560.00	199 840.00
禽蛋类	36 850.00	89 320.00	—	16 810.00	109 360.00
合计	199 090.00	658 460.00	2 500.00	114 190.00	740 860.00

审核：周兴　　制表：钱丽

图1-21　商品销售成本计算表

财会部门根据“商品销售成本计算表”结转销售成本，做如下会计分录。

借：主营业务成本——水果类　161 600
　　　　　　　——肉食类　270 060
　　　　　　　——水产类　199 840
　　　　　　　——禽蛋类　109 360
　贷：库存商品——水果类　161 600
　　　　　　　——肉食类　270 060
　　　　　　　——水产类　199 840
　　　　　　　——禽蛋类　109 360

技能训练题

一、单项选择题

1. 零售企业在进行商品销售时，按售价结转销售成本是为了（　　）。

A．简化核算手续　B．便于管理商品
C．便于比较销售盈亏　D．正确反映实物负责人的经济责任

2. 对于零售企业购进退补价业务，如果商品已经售出，在核算上应调整（　　）账户。

A．“库存商品”　B．“主营业务成本”　C．“本年利润”　D．“商品进销差价”

3. 某零售企业现对一批商品进行削价处理，新售价低于原进价的部分应做（　　）处理。

A．冲销进销差价　B．增加商品销售成本
C．冲销存货跌价准备　D．计提存货跌价准备

4. 对于采用售价金额核算法的企业，以下有关受托代销商品的日常业务核算的说法中，不正确的是（　　）。

A．受托代销商品按含税价核算　B．受托代销商品款按含税价核算
C．主营业务收入按含税价核算　D．主营业务成本按含税价核算

5. 以下有关零售企业自行提供赠品进行赠品促销的处理中，正确的是（　　）。

A．赠品属于捐赠，计入“营业外支出”
B．赠品属于促销手段，计入“销售费用”
C．赠品也属于销售，应与正品一起分摊总销售额
D．赠品是无偿的，无须进行业务处理

6. 零售企业商品盘点发生溢余后，在查明原因前，应按（　　）计入“待处理财产损溢”账户。

A．售价　B．进价　C．调拨价　D．重估价

7. 零售企业计算已销商品进销差价的方法中最准确、最符合实际的是（　　）。

A．综合差价率推算法　B．分柜组差价率推算法
C．毛利率法　D．盘存商品实际进销差价计算法

8. 平时采取分柜组差价率推算法，年终采用实际进销差价计算法计算已销商品进销差价，那么12月份结转的已销商品进销差价是（　　）。

A．12月的已销商品进销差价偏差的调整
B．对前11个月已销商品进销差价偏差的调整
C．12月的已销商品进销差价及前11个月已销商品进销差价偏差的调整
D．12月已销商品进销差价的调整数

9. 经营鲜活商品的零售企业对库存商品采用的核算方法是（　　）。

A．数量进价金额核算法　B．数量售价金额核算法

C．进价金额核算法　　D．售价金额核算法

10．鲜活商品经营过程中发生的正常损耗，应（　　）。

A．不调整账务　　B．在发生时计入“主营业务成本”

C．在发生时计入“销售费用”　　D．在月末计入“主营业务成本”

二、多项选择题

1．售价金额核算法适用于（　　）。

A．专业性零售企业　　B．工业品批发公司

C．经营鲜活商品的零售企业　　D．小型零售企业

2．“商品进销差价”账户的借方登记（　　）。

A．购进商品的售价大于进价的差额　　B．购进商品的售价小于进价的差额

C．转销已销商品应分摊的进销差价　　D．使商品售价大于进价的差额减少的数额

3．已销商品进销差价的计算是否准确，直接关系到（　　）的准确性。

A．期末库存商品价值　　B．商品销售收入

C．商品销售税金　　D．商品销售成本

4．购进商品短缺的核算中，以下情况中应做进项税额转出核算的是（　　）。

A．商品的自然损耗　　B．运输途中被盗

C．自然灾害造成　　D．运输途中因责任事故霉烂

5．购进商品时发生进货补价，假设该批商品已全部出售并已结转成本，则应调增（　　）。

A．在途物资　　B．库存商品　　C．应交税费　　D．主营业务成本

6．零售企业购进商品发生补价，同时更正零售价格，核算时涉及的账户有“银行存款”“在途物资”（　　）等账户。

A．“应交税费”　　B．“应收账款”　　C．“库存商品”　　D．“商品进销差价”

7．企业自行调价时，不论调价幅度的大小，在会计核算上一律计入（　　）账户。

A．“库存商品”　　B．“商品销售成本”　　C．“商品进销差价”　　D．“商品销售收入”

8．采用售价金额核算法的企业，发生日常经济业务时，下列账户中按核定的含税零售价反映的是（　　）。

A．“库存商品”　　B．“主营业务收入”　　C．“主营业务成本”　　D．“在途物资”

9．采用售价金额核算法的企业，需借记“商品进销差价”账户，贷记“库存商品”账户的经济业务有（　　）。

A．购进商品发生退货　　B．商品降价　　C．商品提价　　D．商品内部调拨

10．采用售价金额核算法的企业，月末需要调整的账户有（　　）。

A．“库存商品”　　B．“商品进销差价”　　C．“主营业务收入”　　D．“主营业务成本”

11．已销商品进销差价的计算方法有（　　）。

A．个别差价率计算法　　B．综合差价率推算法

C．分柜组差价率推算法　　D．实际进销差价计算法

12．月末尚未分摊进销差价的“商品进销差价”账户中包括（　　）。

A．购进商品的进销差价　　B．结存商品应保留的进销差价

C．已销商品实现的进销差价　　D．削价商品的进销差价

三、判断题

1．零售业务的经营特点，决定了零售企业的商品核算应采用售价金额核算法。（　　）

2．采用售价金额核算法的企业购进的商品发生短缺或溢余时，应将短缺或溢余商品的售价计入“待处理财产损溢”账户。（　　）

3．发生进货退价时，企业实际支付的进货价低于应支付的进货价，应由供货单位退还多收的价款。（　　）

4．采用售价金额核算法的企业发生购进商品退补价时，在商品售出前，若只更正购进价格，则只需调整“商品进销差价”账户和“应交税费”账户，无须调整“库存商品”账户。（　　）

5．购进商品发生退补价的情况，必然会引起“库存商品”账户发生增减变动。（　　）

6．“商品进销差价”账户是“库存商品”账户的备抵调整账户。（　　）

7．采用售价金额核算法的企业，受托代销商品业务不需要核算商品进销差价。（　　）

8．返券销售中派发给顾客的购物券因尚未抵用，所以无须进行业务核算。（　　）

9．在年终，企业应根据具体情况采用分柜组差价率推算法或实际进销差价计算法计算已销商品的进销差价。（　　）

10．已销商品进销差价的计算是否准确，不仅关系到期末库存商品价值是否准确，而且关系到商品的进价成本和毛利的准确性。（　　）

四、业务核算题

1．零售商品购进业务的核算。惠民超市为增值税一般纳税人，采用售价金额核算法，本月发生以下经济业务。

（1）购进奶糖 50 千克，不含税价为 20 元/千克，增值税税率为 13%，零售价为 35 元/千克，签发转账支票付讫货款。商品由副食柜组验收。

（2）向红光日化公司购进洗衣粉 500 袋，不含税价为 20 元/袋，增值税税率为 13%，代垫运费 54.5 元（9%增值税税率），货已送达，并随商品发来货物及运费的增值税发票。验收时发现实收 550 袋，溢余 50 袋，原因待查。每袋洗衣粉的含税售价为 30 元，已由百货柜组验收。其按合同约定通过银行转账方式支付了 500 袋洗衣粉的货款和运费。

（3）经与供货方联系，溢余的 50 袋洗衣粉为供货方多发货导致的，现同意补进货，并已收到供货方发来的增值税专用发票，通过银行转账方式支付了价税款 1 130 元。

（4）向明晶公司购入水杯 100 个，不含税进价为 30 元/个，现商品运到，验收时发现破损 3 个，短少 5 个，原因待查。该商品含税零售价为 60 元/个，因存在商品质量问题，货款未付。由百货柜组验收。

（5）经查，破损的水杯系快递公司事故造成，快递公司同意赔偿；短少的 5 个为供货方少发，现已补来商品。

（6）接供货方通知，上月服装柜组购进并已验收付款的一批童装 80 件，因供货方计价错误，每件多收 5 元，共计多收价税款 464 元，现供货方已通过银行转账方式退来价税款并提供了红字增值税专用发票。经查，该批童装购进时不含税价为 50 元/件，上月已出售 20 件，含税零售价为 100 元/件。

（7）发现日前购进的 50 千克奶糖包装存在问题，经与供货方协商，同意给予每千克 5 元的价格折让，并已收到供货方开来的红字增值税专用发票和退款。该批奶糖尚未销售。

要求：根据以上经济业务编制相应的会计分录。

2．零售商品销售业务的核算。惠民超市为增值税一般纳税人，采用售价金额核算法，月末汇总销售额计税，本月发生以下经济业务。

（1）本月 10 日的销售额为 76 840 元。其中，副食柜 25 968 元，服装柜 16 935 元，百货柜 33 937 元。货款中现金支付 5 683 元，微信支付 38 056 元，支付宝支付 33 091 元。其中，副食柜货款发生短款 20 元，百货柜发生长款 10 元。原因待查。

（2）经查，10 日的副食柜短款是收款员吴新少收款所致，要求其个人进行赔偿，百货柜长款无法查明原因。

（3）受美达公司委托代销男装 100 件，协议价 100 元/件，增值税税率为 13%。代销协议约定，超市可自行定价销售。本月已销售 30 件，每件含税单价 150 元，并向美达公司开具了商品代销清单。

美达公司据此开具增值税专用发票。惠民超市收到发票后通过银行转账方式支付了货款。

（4）超市举行促销活动，顾客购物满 100 元可获得 5 元购物券，购物券只可在促销期间使用，逾期作废。促销当天实现现金销售收入 10 万元，当日发出购物券 5 000 元，顾客实际使用购物券 4 000 元。对购物券进行核算。

（5）本月副食柜销售商品 780 000 元，服装柜销售商品 510 000 元，百货柜销售商品 1 020 000 元，核算本月应计的增值税销项税额。

要求：根据以上经济业务编制相应的会计分录。

3．零售商品储存业务的核算。某超市采用售价金额核算法，某月发生下列经济业务。

（1）经研究决定，原先由百货柜组经营的洗衣粉改由日杂柜组经营。经盘点，库存洗衣粉 500 袋，购进价格为 15 元/袋，含税零售价为 25 元/袋。

（2）日杂柜组盘点发现香皂短少 10 块，含税零售价为 5 元/块，进价 3 元/块。原因待查。

（3）经批准，短少的香皂损失由企业承担。

（4）经批准，日杂柜组的牙膏 20 支，因变形每支由含税零售价 10 元降至 6 元，进价每支 5 元。

（5）经批准，百货柜电子玩具调价，由每套售价 10 元调整为每套 6 元，盘点库存有 20 套，进价每套 8 元。

要求：根据以上经济业务编制相应的会计分录。

4．零售商品销售成本的核算。

（1）惠民超市某月月末“库存商品”账户余额 368 540 元，“商品销售成本”账户本月发生额 941 210 元，月末“商品进销差价”账户余额（调整前）为 288 718 元。要求：采用综合差价率推算法计算已销商品应分摊的进销差价，并编制结转进销差价分录。

（2）惠民超市某月月末有关账户资料如表 1-4 所示。

表 1-4　　惠民超市有关账户月末余额　　单位：元

柜组	库存商品	商品进销差价	商品销售收入	商品销售成本
副食柜	129 365	187 178	684 454	684 454
服装柜	56 892	69 061	158 924	158 924
百货柜	289 512	412 991	1 362 452	1 362 452
合计	475 769	669 230	2 205 830	2 205 830

要求：采用分柜组差价率推算法计算已销商品应分摊的进销差价，并编制结转进销差价的会计分录。

（3）惠民超市某月月末副食柜“库存商品”账户余额为 150 750 元，“商品进销差价”账户余额为 62 800 元，商品盘点表进价金额为 86 815 元。要求：采用盘存商品实际进销差价计算法计算已销商品进销差价，并编制结转进销差价的会计分录。

5．鲜活商品零售业务的核算。便民超市水果柜组采用进价金额核算法。本月发生下列经济业务。

（1）从王家村水果合作社购进西瓜 2 000 千克，价格为 2 元/千克，水蜜桃 1 000 千克，价格为 6 元/千克，合计发票金额为 100 000 元。以转账支票付讫货款，商品已到货并验收无误。

（2）从批发市场购进香瓜 1 000 千克，不含税价格为 3 元/千克，增值税税率为 10%，取得增值税专用发票。验收时发现，实收数量为 990 千克，有 10 千克在运输途中损坏，经审批确定为途中的合理损耗，货款已转账付讫。

（3）15 日，水果柜组报来销售收入缴款单，共计销售各种生鲜水果 25 690 元。实收货款中现金 4 960 元，微信支付 11 090 元，支付宝支付 9 640 元。

（4）月末对水果柜组进行盘点，其中西瓜结存 500 千克，最后进价为 2 元/千克，水蜜桃结存 200 千克，最后进价为 5 元/千克，香瓜结存 1 000 千克，最后进价为 3.5 元/千克。本月月初西瓜、水蜜桃、香瓜的结存金额分别为 5 000 元、4 000 元、3 000 元，本月购进西瓜 10 000 元、水蜜桃 11 000 元、香瓜 6 000 元，据此计算并结转已销售商品成本。

要求：根据以上经济业务编制相应的会计分录。

小结

第一章主要知识点及内在关系如图 1-22 所示。

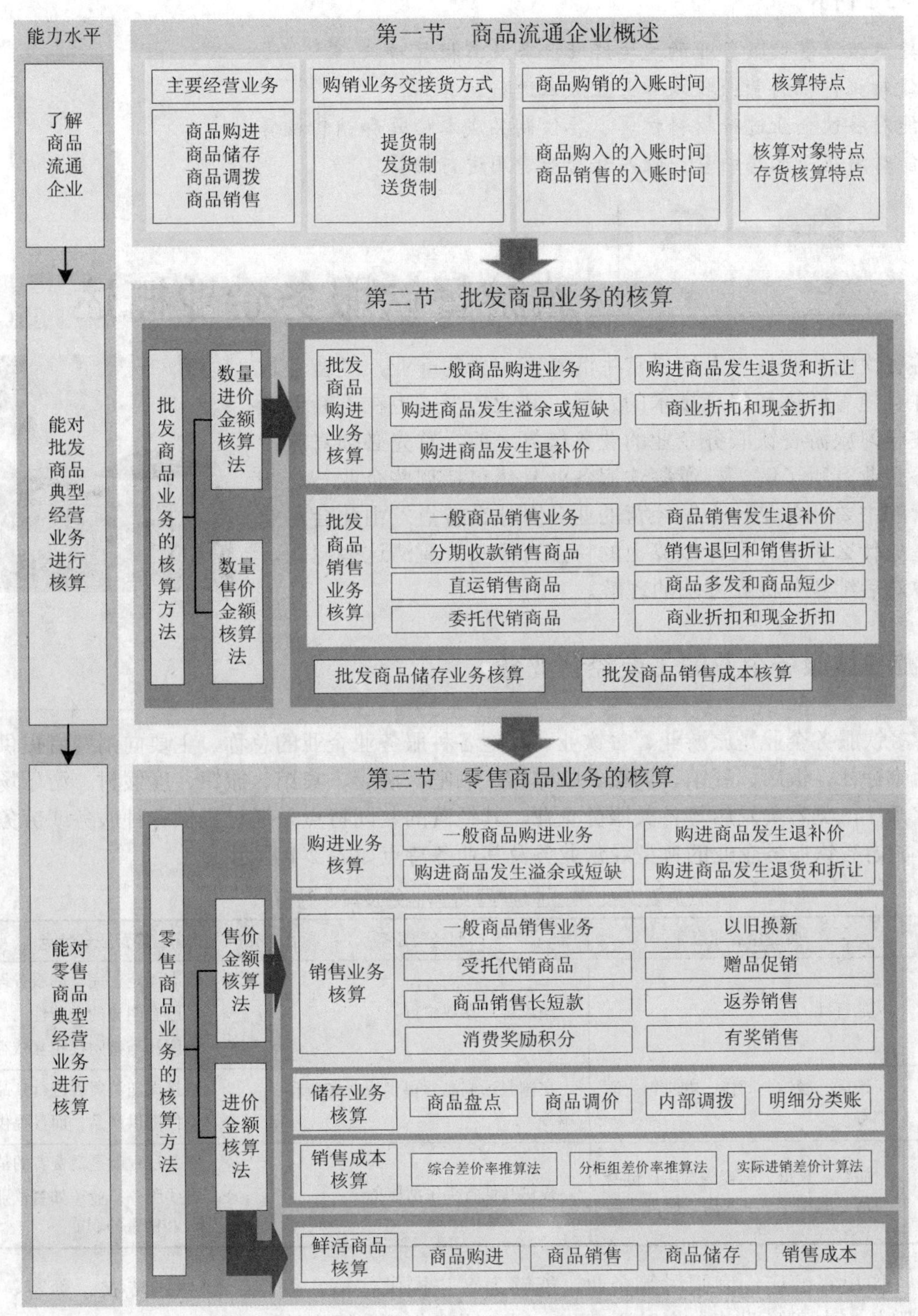

图 1-22　第一章主要知识点及内在关系

第二章 旅游餐饮服务企业典型业务核算

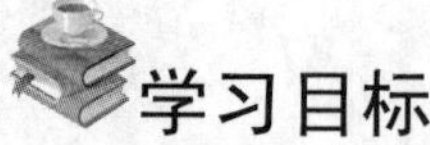

学习目标

- 熟悉旅游餐饮服务业的主要经营业务及其核算特点。
- 能对旅行社的营业收入和营业成本进行核算。
- 能对餐饮企业进行材料核算、餐饮制品成本核算和销售核算。
- 能对酒店业客房的营业收入和营业费用进行核算。

第一节 旅游餐饮服务企业概述

旅游餐饮服务业是与人们日常生活紧密相关的产业，经营项目繁多，并且随着经济和信息技术的发展，其业务形式也在不断创新延伸。在学习旅游餐饮服务企业的业务核算之前，首先必须对旅游餐饮服务企业有所了解。旅游餐饮服务业具体包括哪些企业？这些企业经营的主要业务是什么？经营的业务有什么特点？由此会对业务核算造成什么影响？会计核算上的特点有哪些？厘清这些问题，有利于你对后续业务核算方法的理解。

一、旅游餐饮服务企业的主要经营业务

旅游餐饮服务企业是旅游业、餐饮业和其他各种服务业企业的总称，主要向消费者提供生活服务，包括旅行社、饭店、餐馆、酒楼、咖啡馆、酒吧、酒店、宾馆、旅馆、度假村、游乐场、健身会所、歌舞厅、美容美发店等各类服务企业。其经营的共同特点是通过提供各种服务或劳务而赚取服务费。旅游餐饮服务企业的典型经营业务及其业务特点如表 2-1 所示。

表 2-1　旅游餐饮服务企业的典型经营业务及其业务特点

行业	典型企业业态	典型经营业务	经营业务特点
旅游业	旅行社	组织客户参观旅行	✧ 没有固定、完备的服务设施 ✧ 一般有明显的季节性 ✧ 组团社与接团社相互依存
餐饮业	饭店、餐馆、酒楼、咖啡馆、酒吧等	烹制餐饮制品并提供消费场所和服务	✧ 直接面向消费者进行食品生产 ✧ 不仅提供产品，而且提供服务
其他服务业	旅馆、宾馆、美容美发店、健身会所、歌舞厅、洗衣店、修理店等	提供其他各类生活服务	✧ 服务过程就是消费者的消费过程 ✧ 有些服务行业（如餐饮业）兼有加工生产和销售的职能

另外，像星级酒店、度假村等企业，能够为客户提供住宿、餐饮、健身、洗衣、美容、购物等多项便捷服务。本章第四节中将以酒店业为例介绍其业务核算方法。

二、旅游餐饮服务企业典型业务的核算特点

旅游餐饮服务企业是企业会计的一个分支。企业会计的特点是由会计对象决定的，旅游餐饮服务企业的业务经营特点决定了其会计核算的特点。旅游餐饮服务企业的核心经营内容是提供生活服务，辅之以产品生产与销售，这就决定了旅游餐饮服务企业在业务核算上，需要根据企业的经营情况和管理需要，综合运用工业企业、商品流通企业和服务企业的会计核算方法。与其他行业会计相比较，其核算具有明显的行业特点。

1. 核算对象的特点

旅游餐饮服务企业的经营业务往往带有多样性。如旅游企业除了经营组团旅游业务外，有条件的旅行社还经营客房、餐饮、售货、娱乐等其他业务；餐饮业除了经营饮食业务外，还经营外卖、娱乐等相关业务；酒店业则是最为典型的多样化经营企业，同时经营餐饮、客房、健身、娱乐、美容美发等多种服务项目。旅游餐饮服务企业为了分别提供各种经营业务的会计信息，就必须对业务进行分别核算。

2. 收入核算的特点

旅游餐饮服务企业的收入核算除了必须遵守企业会计准则所规定的收入确认原则和核算方法之外，由于旅游餐饮服务企业的经营业务具有多样性特点，在收入核算上不再区分主营业务和其他业务，会计账户上不设置“其他业务收入”账户，“主营业务收入”账户的核算范围相应扩大，一般按照服务类型或收费项目设置明细账户进行核算。如旅游企业的“主营业务收入”账户下可设立“组团外联收入”“综合服务收入”“零星服务收入”“票务收入”“地游及加项收入”“劳务收入”“其他服务收入”等二级明细账户，并可根据实际情况设立三级明细账户进行核算。

另外，旅游餐饮服务企业的经营往往具有明显的季节性，产品和服务的价格往往随着季节的变化有较大幅度的变动，企业在销售定价方面需要根据季节变化随时进行调整。

3. 成本费用核算的特点

按照企业会计准则的核算要求，进行企业的成本计算时应正确划分成本与期间费用，并分别核算，旅游餐饮服务企业同样应设置“主营业务成本”“财务费用”“管理费用”和“销售费用”等账户。

由于旅游餐饮服务企业的生产经营过程往往就是客户的消费过程，企业在一定期间内的直接成本可以理解为生产成本，也可以理解为销售成本，故某些旅游餐饮服务企业虽然也生产加工产品，但一般不设立“生产成本”和“制造费用”等成本核算账户，而直接通过“主营业务成本”账户进行成本核算。

餐饮企业需要在短时间内完成生产、销售和服务，提供的产品还具有品种繁多且数量少的特点，所以不可能像工业企业一样区分产品进行成本核算，一般只计算总成本，不计算单位成本。

4. 存货核算的特点

有的旅游餐饮服务企业既经营自制商品，又经营外购商品。为了分别反映自制商品和外购商品的经营成果，加强对自制商品的管理和核算，需要对自制商品和外购商品分别进行业务核算。

餐饮企业的原材料涉及面广，物料特性复杂，在核算上应与管理需要相结合。餐饮企业的原材料从管理角度可分为入库和不入库两类，对于能长时间储存的调味品、干货等存货一般采用入库管理；对于不能长时间储存的鲜活材料，通常随购随用，采用不入库管理。在存货盘存制度上，餐饮企业也需要根据原材料的特性和管理重点，区别使用实地盘存制和永续盘存制。

5. 货币核算的特点

旅游餐饮服务企业主要面向社会公众提供各类生活服务，有些服务项目还具有消费频次较高的

特点，从而决定了旅游餐饮服务企业在结算方面具有以下特点。

（1）涉外性。旅游企业和大酒店往往在货币结算方面有涉外性。例如，旅游企业的接待工作主要有 3 种类型：一是组织国内居民在国内旅游；二是组织国内居民出国旅游；三是接待国外旅游者来华旅游。后两种类型的业务都具有涉外性。在会计核算中，企业应按照外汇管理条例和外汇兑换管理办法办理外汇的存入、转出和结算，并以人民币为记账本位币，采用复币记账，计算汇兑损益。

（2）以会员制等形式预收款。餐饮企业等服务企业提供的生活服务往往具有反复消费且频次较高的特点，为了吸引客户，稳定和扩大营业收入，企业往往以会员制、折扣、礼品等形式预收客户款项，从而形成了大量的与预收账款相关的业务核算。

（3）大量使用支付宝、微信支付等新型结算方式。旅游餐饮服务企业的客户以个人消费者为主，随着支付宝、微信支付等现代化新型支付手段的普及，传统的现金支付逐渐被取代，需要根据结算方式的变化，开设“其他货币资金”账户进行核算。

6. 涉税核算的特点

旅游餐饮服务企业的一般纳税人（年应税销售额超过 500 万元的纳税人）适用的增值税税率为 6%，采用简易征收方式的征收率为 3%；小规模纳税人（年应税销售额未超过 500 万元的纳税人）的征收率为 3%。

旅游餐饮服务企业的经营活动存在大量的混业经营和兼营情况，按照现行增值税法规的有关规定，企业必须分别核算不同的服务项目，未分别核算的，从高适用税率。以大型酒店企业为例，企业在提供住宿服务的同时，还经营小型店铺商品零售、向社会提供场地出租等业务。客房业务按提供销售服务计税，小型店铺商品零售业务按销售货物计税，向社会提供场地出租业务按不动产租赁服务计税，这 3 项业务分别适用不同的计税税率。旅游餐饮服务企业经营业务的多样性决定了企业涉税核算的复杂性。

旅游企业在组团旅游业务中，往往与其他旅游企业存在较为普遍的业务合作关系。在计税方式上，根据财税〔2016〕36 号文件《营业税改征增值税试点有关事项的规定》，可选择采用差额计税方式，以取得的全部价款和价外费用，扣除向旅游服务购买方收取并支付给其他单位或个人的住宿费、餐饮费、交通费、签证费、门票费和支付给其他接团旅游企业旅游费用后的余额为销售额进行计税。

技能训练题

一、单项选择题

1. 旅游、餐饮服务企业可以不设置（　　）账户。

A.“主营业务收入”　B.“其他业务收入”　C.“营业外收入”　D.“营业外支出”

2. 客户以支付宝支付的服务费应计入（　　）账户。

A.“库存现金”　B.“银行存款”

C.“其他货币资金”　D.“交易性金融资产”

3. 采用会员制向客户收取的会员年费应贷记（　　）账户。

A.“应付账款”　B.“应收账款”　C.“预付账款”　D.“预收账款”

二、多项选择题

1. 以下不属于旅游餐饮服务企业的是（　　）。

A. 搬家公司　B. 食品生产企业

C. 旅游工艺品生产企业　D. 航空公司

2. 以下原材料中，不宜入库管理的原材料有（　　）。

A. 鲜肉　B. 豆油　C. 调味品　D. 蔬菜

三、判断题

1. 餐饮业的生产成本一般只计算总成本，不计算单位成本。（　）

2. 旅游餐饮服务企业也会有产品生产，所以也应设立“生产成本”和“制造费用”等成本核算账户。（　）

3. 旅游企业“营改增”后，原营业税计税中适用的差额计税方式被取消，在增值税计税中不再有差额计税方式。（　）

第二节 旅行社典型经营业务核算

旅行社的经营业务是组织旅游者外出旅游，并为其提供交通、导游、住宿、餐饮等配套服务。旅行社在组织旅游的过程中往往会与其他旅行社发生业务协作，还会涉及旅馆业、交通运输业、餐饮业等相关企业。实质上，旅行社是一个为满足旅游者出行需求的中介服务机构，企业一方面通过组团和接待旅行者取得各种收入，另一方面，在组织旅游的过程中也因提供服务而需要支付多种费用。由于旅行社具有中介服务的职能特点，其营业收入和营业成本的构成呈现出多样性，典型的会计核算也基本上是围绕组织旅游的业务活动所发生的各种收入和费用进行的。本节以一家组团社和一家接团社的日常经营活动为例，主要说明旅行社营业收入和营业成本的核算方法。

一、旅行社营业收入的核算

旅行社的营业收入是指旅行社为旅游者提供各项服务所取得的收入。旅行社经营业务的内容，决定了旅行社营业收入的构成、收入确认的标准及收入核算的具体方法。

1. 旅行社经营业务的内容

旅行社的经营业务按为旅游者提供服务的形式和内容不同，可分为组团社和接团社两类，如表2-2所示。

表 2-2　旅行社按为旅游者提供服务的形式和内容不同分类

分类形态	为旅游者提供服务的形式和内容
组团社	从国内或国外组织旅游团队，为旅游者办理出入境手续、保险，安排旅游计划，并选派翻译、导游人员随团为旅游者提供服务
接团社	为旅游者在某一地区提供翻译、导游服务，安排旅游者的参观日程，为其订房、订餐、订机票和车票，并为下一站的旅游做好安排

2. 旅行社营业收入的构成

旅游企业的营业收入按其性质不同，一般包括 7 个方面的内容，如图 2-1 所示。

旅行社的销售价格常见的有组团包价、半包价、小包价、单项服务价格和特殊形式的旅游收费等形式。

（1）组团包价是指组团社根据成团人数、等级、路线、时间和提供服务的质量等因素制定的价格，一般包括综合服务费、住宿费、餐饮费、车费、保险费、城市间交通费和专项附加费等。

（2）半包价是指不包含午餐、晚餐费用的综合包价。

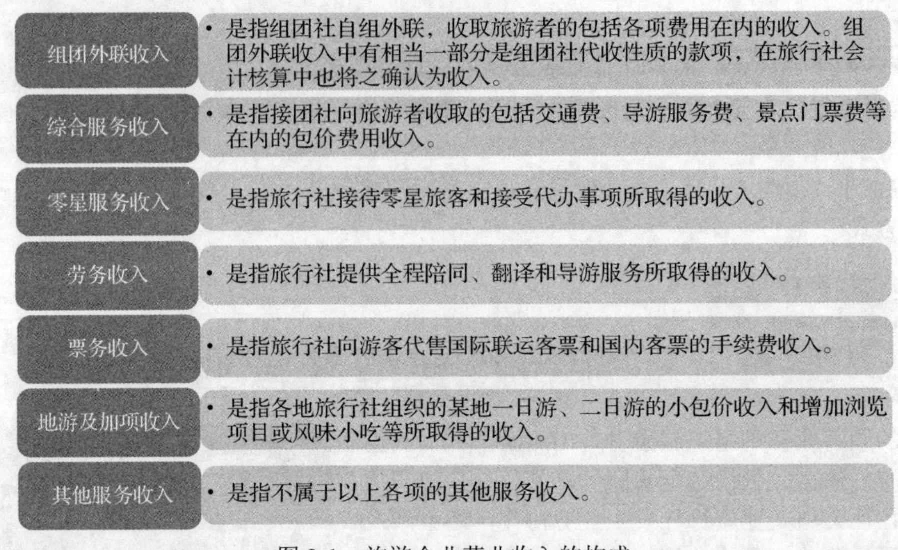

图 2-1　旅游企业营业收入的构成

（3）小包价是指仅包括住宿费、早餐费、保险费、接送服务费、国内城市间交通费及手续费的价格。

（4）单项服务价格是指旅行社接受旅游者的委托，提供单项旅游服务而收取的费用。

（5）特殊形式的旅游收费是指旅行社开展的新婚旅游、探险旅游等特殊形式的旅游收费。

3. 旅行社营业收入的确认

旅行社的营业收入属于提供劳务收入，在通常情况下，应在劳务完成时，即旅游团队旅游结束返回时，确认旅游经营业务收入的实现。但是，如果旅游团的旅游开始日期和结束日期分属于不同的期间，则应当按照完工百分比法进行营业收入的确认。

完工百分比法是指按照提供劳务交易的完工进度确认收入与费用的方法。根据企业会计准则的规定，劳务收入的确认应同时满足 4 个条件：①收入的金额能够可靠地计量；②相关的经济利益很可能流入企业；③交易的完工进度能够可靠地确定；④交易中已发生和将发生的成本能够可靠地计量。

旅游企业确定提供劳务的完工进度，一般采用 2 种方法：①按已经提供的劳务占应提供劳务总量的比例；②按已经发生的成本占估计总成本的比例。

【例2-1】阳光旅行社组织一个30人的旅游团去云南旅游10天，旅游日程为10月29日至11月7日，已按旅游合同向旅游者收取不含税收入15万元，增值税税额0.9万元，共计收款15.9万元。阳光旅行社估计总成本为12万元，至10月月底实际已经支付相关费用5万元。其应如何确认该项业务10月已实现的收入？

（1）按已经提供的劳务占应提供劳务总量的比例确认收入

10月的营业收入=15×3÷10=4.5（万元）

11月的营业收入=15×7÷10=10.5（万元）

（2）按已经发生的成本占估计总成本的比例确认收入

10月的营业收入=15×5÷12=6.25（万元）

11月的营业收入=15×7÷12=8.75（万元）

由以上计算结果可知，企业采用不同的收入确认方法，会导致总收入在两个不同会计期间分配结果的不同。按照企业会计准则的规定，企业可以根据经营业务特点选择适合企业的收入确认标准，但收入确认标准一经确定，不得随意改变。

4. 旅行社营业收入的核算

不论是组团社还是接团社，旅行社在一定时间内实现的各项营业收入，都要通过“主营业务收入”账户进行核算。该账户属于损益类账户，贷方登记企业确认的各项营业收入，借方登记冲减的收入和期末转入“本年利润”账户的结转数，结转后月末无余额。“主营业务收入”账户下应按收入类型分别设置明细账户，如可设立“组团外联收入”“综合服务收入”“零星服务收入”“劳务收入”“票务收入”“地游及加项收入”“其他服务收入”等二级科目。企业根据实际情况，还可在二级科目下设置三级科目，如在“综合服务收入”二级科目下，可设置“房费收入”“餐费收入”“车费收入”“陪团费收入”等。由于组团社和接团社的服务内容不完全相同，故其营业收入核算的方法也不完全相同。

（1）组团社营业收入的核算

组团是旅行社的一项主要经营活动，是旅行社通过组织当地的旅游者外出旅游的行为。对于组团社，其组团收费通常采用费用包干方式，即旅游者按照旅游线路和旅行天数，将包干费用一次付清。按照现行旅行社组团原则，一般先收费后接待，对于业务来往较多的客户或企业，也可采用部分付款、事后结算的方式。组团社的营业收入是指组团社根据组团报价为旅游者提供服务所取得的收入。组团收入包括分配到接团社、饭店、交通部门等的费用。组团社业务活动的一般程序如图 2-2 所示，随着组织旅游的营业活动的进行，旅行社应根据业务活动中所产生的相关原始凭证进行相应的收入核算和账款核算。

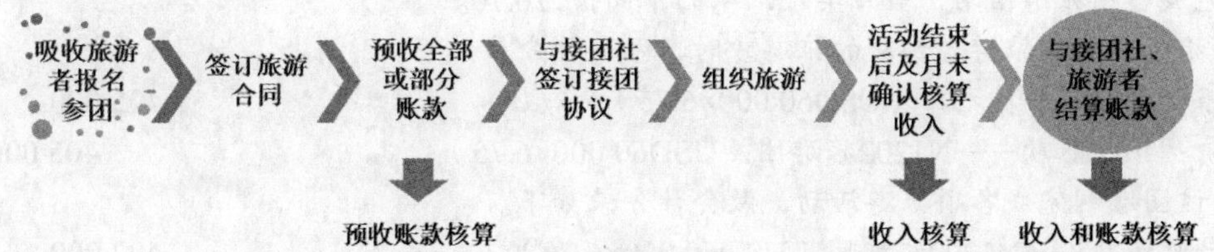

图 2-2　组团社业务活动的一般程序

【例2-2】 欢乐旅行社为一家组团社，为增值税一般纳税人，主要提供境内外的旅游组团服务。2017年11月20日，其接受A公司委托组团40人去新疆旅游，团号为N1108，从11月26日至12月5日，共计10天。每人收费5 000元，总计金额200 000元，按合同规定，A公司已开具转账支票支付了160 000元账款。

该旅游团尚未开始旅游活动，收入尚未实现，收取的账款属于预收款性质，会计处理如下。

借：银行存款　　160 000

　贷：预收账款——A公司　　160 000

【例2-3】 接【例2-2】，11月25日，该团有一人因故退团，按合同规定，扣除退团手续费10%后，以现金形式退还其剩余款项4 500元。

收取的退团手续费应视为含税的收入，按旅游业适用的6%的增值税税率分别计算所应缴纳的增值税和不含税的收入额。会计处理如下。

借：预收账款——A公司　　5 000

　贷：主营业务收入——其他服务收入　　415.09

　　应交税费——应交增值税（销项税额）　　84.91

　　库存现金　　4 500

【例2-4】 接【例2-3】，11月月底，按已经提供的劳务占应提供劳务总量的比例对N1108旅游团进行收入核算。该旅游团全部行程共计10天，11月月底已进行了5天。该团启程前实际参团39人，含税总价款为195 000元。

11月应确认的经营收入=（195 000×5÷10）÷（1+6%）=91 981.13（元）

应计增值税销项税额=（195 000×5÷10）×6%÷（1+6%）=5 518.87（元）

做会计分录如下。

借：预收账款——A公司　　97 500

　贷：主营业务收入——组团外联收入　　91 981.13

　　应交税费——应交增值税（销项税额）　　5 518.87

【例2-5】接【例2-4】，12月5日，N1108旅游团结束旅游顺利返回，旅行社向A公司开具了全额发票；12月6日，A公司开出转账支票支付了尾款35 000元。

该旅游团在11月月底按已经提供的劳务占应提供劳务总量的比例确认了50%的收入，12月旅游结束后应确认另外50%的收入，做会计分录如下。

借：预收账款——A公司　　62 500

　银行存款　　35 000

　贷：主营业务收入——组团外联收入　　91 981.13

　　应交税费——应交增值税（销项税额）　　5 518.87

【例2-6】12月2日，欢乐旅行社组织国外旅游者来境内旅游，组成N1202旅游团，共计30人，旅游行程共10天，从2017年12月7日至12月16日，共计旅游费60 000美元，旅游协议规定旅游者入境前预交旅游费的100%，现收到旅游者的汇款60 000美元，当日美元汇率的中间价为6.75。12月16日，该团顺利完成各项旅游活动，当日美元汇率的中间价为6.70。

（1）旅行社收到旅游者预交的旅游费时，做会计分录如下。

借：银行存款——美元户（USD60 000×6.75）　　405 000

　贷：预收账款——N1202旅游团（USD60 000×6.75）　　405 000

（2）该团顺利完成各项旅游活动，做会计分录如下。

借：预收账款——N1202旅游团（USD60 000×6.70）　　402 000

　贷：主营业务收入——组团外联收入　　379 245.28

　　应交税费——应交增值税（销项税额）　　22 754.72

（3）结清往来款项，核算汇兑损益。

借：预收账款——N1202旅游团　　3 000

　贷：财务费用——汇兑损益　　3 000

（2）接团社营业收入的核算

接团社的营业收入是指根据组团社下达的接待计划，为旅游者提供服务后，应向组团社收取的款项。组团社拨付给接团社的团费，对组团社而言是营业成本，对接团社而言是营业收入。接团社业务活动的一般程序如图 2-3 所示。

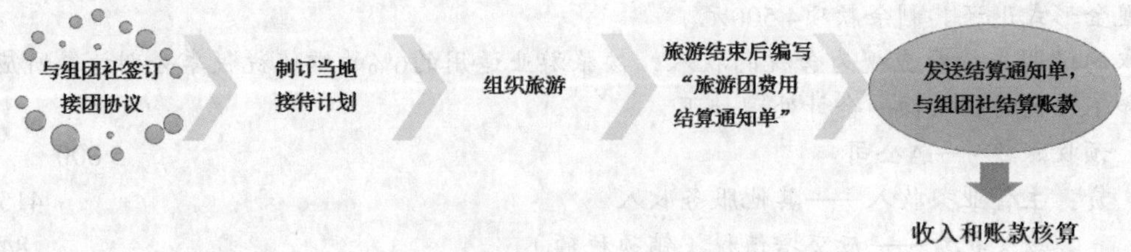

图 2-3　接团社业务活动的一般程序

接团社一般在向组团社发出“旅游团费用拨款结算通知单”后即确认营业收入。对于业务量较多的旅游企业，为了简化核算手续，可以将“旅游团费用拨款结算通知单”定期汇总，编制“旅游费用汇总表”进行核算。

【例2-7】2017年12月5日，友朋旅行社向组团社欢乐旅行社发出“旅游团费用拨款结算通知单”，金额合计137 800元，该旅行社的N1108旅游团顺利结束旅游活动，已将旅客送离本地。友朋旅行社做会计处理如下。

借：应收账款——欢乐旅行社　　137 800
　贷：主营业务收入——综合服务收入　　130 000
　　应交税费——应交增值税（销项税额）　　7 800

二、旅行社营业成本的构成与核算

企业的费用按其经济用途和列支方式不同，可分为计入成本的费用和期间费用两大类。计入成本的费用，是指计入产品、提供劳务或服务成本核算对象中的费用，即对象化的费用。旅游业的营业成本是指直接接待旅游团体或个人，为其提供旅游服务所支付的各项费用，包括住宿费、膳食费、门票费、车船费、行李托运费、导游费、保险费、文娱费等。

旅行社除发生可直接对象化服务活动的各项成本开支外，经营中还会产生销售费用、管理费用和财务费用等期间费用。由于旅行社期间费用的核算方法与其他企业基本相同，故以下仅介绍其营业成本的核算方法。

1. 旅行社营业成本的构成

旅游企业营业成本的构成与营业收入的构成是相对应的，具体包括的内容如图2-4所示。

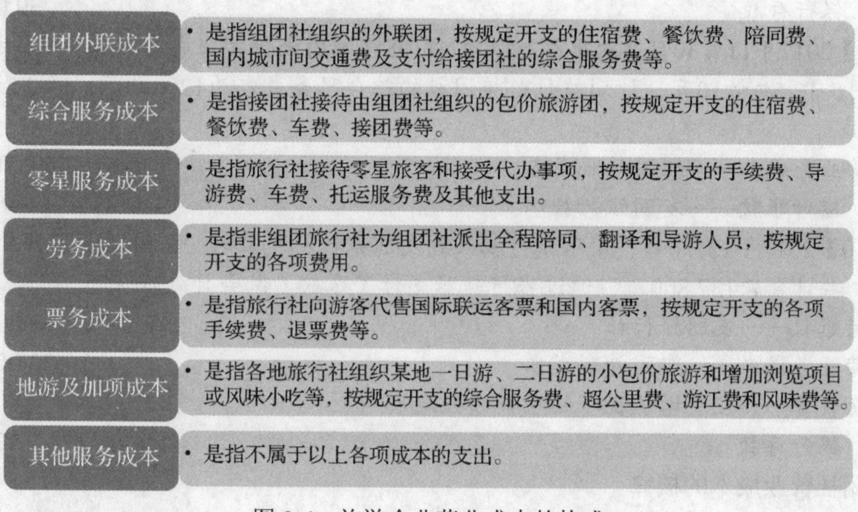

图2-4　旅游企业营业成本的构成

2. 旅行社营业成本的核算

不论是组团社还是接团社，旅行社的营业成本都要经过“主营业务成本”账户进行核算。“主营业务成本”账户属于损益类账户，按照会计核算的权责发生制原则和配比原则，在进行主营业务收入核算的当期，应相应地结转成本，进行账务处理。“主营业务成本”账户借方登记营业成本的增加，贷方登记营业成本的冲减和期末转入“本年利润”账户的结转数，结转后月末无余额。其明细分类账户应根据“主营业务收入”的明细账进行相应的设置，以便将收入与成本进行分类配比。

旅行社在业务活动中与大量上游供应商有业务联系，很多企业属于小规模纳税人，很难开出增值税专用发票。基于此种情况，《营业税改征增值税试点有关事项的规定》允许旅游企业选择差额计税，即可以选择以取得的全部价款和价外费用，扣除向旅游服务购买方收取并支付给其他单位或者个人的住宿费、餐饮费、交通费、签证费、门票费和支付给其他接团旅游企业的旅游费用后的余额为销售额。但选择此办法计算销售额的试点纳税人，向旅游服务购买方收取并支付的上述费用，不得开具增值税专用发票，可以开具普通发票。该规定并不属于简易征税办法，因此，一般纳税人选用此办法的，已取得增值税专用发票的购进商品和服务，仍然可以正常抵扣进项税额。

实行差额征税方式的旅游企业，应在“应交税费——应交增值税”税目下增设“销项税额抵减”专栏，用于记录该企业因按规定扣减销售额而减少的销项税额。

（1）组团社营业成本的核算

组团社与接团社之间存在着业务上的紧密联系，接团社的收入就是组团社的成本。作为组团社，其组团营业成本由两部分组成：①拨付接团社的支出；②为组团而发生的其他支出。通常情况下，一家旅行社同时兼营组团社、接团社和一条龙服务等多项业务活动，所以组团社的营业成本除组团外联成本外，还包括综合服务成本、零星服务成本、劳务成本、票务成本、地游及加项成本等。

一般情况下，组团社先收费后接待，接团社则先接待后向组团社结算。组团社一般按实际支出结转成本，但如果与接团社之间存在跨月结算的情况，则为了实现营业收入与营业成本之间的配比，应按计划成本先行结转。

【例2-8】2017年11月23日，欢乐旅行社以银行存款支付N1108旅游团旅客往返机票费39 000元。做会计处理如下。

可抵减的销项税额=39 000÷（1+6%）×6%=2 207.55（元）

借：主营业务成本——组团外联成本　　36 792.45
　　应交税费——应交增值税（销项税额抵减）　　2 207.55
　　贷：银行存款　　39 000

【例2-9】2017年11月30日，欢乐旅行社对N1108旅游团进行营业成本核算。该团旅游时间从11月26日至12月5日，共计10天，计划拨付给接团社的综合服务成本为120 000元。则11月应确认的营业成本如下。

借：主营业务成本——组团外联成本　　60 000
　　贷：应付账款——友朋旅行社　　60 000

【例2-10】2017年12月6日，欢乐旅行社收到友朋旅行社发来的“旅游团费用拨款结算通知单”及普通发票，共计金额137 800元，通过银行转账支付了账款。做会计处理如下。

借：应付账款——友朋旅行社　　60 000
　　主营业务成本——组团外联成本　　70 000
　　应交税费——应交增值税（销项税额抵减）　　7 800
　　贷：银行存款　　137 800

（2）接团社营业成本的核算

接团社的营业成本是指为了给旅游团提供服务而向各宾馆、饭店、车队、风景点等接待单位支付的费用。作为接团社，其接团营业成本的构成较为多样，除了应支付给组团社的综合服务成本外，还可能发生劳务成本、票务成本、地游及加项成本、其他服务成本等。各接待单位通常先提供服务，后与接团社办理结算，所以接团社一般按实际成本进行核算。但如果存在跨月结算的情况，也应按照计划成本入账，具体核算方法与组团社相同。

【例2-11】2017年12月5日，友朋旅行社顺利完成对欢乐旅行社N1108旅游团的接待，共支出106 000元，均已取得普通发票，款项已用银行存款转账支付，该企业采用差额计税法计税。做会计处理如下。

借：主营业务成本——综合服务成本　　100 000
　　应交税费——应交增值税（销项税额抵减）　　6 000
　　贷：银行存款　　106 000

技能训练题

一、单项选择题

1．当组团社收到旅游团预先交来的游客费用时，应借方登记“银行存款”，贷方登记的科目为（　　）。

A．“预付账款”　B．“应付账款”　C．“预收账款”　D．“应收账款”

2．旅游者与组团社签订旅游合同，并预付了旅游款后，因故要求退出旅游团时，旅游者将要按合同规定承担一定数额的手续费。组团社收取的手续费，应列入（　　）。

A．其他业务收入　B．主营业务收入　C．其他应收款　D．综合服务成本

3．接团社一般以向组团社发出（　　）时确认经营业务收入的实现。

A．“旅游团费用结算报告表”　B．“旅游团结算账单”

C．“旅游团费用拨款结算通知单”　D．签订组团协议

4．旅游经营收入通常只有在旅游团队（　　）才能确认。

A．旅游开始时　B．旅游结束时　C．旅游途中　D．旅游结算时

5．（　　）是指非组团旅行社为组团社派出全程陪同、翻译、导游人员，按规定开支的各项费用。

A．综合服务成本　B．劳务成本　C．零星服务成本　D．其他服务成本

二、多项选择题

1．随着组织旅游的营业活动的进行，组团社应进行相应会计核算的是（　　）。

A．与接团社签订接团协议　B．旅游活动结束

C．月底，组团旅游尚在进行　D．接团社发来“旅游团费拨款结算通知单”

2．旅行社的销售价格常见的有（　　）等形式。

A．组团包价　B．小包价　C．半包价　D．单项服务价格

3．一般情况下，组团社（　　），接团社（　　）。

A．先收费后接待　B．先接待后收费　C．同时收费　D．没有先后顺序

4．旅游企业的经营收入主要包括（　　）。

A．票务收入　B．地游及加项收入　C．综合服务收入　D．零星服务收入

5．如果组团社组织的旅游团的旅游开始和结束分属不同的年度，则不仅要确认本年度的经营业务收入，同时，还应按照（　　）确认其本年度的经营业务成本。

A．计划成本　B．实际成本　C．完工程度百分比　D．其他类

三、判断题

1．为核算接团社的经营成果，无论款项是否已收到，都应以向有关组团社发出“旅游团费用拨款结算通知单”的时间和金额作为计算本期营业收入的依据。（　　）

2．组团社按拨款标准及规定，拨付给接团社的综合服务费、加项服务费、全程陪同费等款项，对组团社来说是营业成本的一部分，对接团社来说则是营业收入。（　　）

3．旅游企业一般不存在将营业成本在当期和以后期间分配的问题。（　　）

4．“营改增”后，旅游企业应根据取得的增值税专用发票抵扣税款，不再适用差额计税方法。（　　）

5．就某一具体旅游团而言，组团社的营业成本就是拨付给接团社的支出。（　　）

四、业务核算题

1．旅行社营业收入的核算。

（1）光影旅行社系组团社，7 月发生下列有关经济业务。

① 5 日，组织编号为 0703 的旅游团本月 10 日至 17 日去北京旅游，陆续收取 30 人旅游费，每人 6 000 元，共计 180 000 元，存入银行。

② 7 日，0703 号旅游团中共有 2 人因故要求退团，按合同规定扣除其预付旅费 10%的手续费后，以现金形式退还其剩余的款项。

③ 17 日，0703 号旅游团返回，确认已实现的经营业务收入。

④ 22 日，组织境外旅游者 7 月 28 日至 8 月 2 日去云南旅游，旅游团编号为 0720，共收取 20 人旅游费，每人 1 500 美元，共计 30 000 美元，当日美元汇率的中间价为 6.74。

⑤ 31 日，按提供劳务与应提供劳务总量的比例，确认 0720 号旅游团已实现的经营业务收入，当日美元汇率的中间价为 6.75。

（2）辉煌旅行社为 0703 号旅游团接团社。7 月 17 日，辉煌旅行社结束接待光影旅行社 0703 号旅游团，将旅客送离北京，并向光影旅行社报送了"旅游团费用拨款结算通知单"，共计金额 127 200 元。

要求：根据以上光影旅行社和辉煌旅行社所发生的经济业务进行相应的会计核算。

2．旅行社营业成本的核算。

接上题，光影旅行社和辉煌旅行社（0703 号旅游团接团社）发生下列有关经济业务。

（1）7 月 8 日，光影旅行社签发转账支票给铁路局，支付 0703 号旅游团往返北京的车票款 24 000 元。

（2）7 月 18 日，光影旅行社接到辉煌旅行社报来的"旅游团费用拨款结算通知单"和普通发票，共计金额 127 200 元，经审核无误，转账支付了全部账款。

（3）7 月 31 日，光影旅行社按提供劳务与应提供劳务总量的比例，确认 0720 号旅游团本月发生的经营业务成本，0720 号旅游团的接团社为阳光旅行社，计划拨付给接团社的综合服务成本为 150 000 元。

（4）7 月 31 日，辉煌旅行社在接待光影旅行社 0703 号旅游团的过程中，共支出 95 400 元，已用银行存款进行了支付。

要求：根据以上光影旅行社和辉煌旅行社发生的经济业务进行相应的会计核算。

第三节 餐饮企业典型经营业务核算

餐饮企业是指从事加工烹制食品，当即供应给顾客食用的经营业务的企业。小到各类早餐店、快餐店、小吃店，大到酒楼、饭店或星级酒店配套的餐厅，都属于典型的餐饮企业。餐饮企业无论经营规模大小、经营品种多少，都以餐饮制品为核心，通过提供能满足顾客需要的饮食制品和服务来取得营业收入。所以，餐饮企业的典型经营业务是紧密围绕餐饮制品展开的。本节以典型的餐饮企业经营业务为例，主要说明餐饮制品原材料核算、餐饮制品成本核算和餐饮制品销售核算的方法。

一、餐饮制品原材料的核算

餐饮服务企业为了生产加工餐饮制品需要购进多种原材料，涉及面广，加工过程也较为复杂。进行原材料核算之前首先要对原材料进行合理分类和计价，涉及农产品的原材料要依据税法规定依法核算成本和进项税额，在此基础上，才能对原材料的购入、发出、委外加工、调拨和员工用餐等业务进行准确核算。

1. 餐饮服务企业存货及原材料的分类

餐饮服务企业经营中涉及的存货较多，可按其来源和用途的不同进行分类，如图 2-5 所示。

图 2-5　餐饮服务企业存货按其来源和用途的不同分类

餐饮企业的产品生产过程往往就是顾客的消费过程，所以餐饮企业的在产品和产成品不需要单独设立会计账户进行成本核算，在产品销售实现后直接将餐饮制品所耗用的原材料计入“主营业务成本”。餐饮企业的物料用品、低值易耗品和库存商品的核算方法与其他行业的企业基本相同。这里仅说明餐饮企业的原材料核算方法。

餐饮企业的原材料可按所起的作用和存放地点分类，如图 2-6 所示。

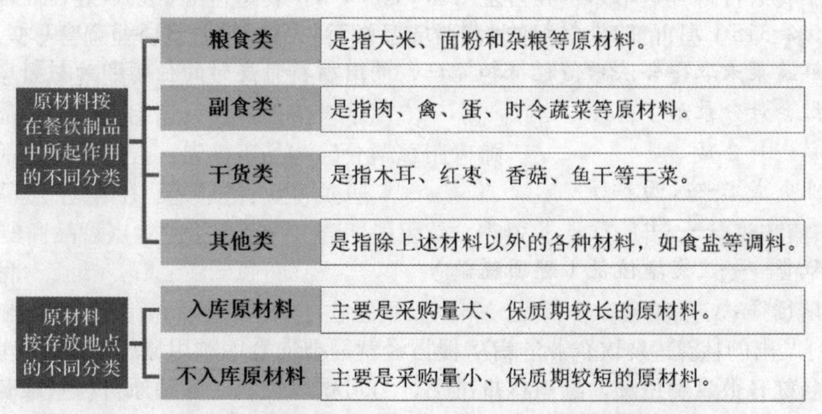

图 2-6　餐饮企业的原材料按其所起的作用和存放地点分类

2. 原材料的计价

为了准确核算原材料的成本，必须对原材料进行合理计价，根据原材料的形成过程分析其具体的成本构成。

（1）外购原材料的计价。外购原材料应按采购过程中实际发生的成本、费用进行计价，包括买价和采购费用两部分。采购费用具体包括购进材料过程中所发生的运输费、装卸费、保险费及不能抵扣的税金（如关税）等。对于分不清受益对象，或品种较多而分摊困难的采购费用，可在“销售费用”账户中列支。

（2）自制原材料的计价。自制原材料成本包括自制生产过程中所耗用的材料、人工费用和其他费用，一般不包括管理费用。

（3）委外加工材料的计价。委托外单位加工的原材料由被加工的原材料成本、加工费用和往返运费构成。

3. 原材料进项税额的抵扣

餐饮企业购进的原材料中有大量的农副产品，根据财税〔2017〕37号文件《财政部税务总局关于简并增值税税率有关政策的通知》的有关规定，应区别不同情况进行增值税进项税额的核算。具体可抵扣条件及计算进项税额的方法可参照第一章中零售企业鲜活商品核算的有关内容。未取得合法增值税抵扣凭证的，应将所支付的全部价款计入原材料的采购成本。

另外，餐饮企业一般向员工提供包吃的福利待遇，根据增值税法规的有关规定，用于集体福利的原材料，其进项税额不得抵扣，如果企业为一般纳税人，则应在月末合理计算并转出相应的进项税额。

4. 原材料的核算

餐饮企业原材料的核算主要涉及购入材料、发出材料、委托加工材料、内部调拨材料和员工用餐耗用材料等方面。

（1）原材料购入的核算。原材料购入时按买价和采购费用作为采购入账成本。若取得合法的抵扣凭证，支付的增值税进项税额应分开核算，不计入原材料的采购成本。

【例2-12】清云饭店从批发市场购进香菇20千克，取得增值税专用发票，每千克不含税价为50元，增值税税率为9%，已验收入库；购进鲜牛肉50千克，取得小规模纳税人由税务部门代开的增值税专用发票，每千克不含税价为70元，征收率为3%，直接交西餐厅进行烹制处理；从某蔬菜批发公司购进新鲜蔬菜一批，共1 000元，开具的是增值税普通发票，直接交中餐厅使用。以上货款均已转账支付。

购进的香菇取得增值税专用发票，可抵扣的进项税额为：20×50×9%=90（元）。

购进的鲜牛肉取得小规模纳税人由税务部门代开的增值税专用发票，据此计算可抵扣的进项税额为：50×70×9%=315（元）；购进材料的成本为：50×70×（1+3%）−315=3 290（元）。

购进的新鲜蔬菜未取得合法增值税抵扣凭证，购进材料时支付的金额即为材料成本。

据此分析做会计分录如下。

借：原材料——香菇　　1 000
　　主营业务成本——西餐厅　　3 290
　　　　　　　　——中餐厅　　1 000
　　应交税费——应交增值税（进项税额）　　405
　　贷：银行存款　　5 695

（2）原材料发出的核算。餐饮企业的厨房根据经营需要向仓库领用原材料时，应填写“领料单”，列明原材料的名称、数量和用途，经审核批准后，方可据以领料。各种原材料一般是多批购进的，每批的入账价格各不相同，在发出原材料时，应确定其发出单价。发出材料的计价方法可采用个别计价法、加权平均法、先进先出法等。

【例2-13】中餐厅领用香菇5千克，香菇月初库存2千克，单价52元，本月购进20千克，单价50元，采用先进先出法进行原材料发出核算。

香菇的发出成本=52×2+50×3=254（元）

借：主营业务成本——中餐厅　　254
　　贷：原材料——香菇　　254

（3）委托加工材料的核算。餐饮企业有时根据经营服务的需要，将原材料委托外单位加工成另一种原材料或半成品。委托加工的原材料暂时由加工单位负责保管，加工完毕后再运回本企业验收入库。委托外单位加工材料时，应由业务部门与加工单位签订合同，填写一式数联的“委托加工材料发料单”，一联交仓库，据以发料和登记仓库保管账，其余各联随加工材料送交委托单位签收，签收后退回两联：一联由业务部门留存，据以对委托加工材料进行管理；一联转交财会部门入账。

为了核算委托外单位加工材料的成本，企业应设置“委托加工物资”账户。该账户借方登记拨付加工的原材料成本、支付的加工费用及为加工原材料而支付的往返运杂费，贷方登记收回的加工原材料成本和剩余的原材料成本，借方余额反映尚在加工中的原材料成本。该账户应按加工原材料的类别进行明细核算。

【例2-14】清云饭店委托香江食品厂加工腐竹，“委托加工材料发料单”显示，从仓库发出黄豆100千克，每千克6元，并以现金50元支付黄豆发往香江食品厂的运杂费。做会计分录如下。

借：委托加工物资——腐竹　　650
　贷：原材料——黄豆　　600
　　　库存现金　　50

【例2-15】接【例2-14】，以现金支付腐竹加工费，取得增值税专用发票，不含税价为200元，进项税额为32元。做会计分录如下。

借：委托加工物资——腐竹　　200
　　应交税费——应交增值税（进项税额）　　32
　贷：库存现金　　232

【例2-16】接【例2-15】，委托加工的腐竹收回并验收入库。做会计分录如下。

借：原材料——腐竹　　850
　贷：委托加工物资——腐竹　　850

（4）原材料调拨的核算。原材料调拨是指原材料在餐饮企业内部不独立核算的部门之间进行的调拨。发生原材料调拨时，应由调出仓库填写一式三联的“原材料内部调拨单”。调出部门在各联上签章后，连同原材料一并交付调入部门，调入部门验收无误后，在各联上签章，表示原材料已收讫。然后调入与调出部门各留一联，作为原材料转移的依据，另一联送财会部门入账。在会计核算上，原材料（或主营业务成本）总金额没有发生变动，财会部门仅在明细账上做此增彼减的记录。

【例2-17】清云饭店中餐厅仓库调拨给西餐厅仓库一批面粉，转来的“原材料内部调拨单”显示数量为200千克，实际成本为2 000元。做会计分录如下。

借：原材料——西餐厅——面粉　　2 000
　贷：原材料——中餐厅——面粉　　2 000

【例2-18】清云饭店财务部收到业务部门转来的“原材料内部调拨单”，列明西餐厅厨房调拨给中餐厅厨房鲜牛肉100千克，金额4 000元。做会计分录如下。

借：主营业务成本——中餐厅　　4 000
　贷：主营业务成本——西餐厅　　4 000

（5）员工用餐耗用原材料的核算。餐饮企业的员工包餐属于职业集体福利。作为一般纳税人的餐饮企业，月末应合理计算所耗用的原材料及其相应的进项税额，并做转出核算。

【例2-19】清云饭店有80名员工，单位每天提供2顿工作餐，员工本月工作日均为25天，每人每天的伙食支出成本标准为10元。该企业9月采购原材料成本合计50万元，进项税额合计6.8万元。月末做会计处理如下。

员工消耗材料支出金额=80×10×25=20 000（元）

员工消耗材料相应的进项税额=20 000×68 000÷500 000=2 720（元）

因员工消耗的材料已随日常经营活动核算计入“主营业务成本”，故在月末应做如下转出处理。

借：应付职工薪酬——福利费　　22 720

　贷：主营业务成本　　20 000

　　　应交税费——应交增值税（进项税额转出）　　2 720

二、餐饮制品成本的核算

餐饮制品品种繁多，数量零星，现做现卖，生产和销售紧密相连，一般不能按餐饮制品逐次逐件进行成本计算，餐饮制品的计算方法应与生产特点和管理要求相适应。餐饮制品的成本是指其所耗用的原材料（即组成餐饮制品的主料、配料和调料 3 大类）的成本，生产过程中发生的其他费用，如燃料、厨师的工资等计入“销售费用”。

1. 原材料的盘存方法

餐饮制品耗用原材料的盘存方法有永续盘存制和实地盘存制两种。

（1）永续盘存制

永续盘存制是指根据会计凭证逐笔登记各种原材料收入和发出的数量，并随时结出账面结存数量的方法。此法适用于实行领料制的餐饮企业。在领料制的材料管理制度下，业务部门领用的原材料月末不一定全部被耗用，还会有一些在制品和未出售的制成品；同样，月初还会有已领未用的原材料、在制品和尚未出售的制成品。在进行成本核算时，必须考虑这些因素，才能进行成本的准确计算。因此，企业应对未耗用的原材料、在制品和未出售的制成品进行盘点，编制厨房原材料、在制品、制成品盘存表，以此作为退料的依据，来计算实际耗用原材料的成本，并据以结转成本。其计算公式如下。

耗用原材料成本=厨房月初结存额+本月领用额-厨房月末盘存额

厨房月初结存额和本月领用额，可以从“原材料”或“主营业务成本”账户的有关项目中取得；厨房月末盘存额按盘存表计算。对于在制品和制成品，有的要按配料定额和账面价值折合计算。

财会部门用“月末剩余原材料、半成品和待售制成品盘存表”代替“退料单”，不移动厨房实物，做假退料处理，如表 2-7 所示。

月末剩余原材料、半成品和待售制成品盘存表

编制部门：中餐厅厨房　　2017 年 9 月 30 日　　单位：元

原材料					半成品		待售制成品		合计	
名称	单位	数量	单价	金额	材料数量	半成品金额	材料数量	制成品金额	材料数量	金额
面粉	千克	10	10.00	100.00	20	200.00	30	300.00	60	600.00
鸡蛋	千克	5	8.00	40.00	2	16.00	10	80.00	17	136.00
猪肉	千克	10	30.00	300.00			5	150.00	15	450.00
香菇	千克	3	70.00	210.00					3	210.00
合计		—	—	—	—	—	—	—	—	1 396.00

审核：张益　　制表：赵东

图 2-7　月末剩余原材料、半成品和待售制成品盘存表

【例2-20】清云饭店中餐厅厨房月末编制了“月末剩余原材料、半成品和待售制成品盘存表”，

如图2-7所示。

根据“月末剩余原材料、半成品和待售制成品盘存表”，做会计分录如下。

借：原材料——面粉　　600
　　　　　——鸡蛋　　136
　　　　　——猪肉　　450
　　　　　——香菇　　210
　贷：主营业务成本——中餐厅　　1 396

下月月初，根据“月末剩余原材料、半成品和待售制成品盘存表”再次填制领料单，做会计分录如下。

借：主营业务成本——中餐厅　　1 396
　贷：原材料——面粉　　600
　　　　　　——鸡蛋　　136
　　　　　　——猪肉　　450
　　　　　　——香菇　　210

采用永续盘存制进行原材料的核算，能随时反映原材料的收入、发出和结存情况。当原材料盘点发生盘盈或盘亏时，便于及时查明原因，进行处理，有利于加强对原材料的管理，但采用此方法的核算工作量较大，一般大中型餐饮企业通常采用此方法进行原材料的盘存核算。

（2）实地盘存制

实地盘存制是指期末通过对原材料进行实物盘点来确定期末原材料结存数量，据以推算本期发出原材料数量的方法。此方法适用于没有条件实行领料制的餐饮企业。实行实地盘存制时，平时领用原材料时不填写领料单，不进行账务处理，月末根据厨房剩余材料、半成品、待售制成品的盘点金额加上库存原材料的盘存金额，倒挤出耗用的原材料成本。其计算公式如下。

本月耗用原材料成本=月初仓库和厨房结存额+本月购进总额−月末仓库和厨房盘存总额

【例2-21】某饭店“原材料”账户月初余额为8 000元，本月购进原材料总额为150 000元，月末盘点，计算出仓库和厨房结存材料总额为6 000元。月末采用实地盘存制计算本月耗用的原材料成本。

本月耗用的原材料成本=8 000+150 000−6 000=152 000（元）

根据计算结果，做如下会计分录。

借：主营业务成本　　152 000
　贷：原材料　　152 000

采用实地盘存制进行原材料的核算手续简便，但平时不能在账面上随时反映原材料的发出和结存情况，会将一些材料的丢失、浪费、贪污计入“主营业务成本”，不利于加强对原材料的管理，也会影响成本计算的准确性。这种方法一般仅适用于小型餐饮企业。

2. 食品净料成本的计算

食品净料是指加工处理后的原材料。餐饮企业购进的原材料很多需要经过拣洗、宰杀、拆卸等加工处理，如将活鱼洗净切片、蔬菜去皮切丁等。食品原材料经过初加工后，名称和重量都会发生变化，因此需要重新计算食品净料的成本。根据初加工后所产生的食品净料的情况，其成本计算方法有一料一档和一料多档两种方法。

（1）一料一档的计算方法。一料一档是指原材料经初加工后，只有一种食品净料。原材料在初加工过程中会产生下脚料，而下脚料又可分为不可作价利用和可作价利用两种。

下脚料不可作价利用的食品净料单位成本的计算公式如下。

单位食品净料成本=购进原材料总成本÷加工后食品净料总重量

【例2-22】清云饭店购进河虾20千克，每千克100元，总金额2 000元，经加工后得净虾18千克，虾须和死虾等下脚料不计价。求净虾的单位成本。

净虾单位成本＝2 000÷18＝111.11（元/千克）

若产生的下脚料可作价，则食品净料单位成本的计算公式如下。

单位食品净料成本=（购进原材料总成本−下脚料金额）÷加工后食品净料总重量

【例2-23】接【例2-22】，假定加工净虾过程中产生的死虾有1.5千克，可作价30元，求净虾的单位成本。

净虾单位成本=（2 000−30）÷18=109.44（元/千克）

（2）一料多档的计算方法。一料多档是指原材料经初加工后，产生两种以上的食品净料。此种情况下，需区别质量等级分别计算各食品净料的单位成本，同时要使各食品净料成本总和等于加工前的原材料成本。其计算公式如下。

$$某未定价食品净料单位成本=\frac{原材料购进总成本-其他食品净料成本之和（包括下脚料价款）}{该项食品净料重量}$$

【例2-24】清云饭店购进活鸡30只，重45千克，每千克30元，总金额1 350元。经宰杀去内脏后得鸡翅4.5千克，每千克50元；鸡腿12.5千克，每千克56元；鸡爪2.1千克，每千克25元；鸡肫1.5千克，每千克60元；鸡血1块，作价10元；剩余光鸡净重15千克。计算光鸡的单位成本。

$$光鸡单位成本=\frac{1350-50\times4.5-56\times12.5-25\times2.1-60\times1.5-10}{15}=18.17（元/千克）$$

三、餐饮制品销售的核算

餐饮企业的经营业务收入种类较多，一般为了便于管理，分为食品销售收入、饮料销售收入、服务费收入和其他收入 4 大类进行明细分类核算。

（1）食品销售收入，是指餐饮企业向消费者提供烹制的各种食品的销售收入。

（2）饮料销售收入，是指餐饮企业向消费者提供的各种自制或外购的饮料的销售收入。饮料包括各类酒、果汁、酸奶、咖啡、可乐等。

（3）服务费收入，是指部分餐饮企业按经营规定收取的服务费收入，如按餐饮金额一定比例收取的服务费、包厢费等。

（4）其他收入，是指餐饮企业收取的除上述收入项目以外的收入，如表演费、点歌费等。

餐饮企业销售的食品和饮料以自制为主，外购的食品和饮料的核算与商品零售企业基本相同，以下仅介绍销售自制餐饮制品的核算方法。

1. 餐饮制品售价的制定

餐饮企业经营的产品丰富，烹调技术和提供的服务、场所条件差异很大。餐饮企业一般根据原材料的成本，结合本企业的烹调技术、服务质量、场所条件、品牌效应等因素制定餐饮制品的销售价格。具体有销售毛利率法和成本毛利率法两种方法。

（1）销售毛利率法。销售毛利率法是以售价为基数，先确定各种餐饮制品的毛利率，再根据材料成本确定餐饮制品的售价。其计算公式如下。

销售价格=原材料成本÷（1−销售毛利率）

销售毛利率是毛利额占销售额的百分比，毛利额是销售额和成本之间的差额。

【例2-25】清云饭店中餐厅的青椒炒肉片按配料表计算，每盆配料的成本价为6元，规定销售毛利率为50%，求每盆青椒炒肉片的售价。

每盆青椒炒肉片的售价=6÷（1−50%）=12（元）

（2）成本毛利率法。成本毛利率法是以餐饮制品的成本为基数，按确定的成本毛利率，根据材料成本加成计算销售价格。其计算公式如下。

销售价格=原材料成本×（1+成本毛利率）

成本毛利率=毛利额÷原材料成本×100%

【例2-26】清云饭店中餐厅的青椒炒肉片按配料表计算，每盆配料的成本价为6元，规定成本毛利率为100%，求每盆青椒炒肉片的售价。

每盆青椒炒肉片的售价=6×（1+100%）=12（元）

（3）销售毛利率与成本毛利率的换算。销售毛利率法和成本毛利率法分别从售价和成本的角度分析计算餐饮制品的定价，两者之间有着内在的换算关系。

成本毛利率=销售毛利率÷（1−销售毛利率）

销售毛利率=成本毛利率÷（1+成本毛利率）

以清云饭店为例，其销售毛利率为 50%，据以计算的成本毛利率=50%÷（1−50%）=100%；同样，根据其 100%的成本毛利率，据以计算的销售毛利率=100%÷（1+100%）=50%。

2. 餐饮制品销售收入的核算

餐饮企业每日营业终了，一般由前台收银员根据销售单编制“销售日报表”“收款日报表”，现金由财会部门解存银行，各种凭证经审核无误后，据以入账。

【例2-27】6月15日，清云饭店收银台交来“销售日报表”和“收款日报表”，如图2-8和图2-9所示，并交来现金2 500元，转账支票6 700元，信用卡签购单5 800元，信用卡手续费费率为5‰，支付宝支付9 000元，微信支付8 600元。要求据以进行营业收入核算，餐饮企业一般纳税人适用6%的税率。做会计分录如下。

借：库存现金　　2 500
　　银行存款　　12 471
　　其他货币资金——支付宝　　9 000
　　　　　　　　——微信财付通　　8 600
　　财务费用——手续费　　29
　贷：主营业务收入——食品销售收入　　24 528.30
　　　　　　　　　——饮料销售收入　　3 679.25
　　　　　　　　　——服务费收入　　1 415.09
　　　　　　　　　——其他收入　　1 132.08
　　　应交税费——应交增值税（销项税额）　　1 845.28

销售日报表

2017 年 9 月 15 日　　　　单位：元

项目	金额	会员卡优惠	应收金额
菜肴	28 000	2 000	26 000
饮料	4 700	800	3 900
服务费	1 500		1 500
其他	1 200		1 200
合计	35 400	2 800	32 600

审核：张益　　　　制表：李莹

图 2-8　餐饮企业“销售日报表”

收款日报表

2017 年 9 月 15 日　　　　单位：元

收款方式	应收金额	实收金额	溢缺款
现金	2 500	2 500	
转账支票	6 700	6 700	
信用卡	5 800	5 800	
支付宝	9 000	9 000	
微信	8 600	8 600	
	32 600	32 600	

审核：张益　　　　制表：李莹

图 2-9　餐饮企业“收款日报表”

技能训练题

一、单项选择题

1．以下原材料中，不入库管理的原材料是（　　）。

A．粮食　　B．鲜活商品　　C．调味品　　D．干货

2．（　　）可将购入的材料，按其实际成本直接计入“主营业务成本”。

A．制造企业　　B．商品流通企业　　C．餐饮企业　　D．农业企业

3．（　　）手续简便，但不能在账面上随时反映原材料发生和结存的情况。

A．永续盘存制　　B．实地盘存制　　C．先进先出法　　D．移动平均法

4．采用销售毛利率法制定餐饮制品售价的公式为（　　）。

A．售价=成本×（1+销售毛利率）　　B．售价=成本×（1+成本毛利率）

C．售价=成本÷（1-销售毛利率）　　D．售价=成本÷（1-成本毛利率）

5．餐饮企业的厨房领用原材料时，借方应计入（　　）账户。

A．“其他业务成本”　　B．“主营业务成本”　　C．“原材料”　　D．“库存商品”

二、多项选择题

1．原材料按其在餐饮产品中所起的作用可分为粮食类、（　　）等。

A．副食类　　B．鲜活商品类　　C．干货类　　D．其他类

2．餐饮企业外购材料的成本包括（　　）。

A．买价　　B．进货费用

C．采购人员的差旅费　　D．不能抵扣的税金

3．餐饮企业在发出原材料时，通常可采用（　　）等方法确定其价值。

A．个别计价法　　B．加权平均法　　C．先进先出法　　D．后进先出法

4．原材料在内部厨房之间调拨时，对（　　）账户不做调整，仅调整（　　）账户。

A．其他业务成本　　B．主营业务成本　　C．原材料　　D．库存商品

5．餐饮企业在经营过程中发生的各项直接支出计入成本，包括直接耗用的（　　）。

A．原材料　　B．配料　　C．燃料　　D．工资

6．餐饮制品成本的核算方法有（　　）。

A．收付实现制　　B．权责发生制　　C．永续盘存制　　D．实地盘存制

7．委托加工原材料成本由（　　）构成。

A．拨付的原材料成本　　B．加工费用

C．支付的增值税税额　　　　　　　　　D．往返运杂费

8．餐饮经营业务收入可以分为（　　）进行明细分类核算。

A．食品销售收入　B．饮料销售收入　C．服务费收入　D．其他收入

三、判断题

1．自制原材料成本包括自制生产过程中耗用的材料、人工费用，不包括管理费用。（　　）

2．一般纳税人的餐饮企业从农业生产企业处取得的销售发票可以按发票金额的11%计算抵扣增值税进项税额。（　　）

3．餐饮企业采用永续盘存制核算材料成本时，因为发出材料时都有账簿记录，所以月末不需要盘点。（　　）

4．永续盘存制适用于实行领料制的餐饮企业。（　　）

5．餐饮企业不论月末对盘存的原材料是否办理退料手续，本月消耗的原材料总成本都应是“主营业务成本”账户的借方发生额合计数。（　　）

四、业务核算题

1．餐饮企业原材料的核算。新城饭店为增值税一般纳税人，采用永续盘存制对原材料进行核算。5月月初仓库结存粮食类原材料3 960元，其中大米200千克，每千克9.8元；面粉200千克，每千克10元。以下是5月发生的部分经济业务。

（1）1日，上月厨房假退料大米20千克，每千克9.8元，现根据上月月末的“月末剩余原材料、半成品和待售制成品盘存表”填制领料单，作为厨房本月领料处理。

（2）2日，向A粮油公司购进面粉1 000千克，每千克不含税价为10.6元，增值税税率为9%，已验收入库，取得增值税专用发票，签发转账支票支付了账款。

（3）4日，向B粮行购进大米800千克，取得税务部门代开的小规模纳税人增值税专用发票，征收率为3%，发票含税金额9 000元，大米已验收入库，账款以转账支票付讫。

（4）5日，向C蔬菜公司购进新鲜蔬菜一批，共2 500元，取得增值税普通发票，直接交厨房使用，以转账支票付讫账款。

（5）月末，经统计本月共发出大米700千克，发出面粉850千克，结转本月耗用的原材料成本。

（6）月末，厨房经盘点，编制“月末剩余原材料、半成品和待售制成品盘存表”，列明盘存大米50千克，经审核无误后，做假退料入账。

要求：请求据以上资料编制相应的会计分录。

2．餐饮制品售价的制定。星星餐厅新推出两道菜肴。一道是“松子虾球”，每份用料为：大虾仁200克，每千克120元；松子30克，每千克200元；其他调料2元。另一道是“粉蒸肉”，每份用料为：五花肉400克，每千克36元；莲藕250克，每千克10元；其他配料5元。该餐厅的销售毛利率为60%。

要求：计算出上述两道菜肴的售价。

3．餐饮企业营业收入的核算。12月6日，某餐厅财务部收到收款台报送的当日营业收入日报表，如表2-3所示。

表2-3　　　　　　　　　　营业收入日报表

2017年12月6日　　　　　　　　　　单位：元

项目	现金	支付宝	微信	支票	签单	定金	合计
中餐	1 200	2 700	1 800	15 600	970	500	22 770
西餐	500	2 900	3 100				6 500
外卖快餐	250	1 500	1 700				3 450
合计	1 950	7 100	6 600	15 600	970	500	32 720

在表中，支票支付的 15 600 元用于结算以前欠款；签单 970 元为当日赊欠；定金 500 元用于预订圣诞节晚餐，以信用卡支付，银行手续费为 5‰。当日实收：现金 2 450 元；转账支票 1 张，金额 15 600 元；支付宝收款 7 100 元；微信收款 6 600 元。

要求：根据上述资料，进行会计处理。

第四节 酒店企业典型经营业务核算

随着旅游产业的发展，酒店业已进入人们的生活。酒店拥有良好的公共设施，提供住宿、餐饮、娱乐等多元化、综合性服务，因此，酒店企业营业收入的核算内容也较为复杂。根据经营业务的不同，酒店一般分为客房部、餐饮部、康乐部和商场 4 个部门，每个部门的核算内容和侧重点各不相同。客房部的收入是酒店收入的主要部分，一般占酒店总收入的 50%以上，主要核算房金、洗衣、食品、物料用品消耗、赔偿等，这些是酒店业典型的经营业务。本节以一家星级酒店为例，说明其客房业务的收入核算和费用核算方法。

一、酒店客房的业务管理

酒店客房是以提供住宿和生活设施的使用权及生活服务取得收入的。酒店客房接待人员多，流动性强，在业务管理上有严格的流程要求，要根据客房业务的特点进行会计核算和管理。

1. 客房财务操作流程

酒店的客房业务是由前台办理的，前台负责办理客房的预订、接待、入住登记、查询、退房、结账及营业日记簿的登记等工作。客房的经营活动是一个周而复始的循环过程，企业应根据自身业务特点设计规划财务操作流程。图 2-10 所示的流程是酒店企业较为常见的财务操作流程。每天营业终了，需进行夜间稽查，核对每天的营业收入和应收账款，以便及时催收欠款。汇总生成的营业日报表是会计进行营业收入核算的依据。从财务核算的角度看，客房业务管理流程中，最为重要的环节是宾客的入住管理和离店管理。

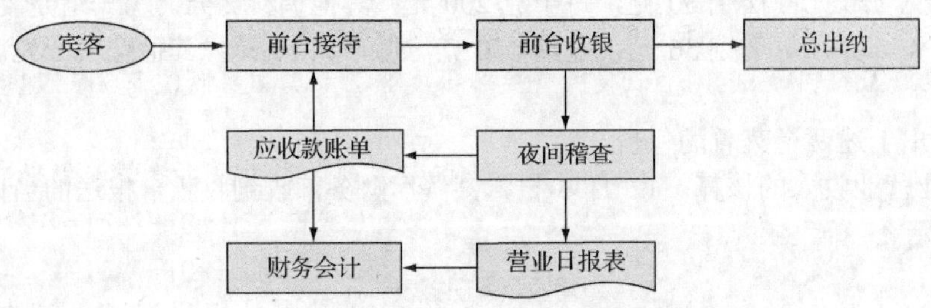

图 2-10 酒店客房常见的财务操作流程

2. 宾客的入住管理

酒店根据内部机构设置和人员配备等情况自行制定宾客入住的手续制度。入住管理一般包括填写“宾客登记表”、建立房间卡片、设置宾客账单等基本环节，如果有宾客入住后要求换房，还应填写“房间变更通知单”，如图 2-11 所示。

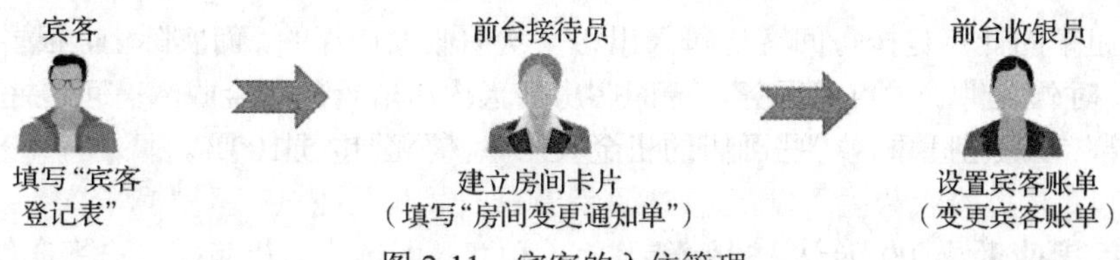

图 2-11　宾客的入住管理

"宾客登记表"由入住宾客填写，内容包括宾客姓名、性别、国籍、护照或身份证号码等基本信息；房间卡片由前台接待人员根据宾客登记表等资料建立，将其作为宾客开房、前台收银员设置宾客账单和房间管理的凭证；宾客账单由前台收银员根据房间卡片等资料进行设置，每天按宾客消费项目和价款及时登记和结算；"房间变更通知单"由前台经办人填写，同时做房间卡片调整，前台收银员根据"房间变更通知单"在宾客账单上做变更登记。

3. 宾客的离店管理

宾客要求离店时，前台接待人员应立即通知楼层服务员，检查房间内各项设施和物品有无损坏或短缺，并及时与前台联系。前台经办人首先收回房间钥匙和房间卡片，根据收回的房间卡片，检查计算机系统中该宾客的账户内容，结算账单，办理清账退款手续。

4. 客房业务核算的特殊性

酒店客房营业收入的内容较为复杂，在经营中向客人收款的项目较多，一般有房金、洗衣、食品、赔偿等。入账时，企业应分清这些收入的性质，不能全部列为客房营业收入。例如，赔偿是收取被损坏物品必须换新的价值，不属于营业收入，而应冲减有关费用，否则会虚增收入，进而增加税负。

客房是一种特殊的商品，酒店客房部出售的只是客房的使用权，而不是所有权。客房是以时间为单位出租的，如果在规定的时间内不出租，其价值就自然消失，所以，客房经营状况的好坏，主要看其出租和收入情况。在客房收入核算和分析中，经常使用客房出租率和租金收入率两个指标。

客房出租率又称客房利用率，是指在一定时期内已出租客房占可出租客房的比例。其计算公式为

$$\text{客房出租率}=\frac{\text{计算期客房实际出租天数}}{\text{计算期天数}\times\text{可出租客房间数}}\times 100\%$$

【例2-28】清雅酒店现有可供出租的客房100间，9月共出租2 100间·天，则该酒店9月的客房出租率为

$$\text{客房出租率}=\frac{2\,100}{30\times 100}=70\%$$

租金收入率，是指在一定时期内客房的实收房租总额占应收房租总额的比例。其计算公式为

$$\text{租金收入率}=\frac{\text{计算期内实收房租总额}}{\sum(\text{某类可出租客房数量}\times\text{该类客房日租金})\times\text{计算期天数}}\times 100\%$$

【例2-29】清雅酒店现有可供出租的普通标准间70间，每间每天租金150元；商务标准间20间，每间每天租金250元；豪华套间10间，每间每天租金500元。9月实收房租总额16 400元，则该酒店的租金收入率为

$$\text{租金收入率}=\frac{16\,400}{150\times 70+250\times 20+500\times 10}=80\%$$

同一企业同一时期的客房出租率和租金收入率不一致，主要是由以下两方面的原因造成的。

① 客房的面积、装修等级和提供的服务设施等的不同，导致酒店以不同的价格出租客房，进而导致即使出租的客房数是相同的，但由于出租客房的档次和价格不同，客房出租率与租金收入率的计算结果也会不同。

② 客房出租率的计算是按每间客房每天出租一次的假设计算的，而实际上，很多酒店为了提高客房的利用率，对外提供了钟点房服务，一间客房一天内所取得的租金收入有可能超过正常情况下的一天租金标准，在旅游旺季，一些酒店的租金收入率甚至会超过100%。

二、酒店客房营业收入的确认与核算

客房业务每天持续不断地进行，客房营业收入的核算要根据客房业务的特点，合理确定收入确认的时间，并根据客房业务管理中产生的业务单据进行收入核算。

1. 客房营业收入的确认

客房营业收入是通过出租客房取得的，按照权责发生制的会计核算原则，客房一经出租，无论是否收到房金，都应视为销售实现，确认为营业收入。也就是说，客房营业收入的入账时间以客房实际出租的时间为准。

需要注意的是，尽管一般酒店的客房都有挂牌价，但由于酒店业务有淡季和旺季的区别，客人有团队客户、单位客户和散客之分，实际收取的客房价格大多是在挂牌价的基础上给予一定的折扣而确定的价格，在确认收入时，应以实际应收取的房金作为营业收入的金额。

2. 客房营业收入的核算

一般情况下，酒店客房前台在接待客人入住、办理登记手续时，会预收房金，并为客人建立宾客账单，以便具体核算每位宾客在入住期间的消费和账款结算情况，并据以编制“客房营业日记台账”。团体客户和单位客户通过信用审批的，可先挂账后结算房金。前台晚班收银员于零点后，汇总各楼层的“客房营业日记台账”的有关项目，据以编制当天的“客房营业日报表”，如图 2-12 所示，经稽查审核后，作为财务部门核算营业收入的依据。

客房营业日报表

2017 年 12 月 10 日

今日应收				结算	
项目		金额（元）		项目	金额（元）
房金		16 000.00		昨日结存	2 000.00
加床		400.00		本日预收	15 500.00
酒水食品		100.00		本日应收	16 650.00
洗衣		150.00		本日结存	850.00
应收合计		16 650.00		宾客挂账内容	
附注	本日可出租房	96	间	单位或姓名	金额（元）
	本日实际出租房	80	间	欢乐旅行社	1 600.00
	客房出租率	83.33	%		
	本日维修房	4	间		
	本日空房	16	间		

客房部主管：黄芸　　　　制单：张小丽

图 2-12　酒店“客房营业日报表”

“客房营业日报表”中，“今日应收”栏中的“应收合计”应与“结算”栏中的“本日应收”栏的金额相符，“昨日结存”栏中的金额为酒店截至上日结存的预收房金的数额。“本日结存”栏中数据的计算公式如下：

本日结存=昨日结存+本日预收−本日应收

"客房营业日报表"的"附注"栏中,"本日可出租房"为全部客房间数减去当天因维修不能出租的间数,客房出租率=实际出租间数÷可出租间数×100%。

酒店财务部门收到账单、房费收据存根和"客房营业日报表"等凭据后,应及时入账核算。酒店客房的营业收入在"主营业务收入"账户中反映,酒店企业一般按其内部服务部门设置明细核算,客房收入相应地设置"主营业务收入——客房收入"明细账户。

【例2-30】清雅酒店12月10日的"客房营业日报表"如图2-12所示,实际收到现金3 000元,支付宝收款4 000元,微信收款3 500元,信用卡收款5 000元,信用卡手续费费率为5‰。据此进行会计核算。

本日应收款即为出租客房应确认的营业收入,其中欢乐旅行社的挂账应记入"应收账款",剩余金额应冲减预收账款。同时,所取得的营业收入应按不含税价的6%计算应交的增值税销项税额。

应冲减预收账款=16 650−1 600=15 050(元)

增值税销项税额=16 650÷(1+6%)×6%=942.45(元)

(1)核算本日预收的会计分录

借:库存现金	3 000	
其他货币资金——支付宝	4 000	
——微信财付通	3 500	
银行存款	4 975	
财务费用——手续费	25	
贷:预收账款		15 500

(2)核算本日营业收入的会计分录

借:预收账款	15 050	
应收账款——欢乐旅行社	1 600	
贷:主营业务收入——客房收入		15 707.55
应交税费——应交增值税(销项税额)		942.45

三、酒店客房营业费用的核算

酒店业务经营中,服务的提供过程就是客户的消费过程。所以,除商品部、餐饮部按耗用的原材料和销售的商品核算营业成本外,其他包括客房部在内的各种服务性的经营活动,均不核算营业成本,而将提供服务过程中发生或应承担的各项支出,根据性质不同,分别计入"销售费用""管理费用"和"财务费用"。客房经营中发生的营业费用应计入"销售费用",其主要是在提供服务过程中发生的或应承担的费用。

1. 客房早餐券的核算

现在很多酒店为了吸引宾客,每天会附送免费早餐券。早餐券涉及客房和餐厅两个部门。在业务核算上,早餐券属于客房促销所发生的费用;而对餐厅而言,收回的早餐券又属于餐厅的营业收入;同时,早餐券的派发和使用又涉及企业内部两个部门之间的款项结算。

【例2-31】清雅酒店12月10日共入住宾客160人,送每位客人一张价值15元的免费早餐券,当日经与餐厅核对,共回收150张早餐券。清雅酒店的餐厅和客房部属于独立核算的部门。会计处理如下。

(1)客房部核算早餐券费用

借:销售费用	2 250	
贷:其他应付款——餐厅		2 250

(2)餐厅核算早餐营业收入

借：其他应收款——客房部　　2 250
　　贷：主营业务收入——餐饮收入　　2 122.64
　　　　应交税费——应交增值税（销项税额）　　127.36

【例2-32】月末，客房部与餐厅进行款项结算，本月客房部应支付餐厅早餐款65 000元，款项以转账付讫。

（1）客房部做会计分录

借：其他应付款——餐厅　　65 000
　　贷：银行存如款口经　　65 000

（2）餐厅做会计分录

借：银行存款　　65 000
　　贷：其他应收款——客房部　　65 000

2. 客房其他耗用的核算

酒店的客房经营以出租房间设施而取得收入，房屋建筑的折旧和各项设施的摊销是经营中所发生的主要费用。基于此特点，在客房费用核算中不设置“主营业务成本”账户，而直接将客房发生的支出或应承担的各项折旧和摊销计入“销售费用”。

客房在日常营业中的主要消耗是能源消耗和一次性生活用品的消耗，在发生时根据实际耗用量计入当期销售费用。

对于客房的床上用品等布件，一般存量应达到实际用量的2～3倍，数额很大，而且洗涤频繁，容易损耗，3年左右便要大量更新，一般在大批量购进时先列入“长期待摊费用”账户，再分期摊销。

服装费是酒店必不可少的支出，在购进时，应分清领用部门和着装对象，分别列入有关部门的费用；大批量购进时，列入“长期待摊费用”，在2～3年内分月摊销。

酒店客房建筑和装修费用不但数额巨大，而且翻新间隔期较短。房屋建筑应以折旧的方式在费用中反映。装修费用可分月预提，如果没有预提，则在发生大额装修费用时，列入“长期待摊费用”账户分期摊销。

【例2-33】清雅酒店购进一批全新床上用品并投入使用，取得增值税专用发票，不含税价30 000元，增值税税率为13%，货款已转账付讫，按3年摊销。会计处理如下。

（1）床上用品购进核算

借：长期待摊费用　　30 000
　　应交税费——应交增值税（进项税额）　　3 900
　　贷：银行存款　　33 900

（2）本月摊销该批已使用的床上用品费用

本月应摊销费用=30 000÷（3×12）=833.33（元）

借：销售费用　　833.33
　　贷：长期待摊费用　　833.33

【例2-34】客人入住期间损坏床单一条，按规定收取赔偿金80元。

收取的赔偿金不属于营业收入，而应冲减本月床上用品摊销的费用。做会计分录如下。

借：库存现金　　80
　　贷：销售费用　　80

技能训练题

一、单项选择题

1. 客房业务收入的入账金额为（　　）。

A．预收的定金　　B．实际收款
C．客房的实际不含税出租价　　D．客房规定的出租价

2．客房营业收入应根据“客房营业日报表”结算栏中的（　　）栏金额分析计算。
A．“昨日结存”　B．“本日预收”　C．“本日应收”　D．“本日结存”

3．客房费用核算中不设置（　　）账户。
A．“销售费用”　B．“管理费用”　C．“财务费用”　D．“主营业务成本”

二、多项选择题

1．从财务核算的角度看，客房业务管理流程中最为重要的环节是（　　）。
A．宾客入住管理　　B．宾客住宿服务管理
C．宾客离店管理　　D．宾客回访调查管理

2．以下关于客房业务收入的说法中，正确的是（　　）。
A．客房业务收入是通过出租客房而取得的收入
B．客房一经出租，不论是否收到房金，都作为收入实现处理
C．客房出租收入的入账价值以客房出租的不含税价格为准
D．客房出租收入的入账价值以客房规定的价格为准

3．客房免费附送的早餐券属于（　　）。
A．客房收入的折扣　B．客房的费用　C．餐厅的收入　D．餐厅的费用

三、判断题

1．宾馆主要以出租客房的使用权为其主营业务。（　　）
2．租金收入率有可能超过 100%。（　　）
3．因客人损坏物品而收取的赔偿金应记入“营业外收入”。（　　）

四、业务核算题

客房营业收入和营业成本的核算。康达酒店是增值税一般纳税人，客房部共有客房 200 间，其中标准间 140 间，每间每天租金为 180 元；商务标准间 50 间，每间每天租金为 260 元；豪华套间 8 间，每间每天租金为 480 元；海景套间 2 间，每间每天租金为 980 元。以下是其 9 月 30 日发生的部分经济业务。

（1）“客房营业日报表”如图 2-13 所示。实际收到现金 3 000 元；支付宝收款 9 500 元；微信收

客房营业日报表

2017 年 9 月 30 日

今日应收				结算	
项目		金额（元）		项目	金额（元）
房金		32 080.00		昨日结存	5 000.00
加床		500.00		本日预收	35 500.00
酒水食品		700.00		本日应收	33 880.00
洗衣		600.00		本日结存	6 620.00
应收合计		33 880.00		宾客挂账内容	
附注	本日可出租房	198	间	单位或姓名	金额（元）
	本日实际出租房	155	间	飞鸿公司	480.00
	客房出租率		%		
	本日维修房	2	间		
	本日空房	43	间		

客房部主管：赵白　　制单：刘红

图 2-13　康达酒店“客房营业日报表”

款 10 500 元；信用卡收款 11 000 元，信用卡手续费费率为 5‰；收到转账支票 1 张，金额 1 500 元，系瑞丽公司用于结清前欠房金。本日 2 间维修房为海景套间。请根据报表数据进行相关业务核算，并计算该日的客房出租率和租金收入率。

（2）餐厅共回收入住宾客早餐券 280 张，每张早餐券价值 20 元。餐饮部和客房部各自独立核算。请分别编制客房部和餐饮部的会计分录。

（3）一位入住客人损坏了房间里的茶杯，按规定收取赔偿金 10 元。编制相应的会计分录。

（4）本月客房应计提固定资产折旧 361 000 元，摊销床上用品 82 600 元、绿化费 46 830 元。编制相应的会计分录。

小结

第二章主要知识点及内在关系如图 2-14 所示。

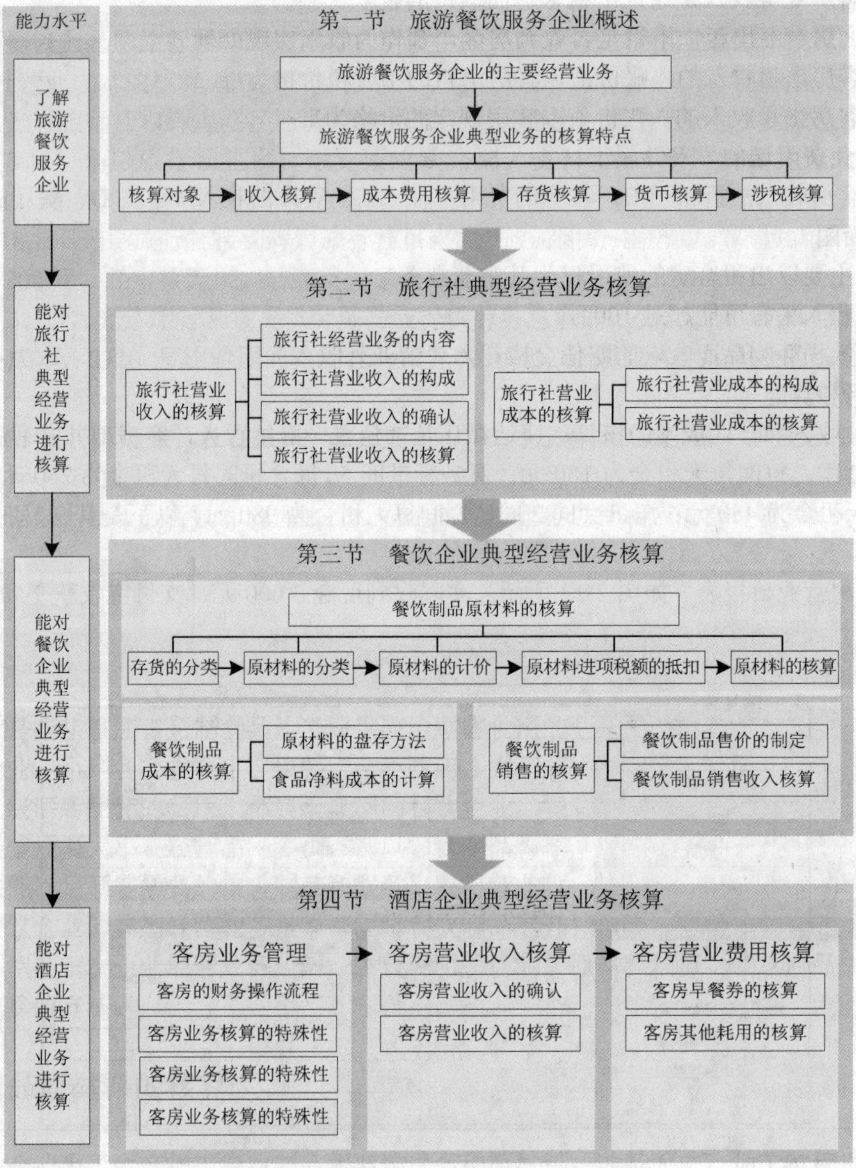

能力水平

了解旅游餐饮服务企业 → 能对旅行社典型经营业务进行核算 → 能对餐饮企业典型经营业务进行核算 → 能对酒店企业典型经营业务进行核算

第一节　旅游餐饮服务企业概述

旅游餐饮服务企业的主要经营业务
↓
旅游餐饮服务企业典型业务的核算特点

核算对象 → 收入核算 → 成本费用核算 → 存货核算 → 货币核算 → 涉税核算

第二节　旅行社典型经营业务核算

- 旅行社营业收入的核算
  - 旅行社经营业务的内容
  - 旅行社营业收入的构成
  - 旅行社营业收入的确认
  - 旅行社营业收入的核算
- 旅行社营业成本的核算
  - 旅行社营业成本的构成
  - 旅行社营业成本的核算

第三节　餐饮企业典型经营业务核算

餐饮制品原材料的核算

存货的分类 → 原材料的分类 → 原材料的计价 → 原材料进项税额的抵扣 → 原材料的核算

- 餐饮制品成本的核算
  - 原材料的盘存方法
  - 食品净料成本的计算
- 餐饮制品销售的核算
  - 餐饮制品售价的制定
  - 餐饮制品销售收入核算

第四节　酒店企业典型经营业务核算

客房业务管理 → 客房营业收入核算 → 客房营业费用核算

- 客房业务管理
  - 客房的财务操作流程
  - 客房业务核算的特殊性
  - 客房业务核算的特殊性
  - 客房业务核算的特殊性
- 客房营业收入核算
  - 客房营业收入的确认
  - 客房营业收入的核算
- 客房营业费用核算
  - 客房早餐券的核算
  - 客房其他耗用的核算

图 2-14　第二章主要知识点及内在关系

第三章 物流企业典型业务核算

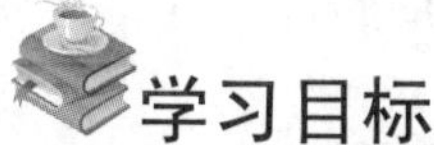

学习目标

- 熟悉物流企业的主要经营业务及其核算特点。
- 能对公路运输企业的成本费用进行正确归集和分配核算。
- 了解包装、仓储、装卸、配送等物流业务内容。
- 能对包装、仓储、装卸、配送等物流收入和成本费用进行准确核算。

第一节 物流企业概述

随着网上购物的普及，物流业已深刻地影响了我们的日常生活。事实上，物流业是一个涵盖范围很广的产业，并不局限于人们日常接触的快递业。在经济全球化，尤其是信息技术快速发展的带动下，物流业目前已成为全球经济发展的一个热点领域和新的经济增长点，它对于实现经济高效运行，提高企业生产效率，降低商品流通成本，进而增强工商企业和国家经济核心竞争力，调整国家和地区投资环境及产业结构，推动经济增长方式的根本性转变等都有着非常重要的影响。在本节，你需要了解物流企业的主要经营业务及其特点，对物流企业的业务核算形成初步认识。

一、物流企业的主要经营业务及其特点

微课：物流和快递的区别

物流企业是指从事物流活动的经济组织，是独立于生产领域之外、专门从事与商品流通有关的各种经济活动的企业。其经营业务主要包括物品的运输、储存、装卸、搬运、包装、流通加工、配送、信息处理等基本内容。其中，运输业务是物流行业的核心业务，仓储业务、包装业务、配送业务是物流行业的重要组成部分。

与制造企业相比，物流企业不创造新的物质产品，但其包装、运输、装卸、配送等业务能帮助制造企业将产品送达市场所需的地点，有利于产品价值的实现，所以物流企业属于特殊的物质生产部门，物流业务活动是社会生产在流通过程中的继续。物流企业的经营特点如图 3-1 所示。

二、物流企业典型经营业务的核算特点

物流企业特殊的经营业务决定了物流企业的会计核算具有与其他企业会计核算不同的特点。这些特点主要表现在以下几个方面。

物流过程只是使劳动对象发生位置变化

• 物流过程并不改变劳动对象的属性和形态，不创造新的物质产品。

物流过程只消耗劳动工具，不消耗劳动对象

• 在物流过程中只消耗设备与工具，不消耗原材料。

物流运营与销售同时进行

• 物流企业的运营过程就是其价值实现的过程，所以要提高设备的利用率。

运输过程具有流动性和分散性

• 物流企业的运输过程是劳动对象在空间上的流动过程，并具有流动方向的分散性。

各种运输方式之间存在较强的替代性和协作性

• 运输过程的流动性特点，要求并决定了各沿线单位、各分工岗位的协作。

图 3-1 物流企业的经营特点

1. 存货核算的特殊性

由于物流企业不需要生产产品，其持有存货的目的不是为了生产或销售，而是为了开发物流业务服务，因此，与制造企业和流通企业相比较，物流企业的存货主要为工具、修理用备件及包装物等，存货所占的比重不大。

2. 计量单位的特殊性

运输企业运输生产的结果是劳动对象的位置转移，对运输产品位移的计量，不仅要考虑运输对象所经过的路程距离，而且要考虑运输对象本身的数量，所以运输生产的计量单位是货物的周转量，通常是一个复式单位，如吨·千米等。

3. 成本费用构成的特殊性

物流企业的营运成本多是与工具和设备相关的费用，如燃料、轮胎、修理、折旧等支出。物流企业需根据所开展的物流业务内容开设相应的明细核算项目。燃料和轮胎的消耗不构成产品的实体，与制造企业相比，物流企业对燃料和轮胎的管理和核算有独特的方法，对物流企业营运成本影响较大。

4. 成本结转的特殊性

由于物流企业的生产过程就是其销售过程，成本核算时不必区分生产成本和销售成本，因此，交通运输企业的营业成本直接通过损益类账户进行归集，而不必像制造企业那样，先将生产成本归集到成本类的“生产成本”账户，待其加工完成后再计入“库存商品”账户，产品销售后再将已销售产品的成本从“库存商品”账户结转到“主营业务成本”账户，进行当期损益的计算。

5. 收入结算的特殊性

运输企业的生产经营活动是在广阔的空间内进行的，具有点多、线长、流动、分散的特点，而且作业环节多而复杂，管理和核算单位多，导致其结算较为复杂。正因为如此，其收入的种类多种多样。其运营收入往往需要通过设立在各个特定地点的车站、港口进行计费收款而获得，且各种运输方式的运价、费率、收款方式、清算方法等各不相同，因此运输企业收入的结算和核算较为复杂。

技能训练题

一、单项选择题

1. 物流行业的核心业务是（　　）。

A. 包装　　B. 仓储　　C. 运输　　D. 配送

2. 以下用于计量运输企业货物周转量的计量单位是（　　）。

A. 吨　　B. 吨·小时　　C. 千米　　D. 吨·海里

二、多项选择题

1. 以下说法中正确的是（　　）。

A. 物流过程并不改变劳动对象的属性和形态

B. 物流过程并不消耗劳动对象

C. 物流的流动性特点决定了各物流企业之间存在较强的协作性

D. 物流生产过程与销售过程同步

2. 与制造企业相比，物流企业的业务核算特点是（　　）。

A. 成本核算不必区分生产成本和销售成本

B. 仓储企业的存货所占比重较大

C. 物流企业的营运成本主要是与设备和工具相关的费用

D. 物流企业的收入种类比较单一

三、判断题

1. 物流企业不创造新的物质产品，但物流是社会生产在流通领域中的继续。（　　）

2. 物流企业不生产产品，不消耗原材料，所以不需要购置存货。（　　）

3. 物流运营过程就是其销售过程。（　　）

第二节 公路运输业务核算

运输是物流企业的核心业务，其中，公路运输是最为普遍的运输方式。随着我国纵横交错公路网络的完善和发展，近年来，公路运输在物流运输中发挥了更为重要的作用。物流运输成本直接影响着商品流通成本，物流运输效率直接影响着商品流通的范围。本节将以一家从事公路运输的小型物流公司为例，说明典型公路运输业务的经营成本和经营收入的核算方法。

运输业务是指物流企业运用各种运输工具及其设备、场地等设施，为客户提供货物在不同地点之间流动的服务。按照运输工具及运输设备的不同，运输方式主要有公路汽车运输、水路船舶运输、铁路机车车辆运输、航空飞机运输和管道运输等。本节主要介绍当前物流企业普遍采用的公路汽车运输的有关核算内容。

一、公路运输业务的特点

公路运输是一种机动灵活、简捷方便的运输方式，其特点主要表现在空间、时间、批量、条件和服务等方面，如图 3-2 所示。

图 3-2　公路运输业务的特点

二、公路运输业务的一般流程

公路运输业务的一般流程如图 3-3 所示，主要有以下 6 个基本环节。

图 3-3　公路运输业务的一般流程

（1）货物托运人填写托运单。托运单是承运人与托运人双方订立的运输合同或运输合同证明，其明确规定了货物承运期间双方的权利和责任。托运单的作用主要有以下 4 个方面。

① 托运单是物流企业汽车运输部门开具货票的凭证。

② 托运单是调度部门派车、货物装卸和到达时交接的依据。

③ 托运单是判定运输期间发生运输事故时双方责任的原始凭据。

④ 托运单是货物收据及交货凭证。货物托运单通常由托运人填写，也可委托他人填写，并在托运单上加盖与托运人名称相符的印章。

（2）审核和受理托运单。物流企业在收到货物托运人填写的托运单后，应对托运单的内容进行审核，包括货物的名称、体积、重量、地址、收件人等内容。在确定受理后，货物受理人员计算确定货物的计费里程和货物的运杂费，并将结算通知转交托运人。

（3）核实理货。在货物起运前应进行核实理货，其内容主要包括承运人和托运人共同验货；落实装卸、搬运设备；确定装车时间；通知发货，收货单位做好过磅、分垛、装卸等准备工作。

（4）监装货物。车辆到达装货地点后，监装人员应根据托运单上填写的内容，与发货单位联系发货，并确定交货方式。在货物装车前，监装人员应注意检查货物包装有无破损、渗漏、污染等情况，一旦发现，应与发货单位商议修补或调换。如发货单位自愿承担因破损、渗漏、污染等引起的货损，则应在随车同行的单证上做批注，并加盖印章，以明确责任。装车完毕后，应清查货位，检查有无错装、漏装，并与发货人员核对实际装车件数。确认无误后，办理交接签收手续。

（5）运输货物。货物装车后，由物流企业安排专职驾驶员承担货物的运输工作，根据托运单要求将货物送达指定地点。

（6）监卸货物。车辆到达卸货地点后，货物监卸人员应会同收货人员、驾驶员、卸车人员检查车辆装置装载有无异常，一旦发现异常，应先做好卸车记录。卸货时应根据托运单及货票上所列的项目，与收货人共同清点物品或监秤记码进行交接，如发现货损、货差，则应按有关规定进行记录并申报处理。收货人可在记录或货票上签署意见，但无权拒收货物。交货完毕后，应由收货人在货票收货回单联上签字盖章，承运人的责任即告终止。

三、公路运输业务的成本核算

物流企业的公路运输业务是实现货物位置转移的过程。实现货物位置转移过程中的耗费主要包括车辆、房屋建筑、燃料、轮胎、配件、工具等资产价值的耗费和所要承担的运输人员的工资薪酬，这构成了公路运输业务的成本。

1. 公路运输业务成本核算的内容

进行公路运输业务成本核算时，需要从核算对象、计算单位、计算期、费用要素及其具体的成本项目等方面加以明确。

（1）核算对象。物流企业公路运输业务营运车辆的车型较为复杂，为了反映不同车型的运输经济效益，通常需要以不同燃料和不同品牌的营运车辆作为成本核算对象。对于以特种大型车、集装箱车、零担车、冷藏车、油罐车从事运输业务的物流企业，还应分别以不同类型、不同用途的车辆作为成本核算对象。

（2）计算单位。公路运输业务的成本计算单位以汽车运输工作量的计量单位为依据。货物运输工作量称为货物周转量，是实际运送货物吨数与运距的乘积，其计量单位为“吨·千米”。实际工作中，通常以“千吨·千米”作为成本计算的计量单位，集装箱车辆的成本计算计量单位为“千标准箱·千米”。

（3）计算期。汽车运输业务的成本应按月、季、半年和年计算从年初至各月月末止的累计成本，通常不计算“在产品”成本。营运车辆在经营跨月运输业务时，通常以行车路单签发日期所归属的月份计算其运输成本。

（4）费用要素。运输企业的营运费用按经济内容划分时，一般可分为表 3-1 所示的费用要素。

表 3-1　　运输企业的营运费用要素

费用要素名称	费用要素内容
应付职工薪酬	包括职工的工资、社会保险和公积金、在职福利、离职福利、辞退福利等
外购燃料	指外购的运输生产需要的汽油、柴油等燃料
外购轮胎	指外购的运输生产需要的外胎
外购材料	指外购的运输生产需要的各种材料，包括轮胎内胎、垫带等消耗性材料、修理用备件等
外购周转材料	指外购的各种用具，如工具、管理用具、玻璃器皿，以及在营运过程中周转使用的包装容器等
折旧费	指按规定提取的固定资产折旧费
修理费	指因修理固定资产等发生的修理费用
其他费用	指不能明确划分，不能纳入以上各项费用要素的其他费用支出

（5）成本项目。运输企业进行成本核算时，应将各费用要素按用途进行归集，归入各成本核算对象的相应成本项目。物流企业的公路运输成本项目分为车辆费用和站队经费两类。车辆费用是指营运车辆从事运输业务所发生的各项费用，站队经费是指车站、车队为管理和组织运输业务所发生的各项费用。站队经费属于营运间接费用。在具体的成本核算对象下，根据费用发生的性质又可划分为若干明细项目，如表 3-2 所示。

表 3-2　　　　　　　　　运输企业的成本项目

成本项目		核算内容
车辆费用	职工薪酬	指应付给与营运车辆有关的职工的相关工资、福利费、社会保险和公积金等
	燃料	指营运车辆运行中耗用的各种燃料，自动倾卸车辆卸车时所耗用的燃料也包括在内
	轮胎	指营运车辆所耗用的外胎费用
	材料	指营运车辆耗用的轮胎内胎、垫带等
	保修费	指营运车辆进行各级保养和修理所发生的工料费用、修复旧件费用和引车用机油
	折旧费	指营运车辆按规定计提的折旧费
	运输管理费	指按规定向公路运输管理部门缴纳的运输管理费
	行车事故损失	指营运车辆在运行过程中，因行车肇事所引起的事故损失。因车站责任发生的货损、货差事故损失及由于不可抗拒的原因而造成的非常损失，均不包括在内
	其他费用	指营运车辆在运行过程中发生的其他费用
站队经费	车队费用	指按规定办法分配，应由汽车运输成本负担的车队费用
	车站费用	指按规定办法分配，应由汽车运输成本负担的车站费用

2. 公路运输成本核算的账户设置

公路运输业务没有生产和销售之分，生产过程就是销售过程，生产过程的结束也是销售过程的结束，因此也就没有生产成本和销售成本的区分，其营运成本直接在“主营业务成本”账户中进行核算。在“主营业务成本”账户下，按成本计算对象（如具体车辆、车队等）设置明细账户，并在具体成本核算对象下设置“运输支出”“装卸支出”“堆存支出”核算项目。

（1）“主营业务成本——运输支出”账户。该账户用于核算公路运输业务所发生的各项费用支出。借方登记发生的运输费用支出，贷方登记结转到“本年利润”账户的本期运输支出的实际发生额。月末结转后本账户无余额。本账户按运输工具类型或单车设置明细账进行核算。

（2）“辅助营运费用”账户。该账户属于成本类账户，用来核算企业辅助生产部门生产产品、提供劳务（如制造工具、备件，修理车辆、机械等）所发生的辅助生产费用，包括工资和福利费、燃料费用、折旧费用、劳动保护费及事故损失费等。借方登记发生的各种辅助营运费用，贷方登记月终按一定的分配标准分配转出的当月发生的辅助营运费用，月末结转后本账户无余额。

（3）“营运间接费用”账户。该账户属于成本类账户，用来核算物流企业基层单位（如车队、车站）为组织和管理营运过程中所发生的费用。该账户借方登记运输企业发生的各种营运间接费用，贷方登记月末按照规定的分配标准分配转出的当月发生的营运间接费用，月末结转后本账户无余额。

3. 车辆费用的核算

车辆费用是运输业务成本的主要组成部分，也是公路运输业务成本核算的重点。根据车辆运营所发生费用的性质，先对各种车辆费用进行归集和分配，再汇总分配营运间接费用，在此基础上进行运输总成本和单位成本的计算。

（1）职工薪酬的核算

物流企业每月应根据工资结算表对职工工资进行汇总和分配。对于有固定车辆的司机和助手的工资，直接计入各成本计算对象的成本；对于没有固定车辆的司机和助手的工资，以及后备司机和助手的工资，则需按一定的分配标准计入各成本计算对象的成本。分配标准主要有两种：总营运货物吨位和总营运车日。其计算公式如下。

$$\text{工资费用分配率}=\frac{\text{应分配的司机及助手的工资总额}}{\text{总营运货物吨位（或总营运车日）}}$$

$$\text{某车队应分配的工资总额}=\text{该车队营运货物吨位（或营运车日）}\times\text{工资费用分配率}$$

【例3-1】通达物流公司为增值税一般纳税人，公司共有两个车队和一个车辆保养场。根据本月工资结算单汇总的工资数据如下：一车队员工工资为50 000元，二车队员工工资为70 000元，车辆保养场人员工资为15 000元，车场管理人员工资为20 000元，公司行政管理部门人员工资为25 000元，后备司机和助手的工资为12 000元。该月一车队营运货物55万吨•千米，二车队营运货物65万吨•千米。按工资总额的14%计提职工福利费。

（1）两个车队分摊后备司机和助手的工资

工资费用分配率=12 000÷（55+65）=100（元•千米/万吨）

一车队应分配的工资费用=55×100=5 500（元）

二车队应分配的工资费用=65×100=6 500（元）

（2）编制工资及职工福利费分配表（见表3-3）

表 3-3　　通达物流公司职工工资及福利费分配表　　单位：元

借记科目			成本或费用项目	工资费用	提取率	职工福利费
主营业务成本	运输支出	一车队	职工薪酬	55 500	14%	7 770
		二车队	职工薪酬	76 500	14%	10 710
		小计		132 000	14%	18 480
辅助营运费用		保养场		15 000	14%	2 100
营运间接费用				20 000	14%	2 800
管理费用				25 000	14%	3 500
合计				192 000	—	26 880

（3）编制工资和职工福利费计提分录

借：主营业务成本——运输支出——一车队——职工薪酬（工资）　55 500
　　　　　　　　　　　　——一车队——职工薪酬（福利费）　7 770
　　　　　　　　　　　　——二车队——职工薪酬（工资）　76 500
　　　　　　　　　　　　——二车队——职工薪酬（福利费）　10 710
　　辅助营运费用——直接人工（工资）　15 000
　　　　　　　——直接人工（福利费）　2 100
　　营运间接费用——人工费（工资）　20 000
　　　　　　　——人工费（福利费）　2 800
　　管理费用　28 500
　　贷：应付职工薪酬——工资　192 000
　　　　　　　　　——福利费　26 880

（2）燃料费用的核算

燃料费用是指营运车辆运行过程中耗用的汽油、柴油等燃料的费用，自动倾卸车在卸车时所耗用燃料的费用也包括在内。物流公司的货运线路分短途和长途，通常短途运输所需燃料可到企业定点的加油站加油解决，公司定期与加油站进行油费结算。长途运输的车辆则通常需在途中的加油站加油，司机需根据开具的加油发票报销有关燃料费用。

自建油库的物流企业，其燃料实际耗用数的确定有两种方法：满油箱制和实地盘存制。采用满油箱制的物流企业，如果月初与月末油箱都加满油，那么车辆当月加油的数量，即为当月燃料的实际耗用数；采用实地盘存制的物流企业，当月燃料的实际耗用数要通过月末的实地盘存数和当月领用数来计算。其计算公式如下。

当月实际耗用数=月初车存数+当月领用数−月末车存数

【例3-2】某物流公司的燃料费用核算采用实地盘存制。本月对车辆的燃料领用单进行汇总后得到车队的柴油耗用数据如下：月初车存数2 000升，本月领用数60 000升，月末车存数3 000升，柴油价格为6元/升。

本月车队耗用柴油金额=（2 000+60 000-3 000）×6=354 000（元）

借：主营业务成本——运输支出——燃料　　354 000

　　贷：原材料——柴油　　354 000

【例3-3】通达物流公司与定点加油站结算本月上旬的加油费，开具的增值税专用发票显示不含税价款60 000元，增值税税率为13%。该公司以转账支票支付了款项。根据加油明细记录，一车队的加油费为35 000元，二车队的加油费为24 000元，车场管理部门的加油费为200元，公司行政管理部门的加油费为800元。一车队报销运输加油费，取得的均为增值税普通发票，发票总金额为5 000元。该公司以现金支付了款项。

借：主营业务成本——运输支出——一车队——燃料　　40 000

　　　　　　　　　　　　　　——二车队——燃料　　24 000

　　营运间接费用——车辆费　　200

　　管理费用　　800

　　应交税费——应交增值税（进项税额）　　7 800

　　贷：银行存款　　67 800

　　　　库存现金　　5 000

（3）轮胎费用的核算

对于营运车辆领用的轮胎内胎、垫带等，一般根据领料单编制轮胎领用汇总表，按实际数直接计入各成本计算对象的成本。营运车辆领用的外胎则有所不同，其成本差异也直接计入各成本计算对象的成本，而其计划成本计入各成本计算对象的方法则有不同的处理。企业对外胎采用一次摊销法的，在外胎领用时，根据“轮胎发出汇总表”直接计入各成本计算对象；企业对外胎采用行驶里程摊提法的，则应根据外胎行驶里程记录和外胎里程摊提率，编制“外胎摊提费用计算表”，据此对外胎费用进行归集和分配，在外胎报废更换新胎时，用领用的新轮胎价值冲销预提的轮胎费用。而管理部门等车用轮胎一般按实际领用数计入当期费用。

【例3-4】通达物流公司对外胎采用行驶里程摊提法核算。本月根据轮胎卡片记录、摊提率等有关资料，编制“外胎摊提费计算表”，如表3-4所示。

表3-4　　通达物流公司本月“外胎摊提费计算表”

使用部门	实际千车千米	每车装胎（个）	实际千胎千米	千胎千米摊提额[元/（千胎·千米）]	摊提额（元）
一车队	150	6	900	7	6 300
二车队	200	6	1 200	7	8 400
合计	350	—	2 100	—	14 700

根据表3-4，会计处理如下。

借：主营业务成本——运输支出——一车队——轮胎　　6 300

　　　　　　　　　　　　　　——二车队——轮胎　　8 400

　　贷：应付账款——预提轮胎费用　　14 700

【例3-5】本月一车队报废货车外胎8个，二车队报废货车外胎10个。一车队报废外胎应补提摊销额600元，二车队报废外胎应补提摊销额800元。每个报废货车外胎处理价10元，公司管理部门用小汽车报废外胎2个，每个处理价5元，现金已收取。会计处理如下。

（1）补提报废货车外胎的摊提额（公司用小汽车不需要摊提，报废时也不需要补提）

借：主营业务成本——运输支出——一车队——轮胎　　600
　　　　　　　　　　　　——二车队——轮胎　　800
　贷：应付账款——预提轮胎费用　　1 400

（2）处理报废外胎的核算

借：库存现金　　190
　贷：主营业务成本——运输支出——一车队——轮胎　　80
　　　　　　　　　　　　　　——二车队——轮胎　　100
　　管理费用　　10

【例3-6】 通达物流公司对外胎采用行驶里程摊提法核算。本月公司根据“轮胎领用单”编制的“轮胎领用汇总表”如表3-5所示。

表 3-5　　通达物流公司本月“轮胎领用汇总表”　　单位：元

领用部门	外胎		内胎		垫带		合计	
	计划成本	差异（3%）	计划成本	差异（2%）	计划成本	差异（4%）	计划成本	差异
一车队	8 000	240	900	18	400	16	9 300	274
二车队	10 000	300	1 200	24	600	24	11 800	348
车场管理部门			50	1	50	2	100	3
公司管理部门	1 000	30	150	3	50	2	1 200	35
合计	19 000	570	2 300	46	1 100	44	22 400	660

根据表3-5，会计处理如下。

（1）领用内胎、胎垫的核算

借：主营业务成本——运输支出——一车队——材料　　1 334
　　　　　　　　　　　　——二车队——材料　　1 848
　营运间接费用——车辆费　　103
　管理费用　　205
　贷：原材料——内胎　　2 300
　　　　　——垫带　　1 100
　　材料成本差异——内胎　　46
　　　　　　　——垫带　　44

（2）领用外胎的核算

借：应付账款——预提外胎费用　　18 540
　管理费用　　1 030
　贷：原材料——外胎　　19 000
　　材料成本差异——外胎　　570

（4）折旧费用的核算

物流运输企业计提固定资产折旧，可以采用平均年限法、工作量法、双倍余额递减法、年数总和法，但车辆的折旧一般采用工作量法。由于外胎费用的核算有两种不同的方法，故计算车辆折旧也有相应的两种方法。如果外胎采用一次摊销法计入成本，则在计提车辆折旧时，外胎价值不必从车辆原值中扣减；如果采用行驶里程摊提法预提外胎费用，则在计提车辆折旧时，外胎价值就应从车辆原值中扣减，否则会出现重复摊提的现象。折旧的计算公式如下。

车辆月折旧额=车辆折旧率×车辆月实际行驶里程

车辆折旧率=车辆应提折旧原值÷车辆设计行驶总里程

【例3-7】通达物流公司运输车辆采用工作量法计提折旧，其余各类固定资产采用平均年限法计提折旧，本月“固定资产折旧计算表”如表3-6所示。

表 3-6　通达物流公司本月“固定资产折旧计算表”　单位：元

借方科目	使用部门	本月计提折旧				合计
		货车	非营运车	机械设备	房屋构筑物	
运输支出	一车队	8 000				8 000
	二车队	12 000				12 000
	小计	20 000				20 000
辅助营运费用	保养场			3 000	6 000	9 000
营运间接费用	车场管理部门		1 000		1 000	2 000
管理费用	公司管理部门		1 500		4 000	5 500
合计		20 000	2 500	3 000	11 000	36 500

根据表3-6，会计处理如下。

借：主营业务成本——运输支出——一车队——折旧费　8 000
　　　　　　　　　　　　　——二车队——折旧费　12 000
　　辅助营运费用——其他费用　9 000
　　营运间接费用——折旧费　2 000
　　管理费用　5 500
　　贷：累计折旧　36 500

（5）保养修理费用的核算

车辆经过一定时期的运营，需要进行定期的保养和修理。简单的维护修理费用可直接计入当期的成本对象，车辆的大修理费用一般需要预提并分摊到各成本核算对象。

① 车辆大修理费用的预提。营运车辆的大修理费用一般金额较大，修理的间隔期较长，为均衡损益，一般采用预提的方法。大修理费月计提额的计算公式如下。

车辆大修理费月计提额=当月车辆行驶里程×大修理费月计提率

大修理费月计提率=预计大修理费用总额÷车辆由新到废行驶里程定额

预计大修理费用总额=预计大修理次数×每次大修理计划费用

预计大修理次数=（车辆由新到废行驶里程定额÷大修理间隔里程定额）−1

【例3-8】通达物流公司一车队某品牌货车由新到废行驶里程定额为900 000千米，大修理间隔里程定额为180 000千米，一次大修理计划费用为15 000元。本月该货车的行驶里程为15 000千米。

预计大修理次数=（900 000÷180 000）−1=4（次）

预计大修理费用总额=4×15 000=60 000（元）

大修理费月计提率=60 000÷900 000=0.066 7（元/千米）

车辆大修理费月计提额=15 000×0.066 7=1 000（元）

借：主营业务成本——运输支出——一车队——保修费　1 000
　　贷：应付账款——预提保修费　1 000

② 车辆大修理（或报废）前修理费用的调整。车辆送大修理（或报废）前实际行驶里程与大修理间隔里程定额会发生差异，必须对计入运输成本的大修理费计提额进行调整，超驶里程应予以调减，亏驶里程应予以调增。计算公式如下。

$$\text{大修理车辆超（−）亏（+）驶里程差异} = \text{大修理费用计提率} \times \left(\text{大修理间隔里程定额} - \text{实际大修理间隔里程}\right)$$

【例3-9】接【例3-8】，通达物流公司二车队的一辆货车送大修理，超驶里程为10 000千米。

应调减大修理费计提额=0.066 7×（-10 000）=-667（元）

借：应付账款——预提保修费　　667

　　贷：主营业务成本——运输支出——一车队——保修费　　667

【例3-10】接【例3-9】，以银行存款支付通达物流公司二车队一辆货车的大修理费，不含税价16 000元，增值税税率为13%。

借：应付账款——预提保修费　　16 000

　　应交税费——应交增值税（进项税额）　　2 080

　　贷：银行存款　　18 080

③ 日常保养修理费用的归集。物流运输企业车辆的各级保养和修理，分别由车队和企业所属保养场进行。由车队进行的各级保养和小修理费用，一般可根据实际支出凭证计入各成本计算对象的成本。由保养场进行的保养修理主要是大修理，所发生的费用视为辅助生产费用，一般通过“辅助营运费用”账户进行归集与分配。

【例3-11】通达物流公司本月耗用保修材料如表3-7所示。

表3-7　通达物流公司本月耗用保修材料汇总表　单位：元

领用部门	润料	备品配件	其他材料	合计
一车队	7 000	4 800	3 500	15 300
二车队	10 000	6 900	4 800	21 700
保养场	25 000	30 000	12 000	67 000
车场管理部门	300		100	400
公司管理部门	400		100	500
合计	42 700	41 700	20 500	104 900

根据表3-7，会计处理如下。

借：主营业务成本——运输支出——一车队——保修费　　15 300

　　　　　　　　　　　　　　——二车队——保修费　　21 700

　　辅助营运费用——直接材料　　67 000

　　营运间接费用——车辆费　　400

　　管理费用　　500

　　贷：原材料　　104 900

④ 辅助生产部门车辆日常保修费用的分配。辅助生产部门进行车辆保修耗费的直接材料、直接人工，可由财会部门根据有关原始凭证或费用分配表进行费用的归集，其所发生的车辆修理费用应在受益对象之间按所耗数量或合理比例进行分配。

【例3-12】通达物流公司保养场本月发生的辅助营运费用如表3-8所示。本月保养场总修理工时为500小时，其中一车队的车辆修理耗用200小时，二车队的车辆修理耗用300小时。

表3-8　通达物流公司本月辅助营运费用明细　单位：元

摘要	直接材料	直接人工	其他费用	合计
根据表3-3		17 100		17 100
根据表3-6			9 000	9 000
根据表3-7	67 000			67 000
合计	67 000	17 100	9 000	93 100

根据表3-8，会计处理如下。

（1）分配辅助营运费用。

辅助营运费用分配率=93 100÷500=186.2（元/小时）

一车队应负担的保修费=186.2×200=37 240（元）

二车队应负担的保修费=186.2×300=55 860（元）

（2）编制分配辅助营运费用会计分录。

借：主营业务成本——运输支出——一车队——保修费　　37 240
——二车队——保修费　　55 860
贷：辅助营运费用　　93 100

（6）其他车辆费用的核算

其他车辆费用包括公路运输管理费、行车事故引起的救援善后费、车辆牌照和检验费、车船税、过桥费、轮渡费、司机途中住宿费等。这些费用在发生时可凭相关凭证直接计入各类运输成本。

营运车辆在营运过程中因各种行车事故所发生的修理费、救援善后费，以及支付外单位人员的医药费、丧葬费、抚恤费、生活费等支出，扣除向保险公司收回的赔偿收入及事故对方或过失人的赔偿款后，净损失也可根据付款、收款凭证直接计入各类运输成本。如果行车事故较为严重，处理时间较长，可在发生各项支出时通过“其他应收款——暂付事故赔款”账户进行核算，然后逐月将已发生事故净损失转入运输成本。对于当年不能结案的事故，年终时可按估计净损失数预提转入运输成本。在结案的年底，再根据预提损失数与实际损失数的差额，调整当年有关运输成本。

营运车辆的公路运输管理费一般按运输收入的规定比例计算缴纳，企业可根据交款凭证直接计入各类运输成本。车辆牌照和检验费、车船税、过桥费、轮渡费、司机途中住宿费等费用发生时都可以根据付款凭证直接计入各类运输成本。此外，领用随车工具及其他低值易耗品时，可以根据领用凭证，一次或分多次摊入各类运输成本。

【例3-13】通达物流公司本月缴纳的营运车辆管理费及车辆清洗费、过桥费、行车杂费等各项费用，经汇总为56 000元。其中，一车队25 000元，二车队29 500元，车场管理部门500元，公司管理部门1 000元。各项费用已全部转账支付。

借：主营业务成本——运输支出——一车队——其他费用　　25 000
——二车队——其他费用　　29 500
营运间接费用——车辆费　　500
管理费用　　1 000
贷：银行存款　　56 000

4. 营运间接费用（站队经费）的归集与分配

运输企业所属基层营运单位（车队、车站、车场）在组织与管理营运过程中所发生的不能直接计入成本计算对象的各项间接费用，应先通过“营运间接费用”账户进行核算。月终在计算各成本核算对象的成本时，再按一定的分配方法，分配计入各成本核算对象。

（1）营运间接费用（站队经费）的归集。站队经费中，除前述核算中涉及的人员薪酬、材料、折旧、保修等费用外，站队的办公费、水电费、差旅费等也不能直接计入成本计算对象，应先通过“营运间接费用”账户进行核算。

【例3-14】通达物流公司的基层营运单位为车场，该车场负责组织管理两个不同线路的车队，即一车队和二车队。本月以银行存款支付车场管理部门电费2 000元，增值税260元。会计处理如下。

借：营运间接费用——电费　　2 000
应交税费——应交增值税（进项税额）　　260
贷：银行存款　　2 260

（2）营运间接费用（站队经费）的分配。各基层营运单位发生的营运间接费用，经归集后应于月末分配计入各有关成本核算对象。站队经费的分配标准一般为货车队营运车日比例。营运车日是指实际进行工作的车日。一辆营运车辆，只要当天出过车，不管其出车时间长短，出车班次多少和完成运输量多少，也不管是否发生过保养、修理、停驶或中途抛锚等情况，均应算为一个营运车日。计算公式如下。

每营运车日应分配的站队经费=站队经费总额÷货车营运车日数

货车应分配的站队经费=每营运车日应分配的站队经费×货车营运车日数

【例3-15】通达物流公司本月车场发生的营运间接费用如表3-9所示，本月一车队的营运车日为300车日，二车队的营运车日为400车日，对本月的营运间接费用进行分配。

表 3-9　通达物流公司本月营运间接费用明细　单位：元

摘要	人工费	折旧费	水电费	车辆费	办公费	其他	合计
根据表 3-3	22 800						22 800
根据表 3-6		2 000					2 000
车辆费				1 600			1 600
水电费			2 200				2 200
办公费					500		500
其他杂费						300	300
合计	22 800	2 000	2 200	1 600	500	300	29 400

根据表3-9，会计处理如下。

每营运车日应分配的车场营运间接费用=29 400÷（300+400）=42（元/车日）

一车队应分配的营运间接费用=42×300=12 600（元）

二车队应分配的营运间接费用=42×400=16 800（元）

借：主营业务成本——运输支出——一车队——站队经费　　12 600

　　　　　　　　　　　　　　——二车队——站队经费　　16 800

　贷：营运间接费用　　29 400

5. 运输成本的计算

物流运输企业完成一定运输业务所承担的人工薪酬、材料消耗、折旧、保修等费用和营运间接费用等，组成了运输总成本，运输总成本除以运输周转量即得出单位成本。计算公式如下。

运输单位成本=运输总成本÷运输周转量

物流运输企业月末应编制“运输成本计算表”，以反映运输总成本和单位成本。

【例3-16】通达物流公司本月一车队货运周转量为1 000千吨·千米，二车队货运周转量为1 400千吨·千米，根据有关资料，编制表3-10所示的“汽车运输成本计算表”。

表 3-10　通达物流公司本月“汽车运输成本计算表”　单位：元

项目	本月实际数		
	一车队	二车队	合计
一、车辆费用	412 964	536 551	949 515
1. 工资	63 270	87 210	150 480
2. 燃料	240 000	310 000	550 000
3. 轮胎	6 820	9 100	15 920
4. 材料	1 334	1 848	3 182
5. 保修费	58 540	84 893	143 433
6. 折旧费	8 000	12 000	20 000
7. 行车事故损失	10 000	2 000	12 000
8. 其他费用	25 000	29 500	54 500
二、站队经费	12 600	16 800	29 400
三、运输总成本	425 564	553 351	978 915
四、周转量（千吨·千米）	1 000	1 400	2 400
五、单位成本[元/（千吨·千米）]	426	395	408

四、公路运输业务的收入核算

物流运输企业的营业收入是指企业完成货物运输业务后，按照规定费率向货物托运人收取的运费收入。其包括长短途整车或零担货运收入、自动装卸车运输货物收取的装卸费等。各汽车运输企业还经常为对方车辆办理货物运输业务，因而会发生运输收入的相互划拨与清算。

经营公路运输业务的物流企业根据营运票据确认收入额。营运票据是指货物运输的业务凭证，主要有整车货票、行李包裹票、零担货票、代理业务货票等。若企业发生退票、退运等业务，应直接冲减营业收入。

为了核算和监督各类运输收入的实现情况，企业应设置“主营业务收入”账户。贷方登记企业实现的各项物流业务经营收入，借方登记企业退回的收入及期末转入“本年利润”账户的运输收入，期末结转后，该账户无余额。根据开展的运输业务的性质，本账户可下设“货运收入”“装卸收入”“代理业务收入”等二级明细账户。

1. 货物运输收入的核算

物流企业为了开展运输业务，一般下设各基层站。基层站所实现的营业收入要定期上报，并及时将收入款项缴存企业银行账户。

【例3-17】通达物流公司车场本日编制的“营业收入日报表”显示，共取得含税货运收入50 000元，全部款项已存入银行。运输业务增值税税率为9%。做会计分录如下。

借：银行存款　　50 000
　　贷：主营业务收入——货运收入　　45 872
　　　　应交税费——应交增值税（销项税额）　　4 128

2. 企业之间货运代理收入的核算

运输企业之间为对方车辆办理货物运输业务所取得的运输收入，收款企业可定期按货票、代理业务货票分别统计列报应付其他企业的货运收入，按照双方协议的规定，扣除代理业务手续费后，按剩余收入金额与对方企业进行结算。

【例3-18】通达物流公司本月为新达公司代办货运业务，货运收入共100 000元，手续费费率为5%，增值税税率为6%，余款已汇付给新达公司。会计处理如下。

（1）取得货运代理业务收入时的核算。

借：银行存款　　100 000
　　贷：应付账款——新达公司　　100 000

（2）核算货运代理收入。

货运代理含税收入=100 000×5%=5 000（元）

货运代理不含税收入=5 000÷（1+6%）=4 717（元）

应交增值税销项税额=4 717×6%=283（元）

借：应付账款——新达公司　　100 000
　　贷：银行存款　　95 000
　　　　主营业务收入——代理业务收入　　4 717
　　　　应交税费——应交增值税（销项税额）　　283

技能训练题

一、单项选择题

1. 公路运输企业的成本项目分为车辆费用和（　　）两类。

A. 折旧费用　　B. 站队经费　　C. 人工费用　　D. 材料费用

2．满油箱制和实地盘存制是（　　）管理的两种方法。

A．车耗燃料　B．车存燃料　C．库存燃料　D．发出燃料

3．公路运输企业领用新轮胎时，若金额不大，可一次性计入（　　）。

A．“管理费用”　B．“主营业务成本”　C．“销售费用”　D．“营运间接费用”

4．营运车辆一般按核算期的（　　）计算应负担的轮胎摊销额。

A．载客人数　B．载货吨数　C．行驶时间　D．行驶胎千米

5．公路运输企业的营运间接费用一般按（　　）标准进行分配。

A．营运车日　B．人工费用　C．材料费用　D．折旧费用

6．汽车运输总成本除以（　　）即为汽车运输单位成本。

A．行驶距离（千米）　B．运输周转量　C．行驶时间　D．载货吨数

二、多项选择题

1．轮胎领用发出时，核算方法有（　　）。

A．一次摊销法　B．五五摊销法　C．按行驶里程摊销法　D．分次摊销法

2．以下属于运输企业存货的是（　　）。

A．外胎　B．燃料　C．低值易耗品　D．内胎

3．下列耗用项目不在运输成本的“材料”项目中核算的是（　　）。

A．外胎　B．内胎　C．柴油　D．机油

4．运输企业的“营运间接费用”科目核算的内容包括（　　）。

A．车站水电费　B．车站折旧费

C．修理车间维修人员工资　D．职工班车燃料费

5．公路运输企业的辅助营运费用主要包括（　　）。

A．人工费用　B．材料费用　C．折旧费用　D．劳动保护费

6．下列属于公路运输企业会计核算特点的是（　　）。

A．不需要进行在产品和产成品的核算　B．成本项目较多，核算较为复杂

C．车辆折旧一般采用加速折旧法　D．一般需要预提车辆的大修理费用

三、判断题

1．公路运输企业不需要核算在产品成本。（　　）

2．公路运输企业的成本项目即为各项车辆费用。（　　）

3．公路运输企业管理部门的车用轮胎一般按核算期行驶胎千米计算应负担的轮胎摊销额。（　　）

4．公路运输企业燃料实际耗用数实行满油箱制的，月末需要对车存油进行盘点后才能确定耗用燃料的总成本。（　　）

5．公路运输企业的营运间接费用是指车站或车队管理组织运输业务发生的费用。（　　）

四、业务核算题

1．练习轮胎费用核算。某运输公司对营运车辆的轮胎采用行驶里程摊提法，其他部门的车用轮胎按实际领用数计入成本。本月发生以下有关轮胎的经济业务。

（1）每个货车轮胎的计划成本为 500 元，材料成本差异率为 1%。本月货车队领用轮胎 5 个。

（2）公司行政管理部门领用轿车轮胎 2 个，每个 400 元。

（3）货车队领用内胎合计金额 400 元，胎垫合计金额 50 元。

（4）本月货车轮胎的摊提额为 9 元/（千胎・千米）。本月公司营运车辆实际行驶里程 1 800 000 千米，每车装胎 6 个。

要求：根据以上经济业务编制相应的会计分录。

2．练习车辆保养修理费用的核算。某运输公司有东线车队和西线车队两个车队，本月发生以下有关车辆保养修理业务。

（1）东线车队领用车辆保养用润滑油合计 2 000 元，西线车队领用润滑油合计 3 000 元。

（2）公司修理车间本月发生的各项费用共计 120 000 元，本月总的修理工时为 600 小时，其中东线车队修理耗用 250 小时，西线车队修理耗用 350 小时。分配本月修理车间发生的各项费用。

（3）东线车队某辆货车送大修理，该车辆由新到废行驶里程定额为 800 000 千米，大修理间隔里程为 200 000 千米，一次大修理计划费用为 16 000 元。该车辆超驶里程为 5 000 千米。

（4）接业务（3），以银行存款支付该货车大修理费，不含税价 18 000 元，增值税税率为 13%。

3．练习公路运输成本的核算。某汽车运输公司下设一个车站、一个修理车间、一支北线车队和一支南线车队。车站和车队等基层营运单位的管理和业务费用合并设账归集和统一分配。本月汽车营运总计 2 000 车日，其中北线车队 800 车日，南线车队 1 200 车日。北线车队的运输周转量为 15 000 千吨·千米，南线车队的运输周转量为 2 000 千吨·千米。本月发生下列经济业务。

（1）以银行存款支付公司办公费 1 000 元，车站和各车队队部办公费 800 元。

（2）以银行存款支付不含税电费 11 000 元，增值税 1 430 元，公司管理部门应负担 3 200 元，车站负担 3 800 元，两个车队各负担 1 200 元，修理车间负担 1 600 元。

（3）计提本月有关人员工资，如表 3-11 所示。

表 3-11　某汽车运输公司本月“工资费用分配表”　单位：元

人员	北线车队司机	南线车队司机	车站管理人员	车队管理人员	修理车间人员	公司管理人员	合计
工资	52 000	73 600	15 000	15 000	12 000	20 000	187 600

（4）月末盘点公司车存燃料，燃料耗用成本为：北线车队 160 000 元，南线车队 190 000 元，公司交通车 6 000 元。

（5）本月外胎摊提额为：北线车队 12 000 元，南线车队 14 000 元，公司交通车 400 元。

（6）计提本月固定资产折旧 150 000 元，其中：北线车队车辆 60 000 元，南线车队车辆 70 000 元，车站 5 000 元，修理车间 6 000 元，公司管理部门 15 000 元。

（7）修理车间领用修理用备件 16 000 元。

（8）本月以银行存款支付营运车辆牌照费、检验费、车船使用税、行车事故的有关费用等共计 51 000 元，其中北线车队 20 000 元，南线车队 31 000 元。

（9）以银行存款支付有关人员的报销费用，北线车队司机途中住宿费 500 元，南线车队司机途中住宿费 1 300 元，车站和车队管理人员的差旅费 1 000 元。

（10）本月发生的营运间接费用和辅助营运费用按营运车日分配计入各类运输成本。

要求：①编制上述业务的会计分录；②编制本月汽车运输成本计算表。

第三节　运输相关业务核算

随着物流业的发展，物流行业内部的分工日趋精细，除了前述专业从事运输业务的物流企业外，还涌现出了专业从事仓储、配送等物流业务或兼营多种物流业务的物流企业。在学习了公路运输业务核算的基础上，本节将以另一家经营仓储、配送业务的企业为例，向你介绍物流企业经营中有关包装、装卸、仓储、配送等业务的核算方法。

一、包装业务及其会计核算

包装是在流通过程中为保护商品、方便运输、促进销售而采用的容器、材料及辅助物等的总称，也指为了达到上述目的而采用容器、材料和辅助物，并施加一种技术方法等的操作活动。包装是生产的终点，同时是物流的起点；既可以在生产企业中实施，又可以在物流企业中实施。对于绝大多数商品而言，只有经过包装，才能进入流通。包装可以起到保护商品、提高作业效率、传递商品信息和作为营销手段的作用，与运输、搬运、仓储等业务均有着十分密切的关系。

1. 包装的分类

各种物资性质的差异和不同运输工具等的不同要求，使包装在设计、用料、包装技法和包装形态等方面表现出多样化的特点。如图 3-4 所示，包装按功能分类，可分为工业包装和商业包装；按包装的层次分类，可分为内包装和外包装。

图 3-4　包装的分类

微课：菜鸟物流

（1）工业包装，也称为运输包装，是以运输、保管为主要目的的包装，也就是从物流需要角度出发所做的包装。工业包装主要具有保护功能、定量或单位化功能、便利功能和效率功能。

（2）商业包装，也叫零售包装或消费者包装，主要是根据零售业的需要，作为商品的一部分或为方便携带所做的包装。商业包装的主要功能是定量功能、标识功能、商品功能、便利功能和促销功能。其主要目的在于促销、便于商品在柜台上零售或提高作业效率。在有些情况下，工业包装同时也是商业包装，如装水果的纸箱兼具工业包装和商业包装的功能。

（3）内包装，又称销售包装，其主要作用是保护商品，宣传，美化，便于陈列、识别、选购、携带和使用。

（4）外包装。外包装的主要作用是方便运输、装卸和储运，减少损耗，便于检查核对。

2. 包装费用的构成

在物流过程中，大多数商品必须经过一定的包装才能进行流转，通常企业都会发生一定的包装费用。对物流企业来说，包装费用一般由 5 部分构成，如图 3-5 所示。

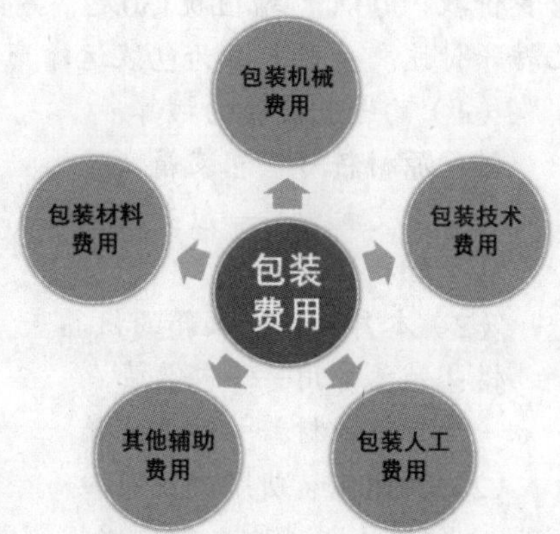

图 3-5　包装费用的构成

（1）包装材料费用。它是指各类物资在实施包装的过程中所耗费的各项主要材料、辅助材料的费用支出。包装材料种类繁多，功能各不相同，成本差异很大。常用的包装材料有木材、纸、金属、塑料、玻璃、自然纤维和合成纤维等。包装材料多为外购，极少由企业自制。包装材料成本在整个包装成本中占有较大的比重，它的高低决定着包装总成本的水平。企业必须结合实际情况及包装物的功能特点，选择合适的包装材料。对能分清归属的，可直接计入各种材料的成本；不能分清归属的，可根据各种材料的特点，采用一定的分配标准，分配计入购进的各种包装材料的成本。

（2）包装机械费用。包装过程使用机械作业可以极大地提高包装作业的劳动生产效率，同时可以大幅度提高包装水平。使用包装机械（或工具）就会发生相关的包装机械费用，主要是指包装机械的维修费和折旧费。维修费是指包装机械发生损坏，进行修理时支出的费用；折旧费是指包装机械在使用过程中的损耗，按照会计核算固定资产的原理，定期定量地转移到包装成本中的那一部分价值。影响包装机械折旧的主要因素有包装机械的原值、预计使用年限、预计净残值、计提折旧采用的方法等。物流包装机械一般采用年限平均法计提折旧。

（3）包装技术费用。它是指在包装时采用的特定技术措施所发生的费用，如缓冲包装技术，防潮、防霉包装技术等。包装技术费用包含了包装技术的设计、实施所支出的费用。

（4）包装人工费用。在实施包装的过程中，从事包装作业的工人或专业作业人员的工资、福利等职工薪酬费用支出构成了包装人工费用。会计部门根据劳动合同和包装作业的原始台账记录，以及规定的工资标准、工资形式等制度，计算每个包装工人或专业作业人员的工资，其总额即为包装人工费用。

（5）其他辅助费用。除了以上主要费用外，物流企业有时还会发生一些其他的包装辅助费用，如包装标记、标志的设计费用和印刷费用、辅助材料费用等。

3. 包装业务的核算

包装费用可能发生在不同的物流环节，物流企业发生的包装费用应通过“销售费用”账户核算。

（1）包装材料费用的核算

物流企业的包装材料以外购为主，外购的包装材料成本包括材料的买价和材料入库前发生的各种附带成本，具体包括运输费、装卸费、保险费、仓储费、运输途中的合理损耗、入库前的挑选整理费和按规定应计入包装材料成本的税金及其他费用。

本期包装材料的发出计价可采用先进先出法、全月一次加权平均法、移动加权平均法和个别计价法等。物流企业对商品进行的包装一般为工业包装、外包装，其目的是提高装卸搬运、运输的效率和保护商品，所以包装并非物流企业运营的主要业务，在发出包装材料的计算上一般采用全月一次加权平均法或分批实际进价法。

分批实际进价法是对每一批次购进的包装材料分别记载其购进数量和价格，实际发出材料时，按发出材料所属的批次选择单位进价，据此计算其实际成本的成本计算方法。全月购进批次不多时，可采用此法计算包装材料的成本。使用分批实际进价法必须建立并严格执行材料分类登记管理制度，详细记载每类、每一批次的材料进价和库存数量，以便快速和准确地查找发出材料的单位成本。

【例3-19】畅达物流公司为增值税一般纳税人，本月购进一批一次性使用的包装箱1 000个，不含税价款1 000元，增值税130元，另付运输费109元（含税），取得增值税专用发票，货款和运费均已转账付讫。公司本月为包装运输商品领用该批包装箱100个。做会计分录如下。

（1）购进包装箱的核算

	借方	贷方
借：原材料——包装箱	1 100	
应交税费——应交增值税（进项税额）	139	
贷：银行存款		1 239

（2）本月领用包装箱的核算

	借方	贷方
借：销售费用——包装费	110	
贷：原材料——包装箱		110

（2）其他包装费用的核算

① 包装人工费用，根据“工资费用分配表”中的有关数字，直接计入包装费用。

② 包装机械费用，对包装机械、包装工具进行维护修理时所发生的工料费，如耗用的机油、润滑油等，于月终根据仓库的领料凭证直接计入包装费用。对包装机械按规定的分类方法和折旧率计算的折旧费，于月终根据折旧计算表计入包装费用。

③ 包装技术费用和其他辅助费用，按实际支出计入包装费用。

【例3-20】月末，畅达物流公司对本月公司使用的包装机械计提折旧，包装机械原值200 000元，净残值率为4%，使用年限为10年。

应计提的折旧额=200 000×（1-4%）÷（10×12）=1 600（元）

借：销售费用——包装费　　1 600

　　贷：累计折旧　　1 600

二、装卸业务及其会计核算

装卸业务是指物流企业运用机械设备和人力为客户提供的改变货物在物流同一节点内的存在状态和空间位置的服务。在实际工作中，装卸和搬运密不可分，通常合称装卸搬运，或简称装卸。在物流企业的生产经营活动中，运输、仓储和配送等业务均以装卸业务为起点和终点，装卸活动总是不断地出现，装卸活动的效率直接影响着物流企业的整体效率。

1. 装卸成本的构成

物流企业的装卸成本项目一般可分为 4 大类，如表 3-12 所示。

表 3-12　物流企业装卸成本的构成

<table>
<tr><th colspan="3">装卸成本项目</th><th>核算内容</th></tr>
<tr><td rowspan="6">装卸直接费用</td><td colspan="2">直接人工</td><td>指按规定支付给从事装卸作业人员的工资、津贴、补贴、奖金、福利费等职工薪酬</td></tr>
<tr><td rowspan="2">直接材料</td><td>燃料及动力</td><td>指装卸机械在运行和操作过程中所耗用的燃料（如汽油、柴油）、动力（如电力）费用</td></tr>
<tr><td>轮胎</td><td>指装卸机械领用的外胎、内胎、垫带的费用及外胎翻新费和零星修补费</td></tr>
<tr><td rowspan="3">其他直接费用</td><td>保修费</td><td>指为装卸机械和工具进行保养、大修、小修所发生的各项费用</td></tr>
<tr><td>折旧费</td><td>指按规定计提的装卸机械折旧费</td></tr>
<tr><td>其他费用</td><td>指不属于以上各项目的与装卸业务直接相关的工具费、劳动保护费、外付装卸费、事故损失等</td></tr>
<tr><td colspan="3">营运间接费用</td><td>指为组织与管理装卸业务而发生的管理费用和业务费用</td></tr>
</table>

2. 装卸成本的核算

物流企业装卸成本的核算方法与运输成本的核算方法基本相同，装卸费用通过“主营业务成本——装卸支出”账户进行归集与分配，该账户可按成本计算对象设置明细账户，并按成本项目进行明细核算。

（1）直接费用的核算

装卸直接费用分为直接人工、直接材料和其他直接费用 3 部分，以下分别说明其核算方法。

① 直接人工的核算。装卸的直接人工费可根据“职工薪酬费用分配表”等有关资料，据以直接计入装卸成本。

【例3-21】畅达物流公司下设装卸队承担本公司的装卸作业，本月分配装卸作业人员工资40 000元，做会计分录如下。

借：主营业务成本——装卸支出——直接人工（工资）　　40 000

　　贷：应付职工薪酬——工资　　40 000

② 直接材料的核算。物流企业的燃料支出，可汇总每月与定点加油站的结算凭证后计入装卸成本；企业自建油库的可根据油库转来的装卸机械领用燃料凭证计算实际消耗数量计入成本；企业耗用的电力可根据供电部门的收费凭证或企业的分配凭证直接计入成本。

【例3-22】畅达物流公司自建柴油库，实行满油箱制，装卸队本月从油库领用装卸作业用的柴油25 000升，每升柴油价格为6元。做会计分录如下。

借：主营业务成本——装卸支出——直接材料（燃料及动力）　　150 000

　　贷：原材料——柴油　　150 000

【例3-23】畅达物流公司本月耗用电费不含税价100 000元，增值税13 000元，其中包装业务应承担5%，装卸队应承担10%，仓储部门应承担35%，配送部门应承担45%，物流货场管理部门应承担3%，行政管理部门应承担2%。做会计分录如下。

借：销售费用——包装费	5 000
主营业务成本——装卸支出——直接材料（燃料及动力）	10 000
——堆存支出	35 000
——配送支出	45 000
营运间接费用	3 000
管理费用	2 000
应交税费——应交增值税（进项税额）	13 000
贷：银行存款	113 000

物流企业装卸机械的轮胎磨损与运输业务中车辆的轮胎磨损不同，装卸机械作业发生在装卸场地，其轮胎费用不宜采用行驶里程摊提法，一般可于领用新胎时将其价值一次计入装卸成本。如一次集中领换轮胎数量较多，为均衡各期成本负担，可按预计使用月份数进行分摊。装卸机械轮胎的翻新和零星修补费用，一般在费用发生和支付时直接计入装卸成本。

【例3-24】畅达物流公司装卸队本月领用外胎4 000元，材料成本差异率为1%，领用内胎500元，材料成本差异率为-2%，做会计分录如下。

借：主营业务成本——装卸支出——直接材料（轮胎）	4 530
材料成本差异——内胎	10
贷：原材料——外胎	4 000
——内胎	500
材料成本差异——外胎	40

③ 保修费的核算。

a．装卸机械的日常保修。物流公司装卸机械的日常保修如果由装卸队自行保修，其所发生的工料费（如耗用的机油、润滑油）直接计入装卸成本；如果物流公司下设保养场（或保修车间），则装卸机械保修作业所发生的工料费先通过“辅助营运费用”账户核算，然后月末以一定的标准分配计入装卸成本。

【例3-25】畅达物流公司装卸队本月为保养、修理装卸机械领用机油1 000元，材料成本差异率为-1%，做会计分录如下。

借：主营业务成本——装卸支出——其他直接费用（保修费）	990
材料成本差异——机油	10
贷：原材料——机油	1 000

b．装卸机械的大修理。装卸机械的大修理费用一般采用预提的方法。计算公式如下。

装卸机械每月大修理费计提额＝当月机械运转台班×装卸机械台班大修理费计提额

$$装卸机械台班大修理费计提额=\frac{\left(\frac{机械由新至废运转台班定额}{大修理间隔台班定额}-1\right)\times 一次大修理计划费用}{机械由新至废运转台班定额}$$

台班是机械设备单位时间利用情况的一种复合计量单位。“台”是指机械设备的单位，如一台汽车、两台挖掘机等；“班”是指工作按时间分成的段落，如夜班、白班、三班倒等。依照我国的工作时段规定，一个“班”指 8 小时的工作时段。单位工程机械工作 8 小时称为一个台班。

【例3-26】畅达物流公司有5台叉车，每台叉车由新至废运转台班定额为4 000台班，每运转1 000台班需进行一次大修理，一次大修理的计划费用为20 000元/台，本月装卸队的叉车运转台班总数为300台班。

叉车台班大修理费计提额=[（4 000÷1 000）-1]×20 000÷4 000=15（元/台班）

本月装卸队叉车大修理费计提额=300×15=4 500（元）

借：主营业务成本——装卸支出——其他直接费用（保修费） 4 500

贷：应付账款——预提叉车大修理费 4 500

装卸机械送大修理的机械超、亏运转台班差异调整，大修理费用超支或节支差异调整等的计算及其账务处理，与前述运输车辆的大修理处理类似。

④ 折旧费的核算。物流企业装卸机械的折旧计提一般采用工作量法，一般按工作台班计提，计算公式如下。

$$装卸机械台班折旧额=\frac{装卸机械原值-预计净残值}{装卸机械由新至废运转台班定额}$$

装卸机械月折旧额=当月运转台班×装卸机械台班折旧额

【例3-27】畅达物流公司有5台叉车，每台原值100 000元，每台叉车由新至废运转台班定额为4 000台班，预计净残值率为4%，本月装卸队的叉车运转台班总数为300台班，计提本月叉车折旧。

叉车月折旧额=300×[100 000×（1-4%）÷4 000]=7 200（元）

借：主营业务成本——装卸支出——其他直接费用（折旧费） 7 200

贷：累计折旧 7 200

⑤ 其他直接费用的核算。装卸机械领用的工具和劳保用品等、对外发生和支付的装卸费、作业中发生的事故损失一般均可在业务发生时，根据领用凭证、支付凭证等直接计入装卸成本。

（2）营运间接费用的核算

物流企业装卸队直接开支的管理费和业务费，可在发生和支付时直接计入装卸成本。由于企业的装卸业务与仓储业务密不可分，因此营运间接费用是指企业的仓储装卸营运部门为管理和组织仓储和装卸的营运生产而发生的管理费用和业务费用。所发生的营运间接费用一般根据堆存直接费用和装卸直接费用的比例进行分配。具体核算方法详见本节“仓储业务及其会计核算”中有关营运间接费用核算的内容。

（3）装卸总成本和单位成本的计算

物流企业的装卸总成本是通过“主营业务成本——装卸支出”账户进行归集的。装卸业务的单位成本以“元/千操作吨”为计算单位，其计算公式如下。

$$装卸单位成本（元/千操作吨）=\frac{装卸总成本}{装卸操作量（操作吨）\times 1\,000}$$

【例3-28】畅达物流公司装卸队本月完成的机械装卸作业量为150千操作吨，装卸总成本为246 720元，根据本月装卸费用支出编制“装卸成本计算表”，如表3-13所示。

表3-13 畅达物流公司本月“装卸成本计算表” 单位：元

项目	本月实际数	本年累计数
一、直接费用	236 720	略
1. 直接人工	56 000	
2. 直接材料	164 530	
（1）燃料及动力	160 000	
（2）轮胎	4 530	
3. 其他直接费用	16 190	
（1）保修费	5 490	

续表

项目	本月实际数	本年累计数
（2）折旧费	7 200	
（3）其他直接费用	3 500	
二、营运间接费用	10 000	
三、装卸总成本	246 720	
四、装卸作业量（千操作吨）	150	
五、单位装卸成本（元/千操作吨）	1 645	

三、仓储业务及其会计核算

仓储是保护、管理和储藏物品的物流活动，是商品从生产出来到进入消费领域所处的“停滞”阶段，具有衔接生产与消费的功能，在物流活动中占有重要地位。仓储成本是仅次于运输成本或者说与运输成本并列的物流成本内容。

1. 仓储业务的一般程序

仓储业务的一般程序如图 3-6 所示。

图 3-6　仓储业务的一般程序

（1）签订仓储合同。仓储合同是明确货物保管人与货物所有人之间权利义务关系的书面协议。通过签订仓储合同，双方可明确货物存储的期限、数量、标准及费用等相关内容。

（2）验收货物。仓库保管员在接收到库货物时，存货人先提供仓储合同副本、承运人的运单或接运人交付的到货交接单等，并提供货物的质量证明或合格证及其他相关单证。验收时要点收货物的数量，检查货物的包装和标志，并鉴定货物的质量指标是否符合规定等。对于满足收货条件的，承运人可在交接清单上签收，并写上需注明的情况，以便分清仓库与运输部门的责任。

（3）办理入库手续。货物验收后，由保管员填写入库通知单，注明货物的品名、型号、规格、数量，以及货物存放的库房号和货位号，并由保管员签字确认。入库通知单一式数联，其中一联交付存货人，作为其存货的依据；一联作为货卡，由仓库保管员留存；一联据以登记仓库货物保管明细账；一联作为财务部门进行仓库核算的依据，同时仓库业务部门凭入库通知单签发仓单。仓单是保管人向存货人填发的表明仓储保管关系，以及保管人向仓单持有人交付仓储物的凭据。

（4）保管货物。货物入库储存后，在保管期间要经常检查货物的数量是否正确，质量有无变化，保管条件和安全措施是否符合要求，并进行定期和不定期的盘点，核对货物实际数量与保管账上的数量是否相符，及时发现货物存储存在的问题并在管理上予以改进。

（5）办理货物出库。仓库接到存货人或仓单持有人的仓单和出库通知，对单证审核无误后，收回仓单，签发仓库货物出库单，在出库单上注明发货商品存放的货区、库房、货位编号及发货后应有的储存数量，将其连同提货单一并转交仓库保管员。保管员对转交的出库单复核无误后，备齐货物，当面与提货人按单逐件点交清楚，办好交接手续，提货人和保管员均应在出库单上签章。出库单一式数联，发货结束后，应在出库单上加盖“发讫”印章，然后将一联出库单及相关单证送交存货人，以便其办理账款结算，保管员自留一联登记实物保管明细账，一联定期汇总后交财务部门进行仓库收入核算。

2. 仓储业务成本的构成

仓储业务成本是指货物存储保管所发生的各项开支。物流企业经营仓储业务的仓库多种多样，按建筑结构可分为露天仓库、简易仓库、平房仓库、楼房仓库、立体仓库和罐式仓库等，按保管货物的特性可分为普通仓库、冷藏仓库、恒温仓库、特种危险品仓库等。因此，仓储业务的成本核算对象为各种类型的仓库。

仓库的仓储成本也称为仓库的堆存成本，由堆存直接费用和营运间接费用构成，如表3-14所示。

表3-14 仓储成本的构成

仓储成本项目		核算内容
堆存直接费用	人工费	指按规定支付给从事仓储作业人员的工资、津贴、补贴、奖金、福利费等职工薪酬
	材料费	指仓储、保管货物所消耗的各种材料的费用
	低值易耗品摊销	指应由本期仓储成本负担的货架、托盘、垫仓板、苫布等仓储工具和其他低值易耗品的摊销额
	动力及照明费	指冷藏仓库、恒温仓库等仓库耗用的动力费和各种仓库耗用的照明费
	折旧费	指仓库等仓储设备按照规定计提的折旧费用
	修理费	指为保证仓储设备正常使用而发生的修理费用
	劳动保护费	指仓储作业中职工劳动保护支出的费用
	事故损失费	指在仓储作业中因仓库责任而造成的货物被盗、损毁、变质、错交等货损、货差事故损失
	保险费	指应由本期仓储业务负担的财产保险费用
	其他费用	指不属于以上项目的仓储直接费用
营运间接费用		指企业的仓储装卸营运部门为管理和组织仓储和装卸的营运生产而发生的费用

3. 仓储业务成本的核算

物流企业仓储货物所发生的堆存直接费用，应根据“职工薪酬费用分配表”“耗用材料汇总表”“固定资产折旧计算表”及各种发票、单据等直接计入所属仓储或库区的成本。借记“主营业务成本——堆存支出”账户，贷记“应付职工薪酬”“原材料”“累计折旧”“周转材料”“银行存款”等账户。

物流企业的营运间接费用应按营运部进行归集，月末按堆存直接费用和装卸直接费用的比例进行分配。其计算公式如下。

$$\text{仓储成本应分摊的营运间接费用}=\text{营运间接费用总额}\times\frac{\text{堆存直接费用}}{\text{堆存直接费用}+\text{装卸直接费用}}$$

$$\text{某间仓库应分配的营运间接费用}=\text{仓储成本应分摊的营运间接费用}\times\frac{\text{某间仓库的堆存直接费用}}{\text{所有仓库的堆存直接费用总和}}$$

【例3-29】畅达物流公司拥有一间普通货物仓库、一间恒温仓库和一个露天货场，本月分配仓储作业人员工资60 000元，其中普通货物仓库员工12 000元，恒温仓库员工23 000元，露天货场员工25 000元，做会计分录如下。

借：主营业务成本——堆存支出——普通仓库——人工费　12 000
　　　　　　　　　　　　　——恒温仓库——人工费　23 000
　　　　　　　　　　　　　——露天货场——人工费　25 000
　贷：应付职工薪酬——工资　60 000

【例3-30】本月对普通货物仓库的房屋及设备计提固定资产折旧30 000元，对恒温仓库的房屋及设备计提固定资产折旧50 000元，做会计分录如下。

借：主营业务成本——堆存支出——普通仓库——折旧费　30 000
　　　　　　　　　　　　　——恒温仓库——折旧费　50 000
　贷：累计折旧　80 000

【例3-31】畅达物流公司的保安工作是由外聘的保安服务公司承担的，本月共支出保安费用30 000元，增值税1 800元，取得增值税专用发票，并以银行存款支付了费用，月末由3个仓库平均分摊保安费。

借：主营业务成本——堆存支出——普通仓库——其他费用　　10 000
　　　　　　　　　　　　　　——恒温仓库——其他费用　　10 000
　　　　　　　　　　　　　　——露天货场——其他费用　　10 000
　　应交税费——应交增值税（进项税额）　　1 800
　　贷：银行存款　　31 800

【例3-32】畅达物流公司本月“营运间接费用——仓储部”账户余额为60 000元，该公司普通货物仓库、恒温仓库、露天货场3个存货仓库发生的直接堆存成本分别为60 000元、100 000元和90 000元，本月发生的装卸直接费用为50 000元。分配本月的营运间接费用。

堆存直接费用总额=60 000+100 000+90 000=250 000（元）

仓储成本应分摊的营运间接费用=60 000×250 000÷（250 000+50 000）=50 000（元）

装卸成本应分摊的营运间接费用=60 000−50 000=10 000（元）

普通货物仓库应分摊的营运间接费用=50 000×60 000÷250 000=12 000（元）

恒温仓库应分摊的营运间接费用=50 000×100 000÷250 000=20 000（元）

露天货场应分摊的营运间接费用=50 000×90 000÷250 000=18 000（元）

借：主营业务成本——堆存支出——普通仓库——营运间接费用　　12 000
　　　　　　　　　　　　　　——恒温仓库——营运间接费用　　20 000
　　　　　　　　　　　　　　——露天货场——营运间接费用　　18 000
　　　　　　　　——装卸支出——营运间接费用　　10 000
　　贷：营运间接费用——仓储部　　60 000

仓储业务应负担的堆存直接费用和营运间接费用构成了堆存总成本。堆存总成本除以堆存量即为堆存单位成本。货物堆存量通常以重量为成本计量单位，用堆存“吨·天”表示，即实际堆存货物的吨数与货物堆存天数的乘积。货物堆存量也可以面积为成本计量单位，用堆存“平方米·天”表示，即实际堆存货物面积与堆存货物天数的乘积。物流企业月末应根据“主营业务成本——堆存支出”明细账归集的堆存成本和该月实际完成的堆存量编制“仓储成本计算表”，以反映堆存总成本和单位成本。

4. 仓储业务收入的核算

物流企业的仓储业务营运部门应每日编制“堆存日结单”，分客户反映每日货物的进仓量、出仓量和堆存量，期末依据“堆存日结单”汇总编制“堆存月结单”。该单一式数联，一联交仓储业务部门留底；一联交财会部门，据以确认堆存收入并开具发票。发票联连同一联“堆存月结单”一并交存货人，作为其付款的依据；记账联作为财会部门进行收入核算的依据。

【例3-33】畅达物流公司本月收到仓储部门报送的“本月仓储部堆存月结单”，如表3-15所示，仓储业务适用的增值税税率为6%，表中收费标准为含税价格。据此进行仓储收入的核算。

表3-15　畅达物流公司仓储部堆存月结单

2017年11月

仓库名	存货单位	存货数量（平方米·天）	收费标准[元/（平方米·天）]	应收仓储费（元）	本月实结仓储费（元）
普通仓库	永兴公司	55 000	1	55 000	55 000
	丰华公司	40 000	1	40 000	40 000
小计				95 000	95 000

续表

仓库名	存货单位	存货数量（平方米·天）	收费标准[元/（平方米·天）]	应收仓储费（元）	本月实结仓储费（元）
恒温仓库	安华公司	45 000	2	90 000	90 000
	新兴公司	39 000	2	78 000	78 000
小计				168 000	168 000
露天货场	宏远公司	170 000	0.5	85 000	85 000
	振华公司	200 000	0.5	100 000	0
小计				185 000	85 000
合计				448 000	348 000

根据表3-15，做会计处理如下。

应计增值税销项税额=448 000÷（1+6%）×6%=25 358（元）

普通仓库应计收入金额=95 000÷（1+6%）=89 623（元）

恒温仓库应计收入金额=168 000÷（1+6%）=158 491（元）

露天货场应计收入金额=185 000÷（1+6%）=174 528（元）

借：银行存款　348 000

　应收账款——振华公司　100 000

　贷：主营业务收入——堆存收入——普通仓库　89 623

　　　　　　　　　　　　　——恒温仓库　158 491

　　　　　　　　　　　　　——露天货场　174 528

　　应交税费——应交增值税（销项税额）　25 358

四、配送业务及其会计核算

配送业务是指物流企业根据客户订单或配送协议进行配货，经过科学统筹规划，在用户指定时间，将货物送达用户指定地点的一种物流活动。

配送是一种特殊的、综合的物流活动形式，它集装卸、储存、包装、运输于一身，是物流活动的一个缩影或在某小范围中物流全部活动的体现。

配送是商流与物流的紧密结合。物流企业的配送业务在货物的整个输送过程中处于“二次输送”“支线输送”或“终端输送”的地位，通常是短距离少量的货物移动。配送业务可以将货物从物流企业一直送到用户指定的仓库、营业场所、车间和个体消费者手中，从而实现物流的“门到门”服务。严格来讲，整个物流活动，没有配送环节就不能成为完整的物流活动。人们日常生活中较为熟悉的快递业务属于配送业务，但配送业务除了快递业务外，还有面向单位客户的多种配送服务，有着更为广泛的业务范围。

1. 配送业务的一般流程

物流企业的配送业务是由多个环节组成的，图 3-7 所示为配送业务的一般流程。

2. 配送成本的构成

根据配送流程及配送环节，配送成本由配送运输费用、分拣费用、配装费用和流通加工费用构成，如表 3-16 所示。

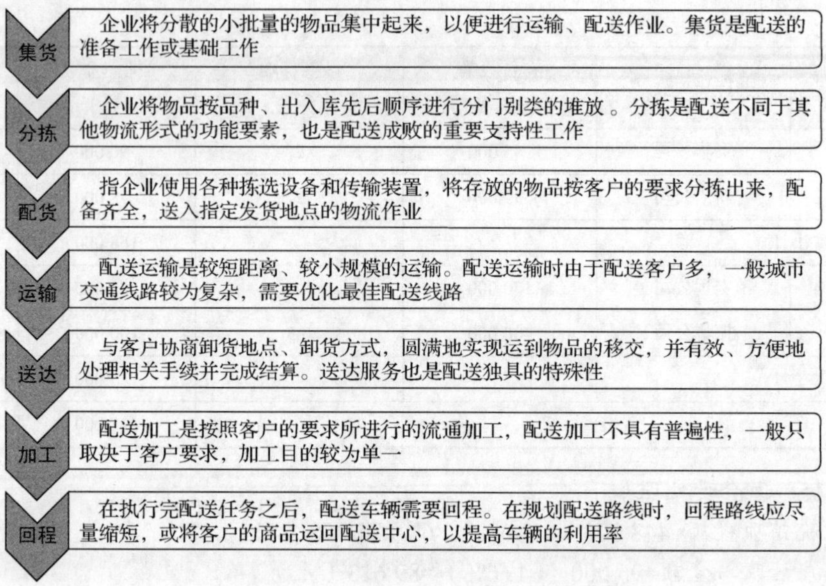

集货：企业将分散的小批量的物品集中起来，以便进行运输、配送作业。集货是配送的准备工作或基础工作

分拣：企业将物品按品种、出入库先后顺序进行分门别类的堆放。分拣是配送不同于其他物流形式的功能要素，也是配送成败的重要支持性工作

配货：指企业使用各种拣选设备和传输装置，将存放的物品按客户的要求分拣出来，配备齐全，送入指定发货地点的物流作业

运输：配送运输是较短距离、较小规模的运输。配送运输时由于配送客户多，一般城市交通线路较为复杂，需要优化最佳配送线路

送达：与客户协商卸货地点、卸货方式，圆满地实现运到物品的移交，并有效、方便地处理相关手续并完成结算。送达服务也是配送独具的特殊性

加工：配送加工是按照客户的要求所进行的流通加工，配送加工不具有普遍性，一般只取决于客户要求，加工目的较为单一

回程：在执行完配送任务之后，配送车辆需要回程。在规划配送路线时，回程路线应尽量缩短，或将客户的商品运回配送中心，以提高车辆的利用率

图 3-7　配送业务的一般流程

表 3-16　配送成本的构成

配送成本项目		核算内容
配送运输费用	车辆费用	指从事配送运输而发生的各项费用，具体包括司机及助手等的工资及薪酬，燃料、轮胎的费用，修理费，折旧费，养路费，车船税等项目
	营运间接费用	指营运过程中发生的不能直接计入各成本计算对象的站队经费，包括站队人员的工资及薪酬、办公费、水电费、折旧费等内容，但不包括公司行政部门的管理费用
分拣费用	人工费用	指从事分拣工作的作业人员及有关人员的工资、奖金、津贴等薪酬费用
	设备费用	指分拣机械设备的折旧费用及修理费用
配装费用	人工费用	指从事配装工作的工人及有关人员的工资、奖金、津贴等薪酬费用
	材料费用	指配装作业中耗用的材料的费用。常见的配装材料有木材纸、自然纤维和合成纤维塑料等
	辅助费用	指除上述费用外的其他辅助性费用，如包装标记、标志的印刷，拴挂物费用等的支出
流通加工费用	人工费用	指从事流通加工活动的工人及有关人员的工资、奖金、津贴等薪酬费用
	材料费用	指在流通加工过程中，投入到加工过程中的材料消耗费用
	设备费用	指流通加工过程中使用的设备的折旧费用及修理费用

3. 配送成本的核算

配送成本的核算是多环节的核算，是各个配送环节或活动的集成，所以配送成本费用总额是由各个环节的成本组成的。其计算公式如下。

配送成本=配送运输成本+分拣成本+配装成本+流通加工成本

（1）配送运输成本的核算

配送运输成本的核算是指将配送车辆在配送作业过程中发生的费用，按照规定的配送对象和成本项目，计入配送对象的运输成本项目中的方法。物流企业配送货物所发生的运输成本计入“主营业务成本——配送支出——运输费用”账户，在“运输费用”明细账户下还可根据企业核算需要按运输成本构成项目再设明细账户进行核算。运输成本的核算方法在本章第二节中已进行了详细介绍，这里不再重复。

物流配送企业月末应编制“配送运输成本计算表”，如表 3-17 所示，以反映配送总成本和单位成本。配送总成本是指成本计算期内成本计算对象的成本总额，即各个成本项目金额之和。单位成本是指成本计算期内各成本计算对象完成单位周转量的成本额。

表 3-17　　畅达物流公司本月配送运输成本计算表　　单位：元

项目	配送车辆合计	配送营运车辆							
		东风 1	东风 2	东风 3	……				
一、车辆费用	117 150	12 900	13 000	13 250					
1. 工资	55 500	6 000	6 200	6 100					
2. 燃料	51 600	5 500	5 700	6 200					
3. 轮胎	500	500							
4. 材料	700		100						
5. 保修费	4 350	400	500	450					
6. 折旧费	4 500	500	500	500					
7. 行车事故损失	1 500								
8. 其他费用	1 000								
二、营运间接费用	1 800	200	200	200					
三、配送运输总成本	118 950	13 100	13 200	13 450					
四、周转量（千吨·千米）	171	18	19	20					
五、单位成本[元/（千吨·千米）]	696	728	695	673					
六、成本降低率	0.63%	-0.38%	0.75%	-0.37%					

各成本计算对象计算的成本降低率是反映配送运输成本降低程度的一项指标。其计算公式如下。

$$成本降低率=\frac{成本降低额}{上年度同期实际单位成本\times本期实际周转量}\times100\%$$

成本降低额＝上年度同期实际单位成本×本期实际周转量 － 本期实际总成本

【例3-34】畅达物流公司上年同期配送运输单位成本为700元/（千吨·千米），东风1车上年同期配送运输单位成本为725元/（千吨·千米），本月的配送运输成本如表3-17所示。据此计算运输的成本降低率如下。

总成本降低额=700×171-118 950=750（元）

成本降低率=750÷（700×171）×100%=0.63%

东风1车成本降低额=725×18-13 100=-50（元）

东风1车成本降低率=-50÷（725×18）×100%=-0.38%

（2）分拣成本的核算

分拣成本是指分拣机械及人工在完成货物分拣过程中所发生的各项费用。分拣费用实际发生时可按业务核算需要确定成本计算对象（如按订单或某批货物归集分拣成本），也可不区分具体的成本计算对象，按期间归集所发生的分拣费用。分拣成本项目具体分为分拣直接费用和分拣间接费用。分拣直接费用包括人工费用、修理费用、折旧费和其他费用等项目，在费用发生时，直接根据有关业务凭证计入“主营业务成本——配送支出——分拣费用”账户。如分拣业务有多个成本核算对象，则由多个成本核算对象共同负担分拣管理部门为管理和组织分拣业务所发生的各项费用。费用发生时先计入分拣的营运间接费用，期末再按一定的标准分摊计入各成本核算对象。其核算过程和方法与前述包装成本、仓储成本、运输成本等业务类似，不再重复。

（3）配装成本的核算

配装成本是指在配装货物过程中所发生的各项费用。配装成本项目具体包括配装直接费用和配装间接费用。配装直接费用包括人工费用、材料费用和其他费用，在费用发生时，直接根据有关业务凭证计入“主营业务成本——配送支出——配装费用”账户。配装间接费用是指各配装成本计算对象共同负担的配装管理部门为管理和组织配装生产所发生的各项费用。费用发生时先计入配装的营运间接费用，期末再按一定的标准分摊计入各成本核算对象。其核算过程和方法与前述包装成本、仓储成本、运输成本等业务类似，不再重复。

（4）流通加工成本的核算

流通加工成本是指按客户要求在配送加工过程中所发生的各项费用，具体包括直接材料费、直接人工费和制造费用。配送过程中发生的流通加工费用计入“主营业务成本——配送支出——加工费用”账户，并设置直接材料费、直接人工费和制造费用等费用项目。流通过程中的加工业务一般工艺简单，主要是分包、套裁、挂标签等内容，但在业务量较大的情况下，会出现当月没有完工的情况，可参照制造企业成本会计的核算方法处理，如采用月末在产品不计价法、定额法、约当产量法等。根据月末计算的流通加工成本分别计算总成本和单位成本，编制“流通加工成本计算表”。

【例3-35】畅达物流公司外接一项加工增值业务，需对一批水果进行贴标签和分包处理，其工艺过程为单步骤流水线加工，原材料一次投入。月初在产品的直接材料费为1 500元，人工费为2 000元，制造费用为500元。本月发生的材料费为10 000元，人工费为12 000元，制造费用为4 000元。本月完工10 000千克，月末在产品2 000千克，月末在产品完工程度为50%，采用约当产量法分配完工产品和月末在产品的加工成本。企业“流通加工成本计算表”如表3-18所示。

表 3-18　畅达物流公司本月流通加工成本计算表　单位：元

成本项目	月初在产品	本月费用	成本费用合计	完工产品数量（千克）	在产品数量（千克）	分配率	完成产品加工成本	月末在产品加工成本
直接材料费	1 500	10 000	11 500	10 000	2 000	0.96	9 600	1 900
直接人工费	2 000	12 000	14 000	10 000	2 000	1.27	12 700	1 300
制造费用	500	4 000	4 500	10 000	2 000	0.41	4 100	400
合计	4 000	26 000	30 000	—	—	—	26 400	3 600

表3-18中的数据计算采用约当产量法，应将月末在产品数量按照完工程度折算为完工产品的产量，然后按照完工产品产量与月末在产品约当产量的比例计算完工产品成本和月末在产品成本。原材料是在开工时一次性投入的，因而月末在产品在分摊产量费用时完工程度相当于100%，其他各项加工费用仍按月末在产品完工程度折算的约当产量比例进行计算。具体计算过程如下。

① 分配率的计算

材料费用分配率=11 500÷（10 000+2 000×100%）=0.96（元/千克）

人工费用分配率=14 000÷（10 000+2 000×50%）=1.27（元/千克）

制造费用分配率=4 500÷（10 000+2 000×50%）=0.41（元/千克）

② 流通加工完工产品成本的计算

流通加工完工产品成本的材料费用=10 000×0.96=9 600（元）

流通加工完工产品成本的人工费用=10 000×1.27=12 700（元）

流通加工完工产品成本的制造费用=10 000×0.41=4 100（元）

③ 流通加工月末在产品成本的计算

月末在产品成本的材料费用=11 500−9 600=1 900（元）

月末在产品成本的人工费用=14 000−12 700=1 300（元）

月末在产品成本的制造费用=4 500−4 100=400（元）

④ 流通加工单位成本的计算

本月流通加工完工总成本=9 600+12 700+4 100=26 400（元）

本月流通加工单位成本=26 400÷10 000=2.64（元/千克）

技能训练题

一、单项选择题

1．物流企业的包装费用应通过（　　）账户核算。

A．“主营业务成本”　B．“销售费用”　C．“制造费用”　D．“辅助营运费用”

2．物流企业装卸机械的轮胎在领用时，一般的处理方法是（　　）。

A．一次计入装卸成本　B．分次计入装卸成本

C．按胎千米摊提　D．五五摊销

3．以下不计入装卸成本中其他直接费用“保修费”项目的是（　　）。

A．外胎翻新费　B．装卸机械小修费　C．装卸工具小修费　D．装卸机械大修费

4．仓储业务的成本核算对象一般为（　　）。

A．各类型仓库　B．各批次货物　C．各个订单　D．各个仓位

5．以下物流业务中涵盖的物流活动最广泛、综合性最强的是（　　）。

A．运输　B．仓储　C．配送　D．装卸

二、多项选择题

1．包装按功能分类，可分为（　　）。

A．内包装　B．外包装　C．工业包装　D．商业包装

2．以下构成包装成本项目的是（　　）。

A．材料费用　B．人工费用　C．技术费用　D．机械费用

3．装卸成本中的直接材料费用包括（　　）。

A．耗用的柴油、汽油费用　B．耗用的电力费用

C．耗用的外胎和内胎费用　D．外胎翻新和零星修补费

4．以下构成仓储成本直接费用的是（　　）。

A．事故损失费　B．设备修理费　C．营运间接费　D．仓储设备折旧费

5．配送业务的成本主要包括（　　）。

A．运输成本　B．加工成本　C．维修成本　D．分拣成本

三、判断题

1．装卸是物流的起点，也是生产的终点。（　　）

2．在有些情况下，工业包装同时也是商业包装。（　　）

3．装卸机械轮胎的翻新和零星修补费用，一般在费用发生和支付时直接计入装卸成本。（　　）

4．依照我国的工作时段规定，一个“台班”是指一台机械设备工作 24 小时。（　　）

5．货物堆存量通常以重量为成本计量单位，一般用“吨”表示。（　　）

6．物流企业的仓储业务营业收入一般根据每日编制的“堆存日结单”按日核算。（　　）

7．配送集装卸、储存、包装、运输于一身，是物流活动的缩影。（　　）

8．配送是商流与物流的紧密结合，其中分拣是进行配送的基础工作。（　　）

四、业务核算题

练习物流企业包装、装卸、仓储和配送业务的核算。兴盛物流公司是一家主要从事仓储和配送业务的物流公司，为增值税一般纳税人。公司下设仓储部、配送部和装卸队，仓储部设有普通仓库和冷藏仓库。以下是本月发生的部分经济业务。

（1）仓储部领用一次性包装箱 50 个，实际成本为 10 元/个；配送部领用一次性包装袋 100 包，计划成本为 50 元/包，成本差异率为 2%。

（2）装卸队领用外胎 1 000 元，材料成本差异率为-3%；领用内胎 100 元，材料成本差异率为 2%。

（3）装卸队本月从油库领用装卸作业用的柴油 10 000 升，每升柴油的价格为 6.5 元，公司实行满油箱制。

（4）本月耗用电费不含税价 50 000 元，增值税 6 500 元，装卸队应承担 15%，仓储部门应承担 65%（其中普通仓库承担 10%，冷藏仓库承担 55%），配送部门应承担 15%（配送车辆耗用），行政管理部门应承担 5%。

（5）计提本月固定资产折旧，如表 3-19 所示。

表 3-19　　物流公司本月固定资产折旧汇总表　　单位：元

部门	普通仓库	冷藏仓库	叉车	汽车	办公楼
仓储部	125 000	300 000			
配送部				9 000	
装卸队			7 500		
行政管理部门					50 000
合计	125 000	300 000	7 500	9 000	50 000

（6）装卸队有 6 台叉车，每台叉车由新至废运转台班定额为 5 000 台班，每运转 800 台班需进行一次大修，一次大修的计划费用为 16 000 元/台，本月装卸队的叉车运转台班总数为 500 台班。计提本月叉车的大修理费用。

（7）本月共支出保安费用 40 000 元，增值税 2 400 元，取得增值税专用发票，并以银行存款支付了费用，2 个仓库各分摊保安费的 45%，行政管理部门分摊 10%。

（8）计提分配本月工资薪金费用，如表 3-20 所示。

表 3-20　　物流公司本月工资薪金费用分配表　　单位：元

部门及项目		工资总额	社会保险费	福利费	合计
仓储部	普通仓库保管员	12 000	5 400	1 680	19 080
	冷藏仓库保管员	18 000	8 100	2 520	28 620
	仓储经营管理人员	10 000	4 500	1 400	15 900
	小计	40 000	18 000	5 600	63 600
配送部	配送员	60 000	27 000	8 400	95 400
	配送运输管理人员	12 000	5 400	1 680	19 080
	小计	72 000	32 400	10 080	114 480
装卸队		60 000	27 000	8 400	95 400
行政管理部门		35 000	15 750	4 900	55 650
合计		207 000	93 150	28 980	329 130

（9）分配本月仓储部的营运间接费用。本月“营运间接费用——仓储部”账户余额为 40 000 元，普通仓库、冷藏仓库发生的直接堆存成本分别为 250 000 元和 450 000 元，本月发生的装卸直接费用为 100 000 元。

（10）本月普通仓库应收仓储费 300 000 元，冷藏仓库应收仓储费 600 000 元，通过银行实际已结算本月仓储费 800 000 元。本月配送业务实际实现含税收入 200 000 元，已通过银行完成了结算。仓储和配送业务的增值税税率为 6%。

要求：根据以上经济业务编制相应的会计分录。

小结

第三章主要知识点及内在关系如图 3-8 所示。

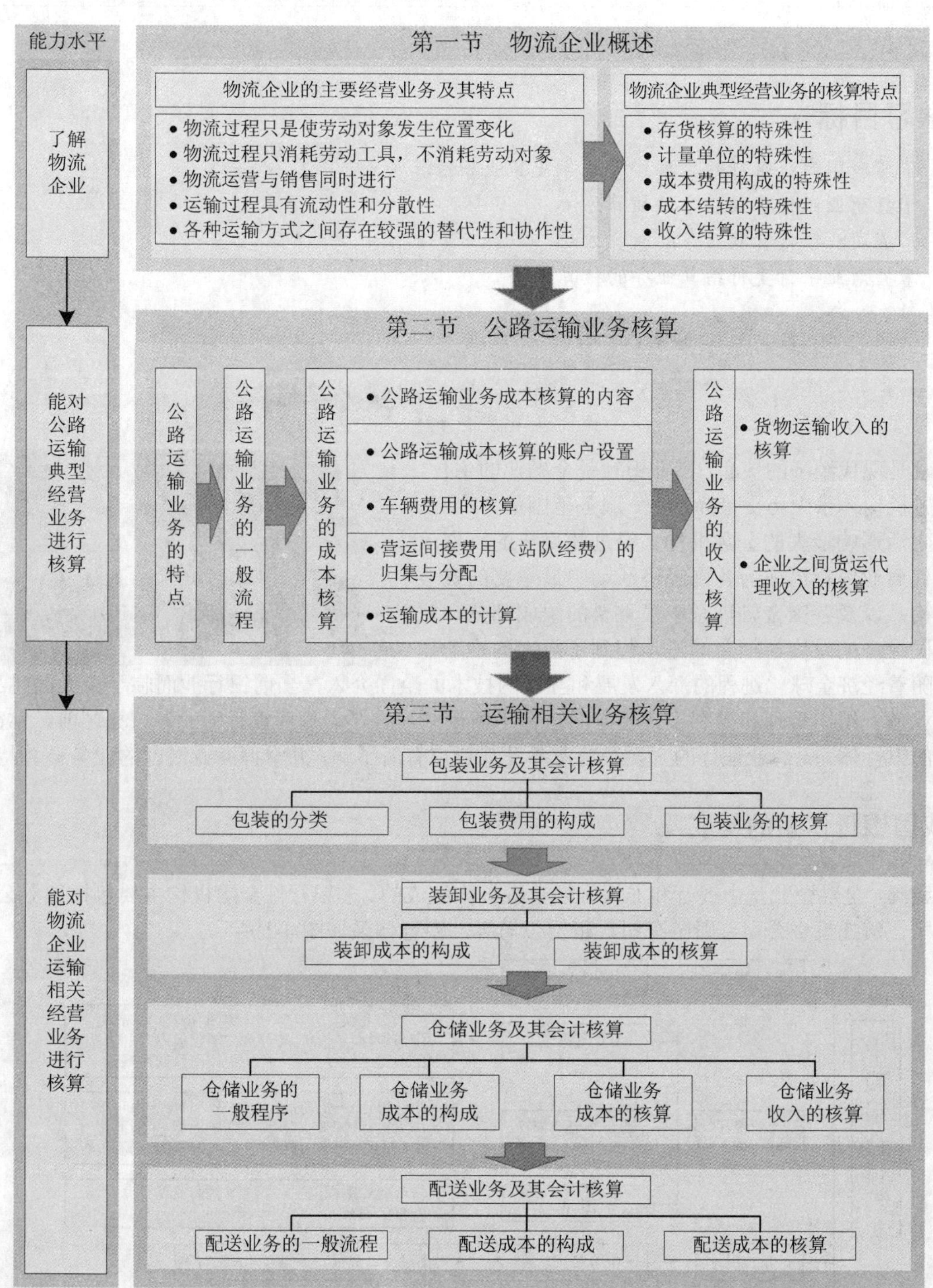

图 3-8 第三章主要知识点及内在关系

第四章 商业银行典型业务核算

学习目标

- 了解我国商业银行的主要经营业务及其业务核算特点。
- 掌握商业银行存款业务的核算方法。
- 掌握商业银行贷款业务的核算方法。
- 掌握商业银行支付结算业务的核算方法。

第一节 商业银行概述

金融是现代经济的核心，商业银行是金融业的主体，也是金融机构体系中历史最为悠久、服务范围最为广泛、对经济生活影响最大的金融机构。经过几百年的发展演变，现代商业银行已成为各国经济活动中最主要的资金集散机构，以及各国金融体系中最重要的组成部分，对整个国民经济的发展、社会的进步起到了巨大的推动作用。伴随着经济全球化进程的深入发展和互联网技术的全面介入，当前银行业面临了巨大的挑战，在经营业务、组织管理和盈利模式等方面也在不断创新。在学习商业银行的业务核算之前，你需要对我国的银行体系、商业银行的主要经营业务及其特点有所了解，并掌握商业银行的业务核算特点。

一、我国银行体系的构成

在我国，金融企业是由银行和非银行性金融机构组成的。非银行性金融机构主要包括证券公司、保险公司、信托投资公司、财务公司、租赁公司等，银行体系如图 4-1 所示。

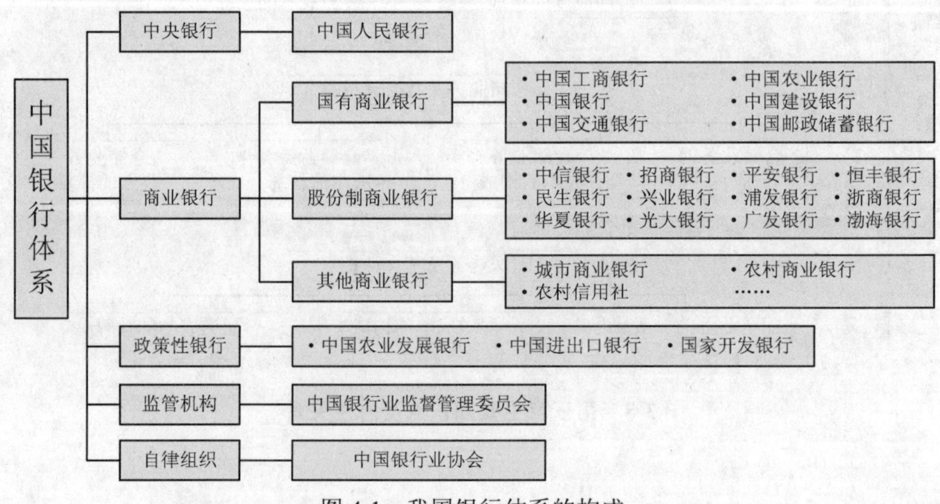

图 4-1 我国银行体系的构成

中国人民银行是我国的中央银行，它是我国金融机构体系的核心，是金融体系中的特殊银行。其特殊性在于：它不以营利为目的，是专门行使宏观调控与金融管理的机构；它受托代理国家金库，是货币发行的银行、银行的银行和国家的银行。

商业银行通常也称为存款货币银行，是以经营工商业存、放款为主要业务，并为客户提供多种服务的金融机构，它是金融机构体系中的主体，具体包括国有商业银行、股份制商业银行和其他商业银行 3 类。国有商业银行是指由国家（财政部、中央汇金公司）直接管控的大型商业银行，在吸收公众存款、发放贷款、办理结算及票据贴现业务、外汇业务等方面发挥着重要作用；股份制商业银行一般为中小型银行企业，股份制商业银行一方面填补了大型国有商业银行的市场空白，另一方面也促进了银行体系竞争意识的形成，现已发展成为我国商业银行体系中一支富有活力、不可或缺的组成部分，在我国现有 12 家全国性的股份制商业银行；其他商业银行主要是在原城市信用社和农村信用社基础上改制形成的地方性股份制商业银行。

政策性银行是由政府投资设立，不以营利为目的，专门经营政策性金融业务的银行。

为了加强银行业的监督管理，我国的银行业还设立了中国银行业监督管理委员会，统一监督管理银行业及其他存款类金融机构，维护银行业的合法、稳健运行。

二、商业银行的主要经营业务

商业银行的业务通常可以分为 3 大类：负债业务、资产业务和中间业务。一般将商业银行的负债业务和资产业务称为信用业务，中间业务则是信用业务的派生业务，如图 4-2 所示。

1. 负债业务

商业银行的负债业务是指形成商业银行资金来源的业务，是商业银行资产业务的前提和条件。商业银行的资金来源包括自有资本和吸收外来资金两大部分，而吸收外来资金形成了商业银行的负债，具体包括被动负债和主动负债。被动负债主要是银行的存款业务形成的，这是商业银行无法自主决定负债规模的一种负债，分为活期存款、定期存款和储蓄存款 3 大类，存款业务是商业银行最主要、最传统的业务；主动负债是指商业银行主动通过金融市场或直接向中央银行融通资金，具体包括向中央银行借款、同业拆借、回购协议、转贴现和转抵押、发行金融债券等。

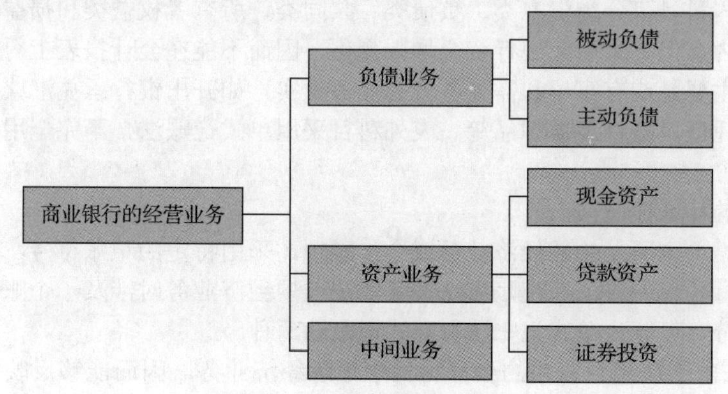

图 4-2　商业银行的经营业务

2. 资产业务

商业银行的资产业务是商业银行运用其资产以获取利润的业务。商业银行的资产主要包括现金资产、贷款资产和证券投资 3 项。其中，现金资产一般包括库存现金、在中央银行存款、存放同业存款和在途资金 4 个部分；贷款资产是商业银行最主要的盈利资产，贷款业务是商业银行的传统核心业务，也是维持同客户良好往来关系的重要因素；证券投资业务是指商业银行将资金用于购买有价证券的活动，由于我国金融业实行分业经营的管理模式，银行业不得从事信托投资和股票业务，我国商业银行的证券投资业务受到政策的限制，但随着金融深化、竞争加剧和监控能力的提高，各国监管部门对商业银行从事证券投资的限制日趋减少，证券投资业务在商业银行资产业务中所占的地位会日益重要。

3. 中间业务

中间业务是指商业银行不动用或较少动用自己的资金，不列入资产负债表内，利用自身技术、信息、机构网络、资金、信誉、人才和设施等优势，以中间人和代理人的身份替客户办理收付结算、咨询、代理、担保、租赁及其他委托事项，提供各类金融服务并收取一定费用的经营活动。中间业务具有成本低、收益高、风险小、收入稳定和安全可靠的特点，是现代商业银行的重要业务。

三、商业银行典型经营业务的核算特点

存款业务、贷款业务和收付结算业务是商业银行的典型经营业务，相对于其他行业企业而言，商业银行典型经营业的核算特点主要表现在核算内容、核算方法和核算过程 3 个方面。

1. 会计核算内容的特点

商业银行经营的主要业务内容是货币资金，其核算内容具有广泛的社会性。商业银行从事的货币借贷、货币收付、货币汇兑与结算等业务活动，同各企业、单位和个人发生着密切的联系，这就决定了商业银行会计核算必须面向社会、面向客户，大到企业的整个经营过程，小到每一笔资金的收付，都应在银行账户中得到及时的反映。因此，商业银行在反映其自身业务活动和财务收支的基础上，还要反映客户的资金活动。

2. 会计核算方法的特点

由于商业银行是经营货币资金的特殊企业，其主要业务是货币资金，因此，商业银行的会计核算方法在许多方面也有别于其他行业企业。

（1）会计科目设置的特殊性

商业银行的会计科目按照与资产负债表的关系可划分为表内科目和表外科目。表内科目是反映银行资金增减变化，并且该增减变化过程及其结果能够在会计报表上得到反映的会计科目。按照经济内容的不同，表内科目可分为资产类、负债类、共同类、所有者权益类和损益类科目。表外科目是指用来反映业务内容但并未引起银行资金增减变化，因而不能在会计报表上得到反映的主要会计事项的会计科目，主要是或有事项和需要备查的业务事实，如开出银行承兑汇票、开出信用证、有价单证、重要空白凭证、抵押及质押品等。表外科目采用单式记账法，不完全用货币度量，也不要求平衡。

（2）记账方法的特殊性

记账方法是根据单位所发生的经济业务或会计事项，采用特定的记账符号，并运用一定的记账原理，在账簿中进行登记的方法。记账方法按其登记一项经济业务时涉及一个账户还是涉及两个或两个以上的账户划分，可分为单式记账法和复式记账法两种。

① 复式记账法由于在相互联系的会计科目中记录经济业务，因而能够反映资金运动的来龙去脉，而且可以进行试算平衡，以检查账簿记录的正确性，所以银行对表内会计科目所反映的经济业务，都要采用复式记账法进行登记。

② 单式记账法是指对发生的经济业务只通过一个会计科目进行登记的记账方法。这种记账方法的手续比较简单，各会计科目之间的记录没有直接的联系，也没有内在的平衡关系，因而不能全面反映资金运动的内在联系和经济活动的全貌，也不能检查账簿记录是否正确。一般情况下，银行对表外会计科目所涉及的会计事项采用单式记账法进行登记。

3. 会计核算过程的特点

一般的工商企业生产和销售处于经营活动的第一线，会计处于第二线。而商业银行作为经营货币与信用业务的特殊经济组织，其业务活动直接表现为货币资金的运动，各项业务的办理都要通过会计部门来实现。因此，商业银行的会计核算过程也就是直接办理和完成银行业务及实现银行职能的过程。与其他行业相比，商业银行会计处于银行经营活动的第一线，具有与经营业务密不可分的特点，由此也导致商业银行的会计凭证设置与传递、会计账簿设置和账务处理程序的特殊性。

（1）会计凭证组织的特殊性

商业银行业务量大，会计核算分工细，决定了商业银行会计凭证有以下特点。

① 一般采用单式记账凭证。银行为了适应业务量大、分工细、便于传递凭证、分工记账，以及在结账时按科目进行归类、汇兑、装订、保管等需要，一般采用单式记账凭证。但随着电子计算机的发展及普及，今后银行将会改用复式记账凭证。

② 大量利用外来原始凭证代替记账凭证。银行的各项业务，一般都由客户提交有关凭证代替收付款证明。为了避免重复劳动，提高工作效率，银行大量采用客户来行办理业务所提交的原始凭证，经审核后代替银行的记账凭证；同时银行会计凭证大多采用多联套写方式，使办理业务的收、付款单位及其双方开户银行都有一张同一内容的凭证，保证了有关方面核算的一致性，也便于审核和装订保管。

③ 凭证传递环节多。银行办理每笔业务，从收到凭证到业务处理完毕，凭证不仅要在一个银行内部各柜组之间进行传递，有的还要在异地联行之间进行传递，因此，银行会计凭证又习惯称为“传票”。图 4-3 所示是银行会计凭证传递的一般程序。外来凭证首先要接柜员审核，然后交记账员确定会计分录，记入明细账，交复核员复核，自编凭证经有关人员签章并记账后，也交复核员复核。对现金收付传票，还须经出纳部门登记现金收、付日记账，同时凭以办理款项的收付。每日营业终了，根据会计凭证编制日结单，进行凭证的整理、装订与保管。

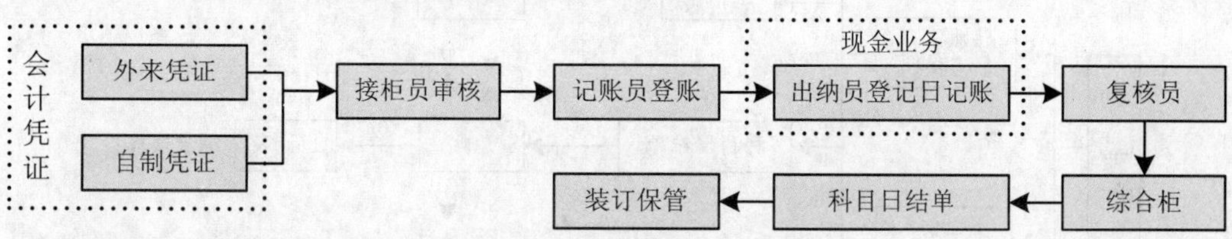

图 4-3　银行会计凭证传递的一般程序

（2）会计账簿组织的特殊性

会计账簿组织是指账簿的设置及各种账簿之间的关系。商业银行的账簿组织由明细核算、综合核算两部分组成。明细核算是综合核算的具体体现，对综合核算起补充作用；综合核算是明细核算的总括记录，起着统驭作用。

① 明细核算。明细核算系统由分户账、现金收付日记簿、登记簿和余额表 4 部分组成，明细核算程序如图 4-4 所示。当银行业务发生时，会计经办员应审核会计凭证，确定会计分录，然后，凭证银行传票记入相应分户账。现金传票还应登记现金收入日记簿或现金付出日记簿。每天对外营业终了，凡计息科目应按分户账（乙种分户账除外，乙种分户账适用于不计息的科目）当天最后余额填制余额表。

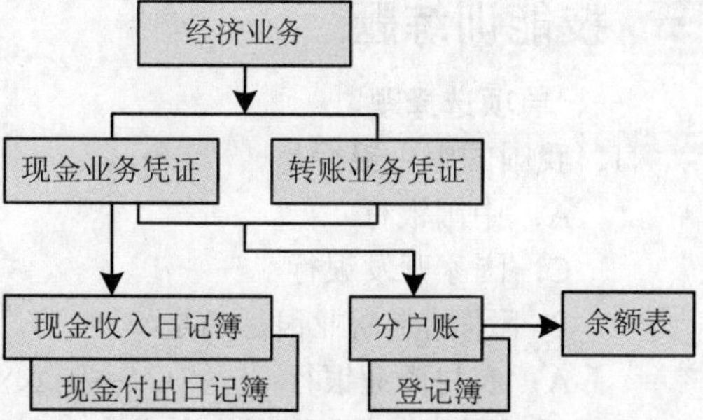

图 4-4　商业银行明细核算程序

② 综合核算。综合核算是按会计科目进行核算，总括反映各类资金的变动情况，它由科目日结单、总账和日计表 3 部分组成。综合核算程序如图 4-5 所示。银行每天营业终了时，应根据当天已

登记分户账的每一科目传票填入同一科目日结单；然后，以每一科目日结单的发生额直接填入总账的发生额栏，再按不同总账的要求轧出余额；最后，按各科目总账发生额和余额编制日计表。

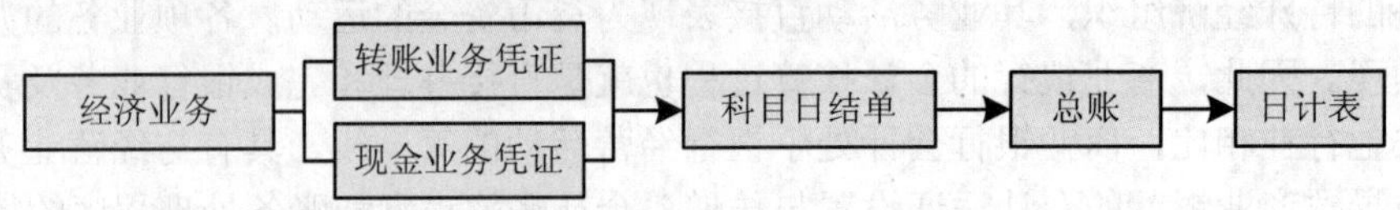

图 4-5　商业银行综合核算程序

（3）账务处理程序的特殊性

账务处理程序是指从办理业务、编制和审核凭证开始，经过账务记载和账务核对，直到轧平账务，编制日计表的全过程。商业银行因其特殊的凭证组织和账簿组织，其账务处理程序也与其他行业企业有所不同。图 4-6 所示是商业银行的每日账务处理程序与核算关系。具体程序如下。

① 根据业务活动编制现金收入、付出传票和转账借方、贷方传票。

② 根据现金传票和转账传票登记现金收付日记簿和分户账及登记簿，并根据分户账编制余额表，即明细分类核算程序。

③ 根据现金传票和转账传票编制科目日结单。

④ 根据科目日结单登记总账。

⑤ 进行总分类账与明细分类账的核对及账实核对。

⑥ 根据总账编制日计表。

③④⑥是综合核算程序。

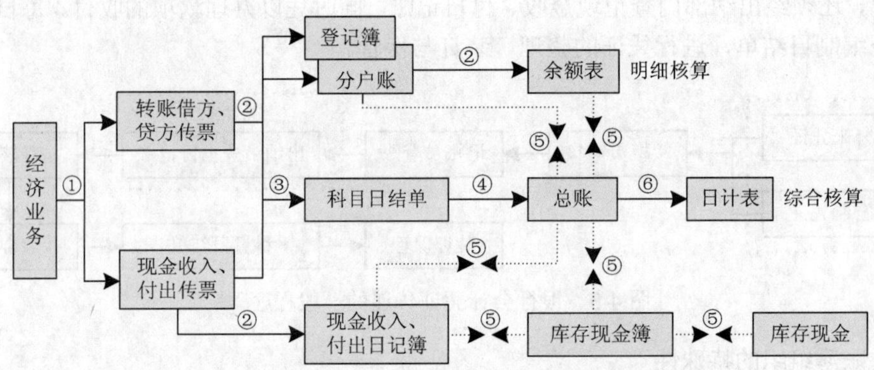

图 4-6　商业银行每日账务处理程序与核对关系

技能训练题

一、单项选择题

1．我国的中央银行是（　　）。

A．中国银行　　B．中国人民银行　　C．国家开发银行　　D．中国银行业监督管理委员会

2．以下不属于商业银行的是（　　）。

A．农村商业银行　　B．中国农业银行　　C．中国农业发展银行　　D．中国银行

3．以下属于商业银行的负债业务的是（　　）。

A．存款业务　　B．贷款业务　　C．租赁业务　　D．证券投资

4．以下不属于我国商业银行的经营业务的是（　　）。

A．负债业务　　B．资产业务　　C．信托业务　　D．担保业务

5．以下属于商业银行独有的会计科目类别是（　　）。

A．资产类　　B．负债类　　C．共同类　　D．损益类

6．以下不属于商业银行综合核算的是（　　）。

A．科目日结单　　B．总账　　C．日计表　　D．余额表

二、多项选择题

1．商业银行的传统核心业务是（　　）。

A．存款业务　　B．证券投资　　C．贷款业务　　D．代理业务

2．商业银行的借款有（　　）。

A．向中央银行借款　　B．同业借款　　C．发行金融债券　　D．回购协议

3．商业银行的资产业务包括（　　）。

A．贷款业务　　B．借款业务　　C．承兑业务　　D．证券业务

4．以下属于商业银行中间业务的是（　　）。

A．结算业务　　B．代理业务　　C．存款业务　　D．证券投资

5．以下属于商业银行明细核算的是（　　）。

A．分户账　　B．现金收付日记簿　　C．登记簿　　D．余额表

6．以下有关商业银行的说法中正确的是（　　）。

A．商业银行表外会计科目是不能在会计报表上得到反映的会计科目

B．商业银行的会计核算过程也就是直接办理和完成银行业务及实现银行职能的过程

C．商业银行大量利用外来原始凭证代替记账凭证

D．商业银行的综合核算就是总账核算

三、判断题

1．国有商业银行代表国家承担着发行货币的职能。（　　）

2．中间业务具有成本高、风险大、收益可观的特点，是现代商业银行的重要业务。（　　）

3．商业银行的资产主要是现金资产。（　　）

4．商业银行在反映其自身业务活动和财务收支的基础上，还要反映客户的资金活动。（　　）

5．商业银行的表外会计科目采用单式记账法，不完全用货币度量，也不要求平衡。（　　）

6．银行会计凭证又习惯称为“传票”。（　　）

7．商业银行一般采用单式记账凭证，即对经济业务采用的是单式记账法。（　　）

8．商业银行大量利用外来原始凭证代替记账凭证。（　　）

第二节　存款业务的核算

存款是商业银行以信用方式吸收社会上的闲散资金用于金融经营的筹资活动，是商业银行的传统核心业务。存款业务是银行负债中的重要构成部分，组织存款不仅是增加银行信贷资金来源的主要途径，也是银行开展信用活动的基础和赖以生存的基本条件。从宏观上看，银行通过吸收存款，把财政渠道无法集中的分散在社会上的闲置资金和城乡居民生活节余待用资金聚集起来，然后通过银行合理地配置发放出去，对促进社会经济发展、平衡社会资金需求、满足社会经济发展对资金的需求都有着十分重要的意义。就商业银行而言，存款业务的会计核算是银行各项业务会计核算的基础，如贷款、支付结算业务都以存

款账户为核算平台。

一、存款业务的种类

商业银行存款按不同的分类标准可分为不同的类别，如图 4-7 所示。

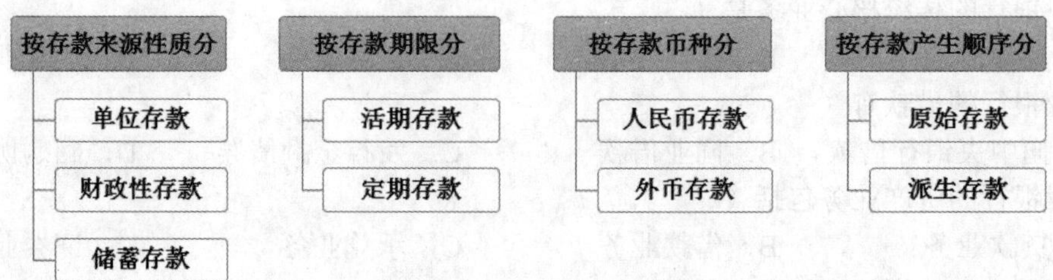

图 4-7 商业银行存款的分类

按存款来源性质的不同，商业银行存款分为单位存款、财政性存款和储蓄存款。单位存款是商业银行吸收企业、事业、机关、部队和社会团体等单位暂时闲置的资金形成的存款；财政性存款是指商业银行经办的财政预算内存款、集中待缴财政的各种款项及财政安排的专项资金形成的存款；储蓄存款是商业银行吸收的城乡居民个人生活节余和待用的资金形成的存款。商业银行吸收的财政性存款一般不计付利息；而吸收的单位存款和个人储蓄存款应计付利息。

按存款期限的不同，商业银行存款分为活期存款和定期存款。活期存款是存入时不确定存期，可以随时存取的存款，主要包括单位的活期存款和个人的活期储蓄存款；定期存款是在存款时约定存款期限，到期支取的存款，主要包括单位定期存款和个人定期存款。

按存款币种的不同，商业银行存款分为人民币存款和外币存款。人民币存款是商业银行吸收客户的人民币资金形成的存款；外币存款是商业银行吸收客户的外汇资金形成的存款。

按存款产生的顺序分，商业银行存款可分为原始存款和派生存款。原始存款是单位或个人将现金或现金支票送存银行而形成的存款，包括单位存款、个人存款和银行同业存款；派生存款又称为转账存款或间接存款，是指银行以贷款方式自创的存款。

二、银行存款账户的开立与管理

存款账户是银行核算存款业务的工具。无论是单位还是个人，都必须在银行开设存款账户，才能通过银行办理资金收付和款项结算。为了核算的需要，银行依不同的存款形式设置相应的存款账户。按存款人分为单位银行结算账户和个人银行结算账户。

1. 单位银行结算账户的开立与管理

单位银行结算账户是指存款人以单位名称开立的银行结算账户。个体工商户凭营业执照以字号或经营者姓名开立的银行结算账户纳入单位银行结算账户管理。单位银行结算账户按用途可分为基本存款账户、一般存款账户、专用存款账户和临时存款账户。

（1）基本存款账户。基本存款账户是指独立核算的单位在银行开立的，用于办理日常转账结算和现金收付的银行结算账户。企业法人、非法人企业、机关、事业单位、团级以上军队、社会团体、个体工商户、居民委员会等可申请开立。存款人日常经营活动的资金收付及其工资、奖金和现金的支取，应通过该账户办理。存款人可自由选择银行开立基本存款账户，但一个单位只能选择一家银行的一个营业机构开立一个基本存款账户，不允许在多家银行开立基本存款账户。开立基本存款账户是开立其他银行结算账户的前提。

（2）一般存款账户。一般存款账户是存款人因借款或其他结算需要，在基本存款账户开户银行以外的银行营业机构开立的银行结算账户。一般存款账户是存款人的辅助结算账户。一般存款账户用于办理存款人借款转存、借款归还和其他结算的资金收付。该账户可以办理现金缴存，但不得办理现金支取。该账户的开立数量没有限制。

（3）专用存款账户。专用存款账户是存款人按照法律、行政法规和规章，对其特定用途资金进行专项管理和使用而开立的银行结算账户。专用存款账户用于办理各项专用资金的收付，具有专款专用、专项管理的特点，如基本建设资金专户、粮棉油收购资金等，支取现金由开户银行按规定自主掌握。

（4）临时存款账户。临时存款账户是存款人因临时经营活动需要并在规定期限内使用而开立的银行结算账户。存款人可以通过该账户办理转账结算和根据国家现金管理的规定办理少量现金收付。

上述 4 种账户均为活期存款账户，企事业单位长期闲置的资金，可以从活期存款账户转到定期存款账户。

2. 个人银行结算账户的开立与管理

个人银行结算账户是指个人客户凭个人有效身份证件以自然人名称开立的，用于办理资金收付结算的人民币活期存款账户。个人因投资、消费使用的各种支付工具，包括借记卡、信用卡、在银行开立的银行结算账户，均纳入个人银行结算账户管理。

三、单位存款业务的核算

单位存款业务的核算是银行在吸收了单位客户的存入款项时所进行的核算，在结算日，还需按照本金账面余额和合同利率计付利息。

1. 会计科目的设置

为准确核算吸收的各种单位存款，银行需结合存款类别和利息计算的需要进行科目设置。单位存款业务的核算按存款期限的长短可分为单位活期存款和单位定期存款两部分。核算中需设置和使用以下会计科目。

（1）“吸收存款”科目。该科目属于负债类科目，用来核算吸收的除同业存放款项以外的各类单位和个人存入的款项。贷方登记银行收到的存款；借方登记单位和个人支取的款项；余额在贷方。该科目应按存款种类及存款单位进行明细核算。

（2）“利息支出”科目。该科目属于损益类科目，用来核算银行在吸收存款、借款、发行金融债券等业务中按国家规定的适用利率向债权人支付的利息。银行与金融机构之间发生拆借、存款等业务及再贴现、转贴现资金的利息支出，在“金融企业往来支出”科目中核算，不在本科目核算。借方登记银行定期计提的应付利息；期末结转时记贷方；结转后应无余额。该科目应按利息支出项目进行明细核算。

（3）“应付利息”科目。该科目属于负债类科目，用来核算银行吸收的存款及各种借款的当期应付而未付的利息。贷方登记银行计算的应付利息；借方登记实际支付的利息；余额在贷方。该科目应按存款的种类进行明细核算。

（4）“清算资金往来”科目。该科目属于共同类科目，用于核算同城票据清算的资金。借方登记应收回的清算资金，贷方登记应支付的清算资金，实际清算时在相反方向转销；本科目期末借方余额，反映企业应收的清算资金；本科目期末贷方余额，反映企业应付的清算资金。本科目可按资金往来单位，对“同城票据清算”“信用卡清算”等项目进行明细核算。

（5）“存放中央银行款项”科目。该科目属于资产类科目，用于核算银行存放于中央银行的各种款项，包括业务资金的调拨、办理同城票据交换和异地跨系统资金汇划、提取或缴存现金等，银行按规定缴存的法定准备金和超额准备金存款，也通过本科目核算。借方登记银行增加的在中央银行的存款；贷方登记银行减少的在中央银行的存款；余额在借方，反映企业存放在中央银行的款项余额。该科目应当按照存放款项的性质进行明细核算。

说明：如果票据涉及异地他行间清算，需要通过中央银行的支付清算系统进行，则通过“存放中央银行款项”科目核算；如果是同城票据清算，则通过“清算资金往来”科目核算。在票据清算中还可能涉及“存放同业”“同业存放”等科目以核算银行间的往来资金。

2. 单位活期存款的核算

单位活期存款主要有两种方式，即现金存取和转账存取。其中，转账存取款项主要是通过办理各种结算方式和运用支付工具来实现的，其核算方法详见本章“第四节　支付结算业务的核算”所述内容，本节只介绍存取现金的核算方法。

（1）单位存入现金的核算。银行办理现金存入业务时，遵从“先收款后记账”的原则。存款单位向开户银行存入现金时，应填制一式两联的现金缴款单，连同现金一并送交开户银行出纳部门。出纳部门经审查凭证、点收现金、登记现金收入日记簿，并复核签章后，将第一联加盖“现金收讫”章和收款员名章后作为回单退交存款人，第二联送交会计部门，作为现金收入传票登记单位存款分户账。

【例4-1】时代商城向工商银行人民路支行营业部存入现金200 000元。银行会计处理如下。

借：库存现金　　200 000

　　贷：吸收存款——活期存款——时代商城　　200 000

（2）单位支取现金的核算。银行办理现金付出业务时，遵从“先记账后付款”的原则。单位客户向银行支取现金时，应签发现金支票，并在支票上加盖预留印鉴，由收款人背书后送交会计部门。会计部门接到现金支票后，应重点审查：支票是否真实，提示付款期限是否超过；支票填明的收款人是否为该收款人，收款人是否在支票背面“收款人签章”处签章，签章是否与收款人名称一致；出票人账户是否有足够支付的款项；支票的大小写金额是否一致；出票人的签章是否符合规定，是否与预留银行签章相符；支票密码是否正确；支票必须记载的事项是否齐全，出票金额、出票日期、收款人名称是否更改，其他记载事项的更改是否由原记载人签章证明；支取的现金是否符合国家现金管理的规定。经审查无误后，以现金支票代现金付出传票登记分户账后，交出纳部门凭以付款。支票付款时加盖“现金付讫”戳记，表明现金已经支付，最后将现金支票送回会计部门。

【例4-2】时代商城向开户行工商银行人民路支行营业部提交现金支票提取现金20 000元，银行审核确认支票无误后，以现金支票为借方传票记账，并办理了现金支付。银行会计处理如下。

借：吸收存款——活期存款——时代商城　　20 000

　　贷：库存现金　　20 000

（3）单位活期存款利息的核算。单位活期存款按日计息、按季结息，计算期间遇利率调整分段计息，每季度末月的20日为结息日，次日付息。计息时间从上季末月的21日开始，到本季末月的20日为止。如在结息日前销户，应于销户时计付利息。计息天数“算头不算尾”，即从存入日算至支取的前一日为止。

利息计息的基本公式是：利息=本金×存期×利率。在运用该公式时，必须注意存期和利率在计息单位的一致性：存期以天数为计息单位则利率为日利率，以月为计息单位则利率为月利率，以年为计息单位则利率为年利率。

根据现行税法的有关规定，银行存款利息属于不征收增值税项目，即作为取得利息收入的单位和个人无需计算缴纳增值税，作为支付利息的商业银行也不能进行增值税进项税额的抵扣。

【例4-3】6月21日，工商银行支付时代商城第2季度的活期存款利息1 500元。银行会计处理如下。

借：利息支出　　1 500

　　贷：吸收存款——活期存款——时代商城　　1 500

3. 单位定期存款的核算

单位定期存款是单位存入款项时约定期限，到期支取本息的存款业务。目前，单位定期存款的存期有 3 个月、6 个月、1 年、2 年、3 年、5 年 6 个档次，可由单位根据需要选择。

（1）单位存入定期存款的核算

单位定期存款存入方式可以是现金存入、转账存入或同城他行存入。人民币起存金额 1 万元，多存不限，存入时由银行开具“单位定期存款证实书”。

① 现金存入定期存款。单位以现金办理定期存款时，应以存款金额填写“单位定期存款缴款凭证”，连同现金交开户银行。经银行审核凭证并清点现金无误后，银行按存款人的存期要求开出一式二联的“单位定期存款证实书”，并开立单位定期存款账户。

【例4-4】时代商城将季节性闲置的500 000元现金交存工商银行人民路支行营业部，要求存为3个月的定期存款。银行会计处理如下。

借：库存现金　　500 000

　　贷：吸收存款——定期存款——时代商城　　500 000

② 转账存入定期存款。单位以转账方式办理定期存款时，应向银行提交转账支票（或其他有关付款结算凭证），以及一式三联的进账单。银行审核无误后，以转账支票为活期存款借方传票，进账单为定期存款贷方传票，进行账务处理。

【例4-5】时代商城持面额300 000元的转账支票向工商银行人民路支行营业部申请3个月的定期存款。银行会计处理如下。

借：吸收存款——活期存款——时代商城　　300 000

　　贷：吸收存款——定期存款——时代商城　　300 000

③ 同城他行存入定期存款。在同城他行开户的存款单位来本行办理定期存款时，应提交转账支票和一式三联进账单，经审核无误后，先计入“其他应付款”科目，并通过同城票据交换将转账支票转给存款人开户行，若无退票情况发生，以进账单为贷方传票进行账务处理。

【例4-6】时代商城向工商银行人民路支行营业部递交一张面额为400 000元的建设银行转账支票和进账单，申请存为3个月的定期存款。银行会计处理如下。

（1）接受时代商城递交的建设银行转账支票时

借：存放中央银行款项　　400 000

　　贷：其他应付款——同城票据交换户　　400 000

（2）待交换退票截止时间过后，无退票情况发生时

借：其他应付款——同城票据交换户　　400 000

　　贷：吸收存款——定期存款——时代商城　　400 000

（2）单位支取定期存款的核算

单位定期存款根据不同情况可分为全额到期支取、全额提前支取、部分提前支取、逾期支取 4 种。

① 全额到期支取。单位定期存款到期，存款人持“单位定期存款证实书“支取款项时，银行应抽出留存的该户卡片账联与该证实书核对户名、金额、印鉴，无误后，在“单位定期存款证实书”上加盖“结清”戳记，按规定计算单位定期存款的利息，填制利息清单和特种转账传票，办理转账。

【例4-7】时代商城一笔300 000元3个月定期存款到期，年利率为3.6%，当日到工商银行营业部将其转存到其活期存款账户。银行会计处理如下。

到期利息=300 000×3.6%×3÷12=2 700（元）

借：吸收存款——定期存款——时代商城　　300 000

　　利息支出　　2 700

　　贷：吸收存款——活期存款——时代商城　　302 700

② 全额提前支取。单位存入定期存款后，若有急需可提前支取。银行按规定以支取日挂牌公布的活期存款利率计算利息，其余会计处理与全额到期支取相同。

③ 部分提前支取。按银行规定，单位部分提前支取定期存款时，若支取款项后的剩余定期存款不低于定期存款起存金额 1 万元，则部分提前支取金额按支取日挂牌公布的活期存款利率计算利息，剩余定期存款金额按原存款日、存期、利率重新签发“单位定期存款证实书”；若部分支取款项后所剩定期存款金额不足定期存款起存金额 1 万元，银行应按支取日挂牌公布的活期存款利率计算利息，并对该项存款予以清户。其会计处理及分录与全额提前支取相同。

④ 逾期支取。逾期支取在账务核算上与到期支取相同，主要区别在于增加从到期日至支取日的逾期利息，逾期利息以支取日银行挂牌公布的活期存款利率计算，到期利息仍按原定利率计算。

四、个人储蓄存款业务的核算

储蓄存款是银行通过信用方式吸收城乡居民暂时闲置和节余的货币资金的一种存款业务，是扩大借贷资金来源的重要手段。银行对个人储蓄存款实行“存款自愿、取款自由、存款有息、为储户保密”的原则。银行办理储蓄存款业务实行实名制，即个人应当出示本人法定身份证件，银行使用身份证件上的姓名开立和登记储蓄存款账户。

1. 活期储蓄存款的核算

活期储蓄存款是不固定存款期限，随时可以存取的一种储蓄存款。活期储蓄是银行最基本、常用的存款方式，是客户进行各项理财活动的基础。

（1）存入。储户第一次来银行储蓄存款称为开户。开户时由储户填写一联“储蓄存款凭条”。我国个人存款采用实名制，因此，首次存款需携带身份证等有效证件。经办员经审查储蓄存款凭证和点收现金无误后，登记“开销户登记簿”，开立并登记“活期储蓄分户账”，填写活期储蓄存折或发放储蓄卡，在凭条上加盖“新开户”戳记后代现金收入传票记账。

【例4-8】李明持现金5 000元到工商银行人民路支行营业部要求开户存入活期储蓄。银行会计处理如下。

借：库存现金　　5 000

　　贷：吸收存款——活期储蓄存款——李明　　5 000

储户续存活期存款时，也应填写存款凭条，并连同现金、存折或储蓄卡一并交与经办员，经审核无误后，除不再另开账户、存折或储蓄卡外，其余收款、记账等会计处理方法与开户业务基本相同。

（2）支取。储户凭存折或储蓄卡到银行柜台支取存款时，应填写“活期储蓄取款凭条”，连同存折或储蓄卡一起交经办员，经办员根据取款凭条核对账、折及印鉴、密码无误后，以取款凭条代现金付出传票记账。储户凭储蓄卡在银行 ATM 机上自助支取款项的，银行通过计算机系统进行有关的凭证处理。

【例4-9】李明持个人储蓄卡到银行柜台支取25 000元现金。银行会计处理如下。

借：吸收存款——活期储蓄存款——李明　　25 000

　　贷：库存现金　　25 000

（3）计息。活期储蓄存款利息计息起点是元位，元位以下不计息，利息计至分位，分位以下四舍五入。活期存款按季结息，每季度末月的 20 日为结息日，次日付息，按结息日挂牌活期利率计息，计息期间遇利率调整不分段计息，未到结息日清户时，按清户日挂牌公告的活期利率计息到清户前一日止。银行根据结息日结出的各账户入账利息，填制活期储蓄存款结息清单，据以编制传票记账。其会计处理与单位存款利息的核算类似。

（4）销户。储户支取全部存款，并不再保留账号或储蓄卡时称为销户。销户时，储户应按最后存款余额填写“活期储蓄取款凭条”，连同存折或储蓄卡一起交经办员。经办员除按支取手续处理账务外，还应计算存款利息，并在存折、凭条和分户账上加盖“结清”戳记，办理销户手续。

【例4-10】刘平持个人储蓄卡到银行柜台办理销户，储蓄卡当日余额为2 600元，计息6元。银行会计处理如下。

借：吸收存款——活期储蓄存款——刘平　　2 600
　　利息支出　　6
　　贷：库存现金　　2 606

2. 定期储蓄存款的核算

定期储蓄存款是在存款时约定存款期限，一次或在存期内分次存入本金，到期整笔或分期平均支取本金和利息的一种储蓄存款，具体可分为整存整取储蓄、零存整取、存本取息和整存零取等方式。

（1）定期储蓄存款的一般核算

定期储蓄存款虽然有多种存取方式，但其会计核算基本相同，即根据不同定期储蓄存款的种类，在储户存款时填制有关的定期储蓄存单，并根据存款凭条代做现金收入传票，登记入账；各种不同的定期储蓄存款到期时或到期后，储户按约定时间来行取款时，应填写有关定期储蓄取款凭条，连同存单一并交银行经办员，银行经办员抽出卡片账核对无误后，在存单和卡片账上填写支取记录，以取款凭条代现金付出传票。

【例4-11】李明持现金60 000元到工商银行人民路支行营业部要求存入3年期整存整取储蓄存款。银行会计处理如下。

借：库存现金　　60 000
　　贷：吸收存款——定期储蓄存款——整存整取（李明）　　60 000

【例4-12】接【例4-11】，李明持已到期的整存整取储蓄存单到工商银行取款。存单面额为60 000元，年利率为5%，应计利息为9 000元。银行会计处理如下。

借：吸收存款——定期储蓄存款——整存整取（李明）　　60 000
　　利息支出　　9 000
　　贷：库存现金　　69 000

（2）定期储蓄存款利息的核算

① 整存整取存款利息的计息。整存整取存款在原定存期内的利息，一律按存入日挂牌公告的利率计付利息，存期内若遇利率调整，也不分段计息。整存整取储蓄逾期支取，除约定自动转存的以外，其超过原定存期的部分，按支取日挂牌公告的活期存款利率计付利息。整存整取储蓄存款未到期，如储户提前全部支取，按支取日挂牌公告的活期储蓄存款利率计付利息；部分支取的，提前支取部分，按支取挂牌公告的活期储蓄存款利率计付利息，其余部分到期时，按原存入日挂牌公告的定期储蓄存款利率计付利息。

② 零存整取储蓄存款利息的计息。零存整取储蓄存款的存期一般按开户日对年对月计息。由于在这种储蓄方式下，储户每月的任何一天都可以存入，因此，存满一个月的才计息，整月的零头天数不计息。

③ 存本取息储蓄存款利息的计算。存本取息定期存款是指一次存入本金，约定存款期限，分期支取利息，到期一次支取本金的储蓄存款。一般 5 000 元起存，存期分 1 年、3 年、5 年 3 个档次，利息支取可以一个月或几个月取息一次。取息日未到不得提前支取利息；取息日未取息，以后可随时取息，但不计复息。其利息计算公式为：每次支取利息数=本金×存期×利率÷支取利息次数。

【例4-13】王武某年6月1日存入100万元存本取息储蓄，定期3年，年利率5%，约定每月取息一次，计算利息总额和每次支取利息额。

利息总额=1 000 000×3×5%=150 000（元）

每次支取利息=150 000÷36=4 166.67（元）

（3）整存零取储蓄存款利息的计算

整存零取定期储蓄存款是指一次存入本金，约定存期和支取本金的次数，分期支取本金，期满一次支取利息的定期储蓄存款。一般 1 000 元起存，存期分 1 年、3 年、5 年，本金支取分 1 个月、3 个月、半年一次，利息于期满时支取。其利息计息公式为：本金平均值=（初始本金+最后一期本金数）÷2；到期应付利息=本金平均值×存期×利率。

【例4-14】张山某年2月1日开立整存零取定期储蓄3年期360 000元，每月支取一次本金，于期满后到期支取利息。3年期整存零取储蓄存款的利率为5%，计算期满应计利息额。

每月支取本金数=360 000÷36=10 000（元）

本金平均值=（360 000+10 000）÷2=185 000（元）

到期应付利息=185 000×36×（5%÷12）=27 750（元）

3．定活两便储蓄存款核算

定活两便储蓄存款是开户时不确定存期，储户可以随时提取，利率随存期长短而变动的一种储蓄存款。这种储蓄既有活期储蓄存款随时可取的灵活性，又可在达到一定存期时，享受相应存期定期储蓄存款利率按一定比例折扣的优惠。定活两便储蓄存款采用定期存单，储户在支取时凭存单办理。其账务处理与活期储蓄存款相同。

技能训练题

一、单项选择题

1．明确规定不能支取现金的账户是（　　）。

A．基本存款账户　　B．一般存款账户　　C．专用存款账户　　D．临时存款账户

2．下列各项中，属于金融企业资产的是（　　）。

A．利息收入　　B．吸收存款

C．实收资本　　D．存放中央银行款项

3．存款人因办理日常转账结算和现金收付需要而开立的银行结算账户是（　　）。

A．基本存款账户　　B．一般存款账户　　C．临时存款账户　　D．专用存款账户

4．有关单位活期存款利息的计算，以下说法中错误的是（　　）。

A．活期存款按日计息，计息天数“算头不算尾”

B．活期存款按季结息，每季末月的 20 日付息

C．利息计算期间遇利率调整分段计息

D．作为支付利息的商业银行不能进行增值税进项税额的抵扣

5．有关个人储蓄活期存款利息的计算，以下说法中错误的是（　　）。

A．活期储蓄存款利息计息起点是元位，元位以下不计息

B．活期储蓄存款按日计息

C．利息计算期间遇利率调整不分段计息

D．利息计至分位，分位以下四舍五入

二、多项选择题

1．以下关于商业银行会计科目的说法中正确的是（　　）。

A．“利息支出”科目用来核算银行所取得的各种需向债权人支付的利息

B．“吸收存款”科目属于资产类科目

C．“应付利息”科目用来核算银行吸收的存款及各种借款的当期应付而未付的利息

D．“清算资金往来”科目属于共同类科目，即该科目期末余额可能在借方也可能在贷方

2．票据上不能更改的内容有（　　）。

A．大小写金额　　B．日期　　C．付款人　　D．收款人

3．构成利息的要求包括（　　）。

A．金额　　B．本金　　C．期限　　D．利率

4．定期储蓄存款的方式有（　　）。

A．整存整取　　B．零存整取　　C．整存零取　　D．存本取息

5．单位定期存款的存期可选择的档次有（　　）。

A．3 个月　　B．6 个月　　C．9 个月　　D．1 年

三、判断题

1．商业银行吸收的财政性存款一般不计付利息。（　　）

2．单位和个人取得的存款的利息应计征增值税。（　　）

3．开立基本存款账户是开立其他银行结算账户的前提。（　　）

4．银行办理现金存入业务时，遵从“先记账后收款”的原则。（　　）

5．定活两便储蓄存款的业务处理与活期储蓄存款相同。（　　）

四、业务核算题

建设银行某营业部某时期发生如下业务。

（1）天天超市将当日销货收入的现金 400 000 元，填写现金缴款单存入银行。

（2）佳品公司持现金支票到银行支取现金 30 000 元，银行经审核无误，予以办理。

（3）罗宇公司签发转账支票一张，金额 500 000 元，要求办理 3 个月期定期存款.

（4）银行在结算日计算应付给佳品公司利息 2 000 元，并办理转账手续。

（5）罗宇公司的 500 000 元定期存款到期，该开户行凭单办理了转账手续，并按 4%的年利率支付了利息。

（6）孙某持 50 000 元现金及储蓄卡，办理活期储蓄存款。

（7）李某持 70 000 元现金，办理 1 年期的整存整取定期储蓄存款。

（8）张某持存折，办理 30 000 元的零存整取储蓄存款。

（9）吴某于当年 1 月 20 日存入一年期的整存整取储蓄存款 20 000 元。4 月 20 日该储户申请提前支取，经银行审核同意办理，按活期利率支付利息，月利息率为 2‰。

（10）赵某持到期整存整取存单来银行提款，该储户原存入本金 50 000 元，年利率为 3%，存期为 1 年，银行根据该储户的要求，将本金转入其活期存款户，剩余利息以现金支付。

要求：根据以上资料，编制银行方面的会计分录。

第三节 贷款业务的核算

贷款业务是商业银行对企业单位及个人提供资金融通的信用活动。贷款是银行根据信用原则对借款人提供货币资金，并按约定的利率和期限收回本息的融资业务。办理贷款业务是商业银行的重要职责，也是运用资金、取得利润的重要渠道。组织发放贷款，不仅可以充分利用组织起来的闲置资金，进行资源的再分配，满足各方资金需要，促进经济的发展，还能增加银行的营业收入，提高经济效益。贷款业务的核算是商业银行会计核算工作

的重要内容，认真做好贷款业务核算，对于及时把握信贷规模、结构及信贷资产的质量具有重要意义。

一、贷款业务的种类

商业银行贷款按不同的分类标准可分为不同的类别，如图 4-8 所示。

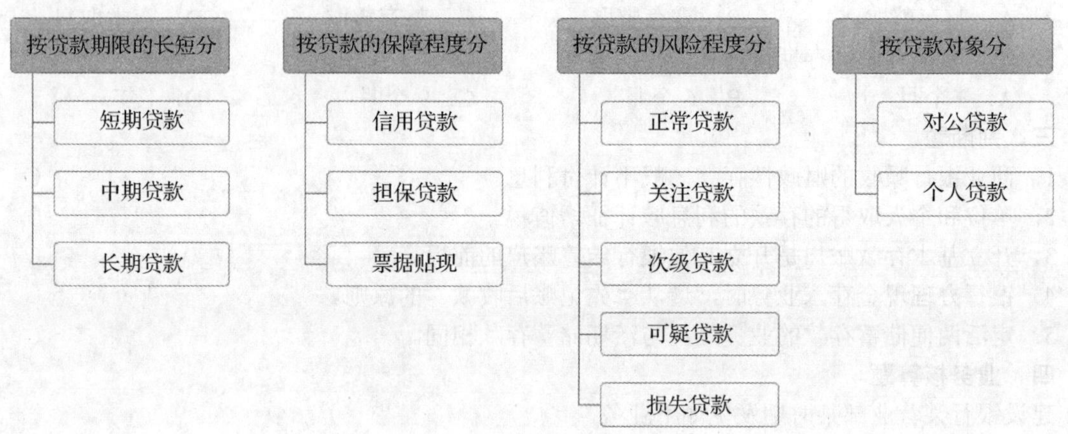

图 4-8　商业银行贷款的分类

按贷款期限的长短划分，银行贷款可分为短期贷款、中期贷款和长期贷款。短期贷款是指贷款期限在 1 年以内（含 1 年）的贷款，短期贷款的特点是比较灵活、期限短、流动性强、周转快、需要量大；中期贷款是指贷款期限在 1 年以上（不含 1 年）5 年以下（含 5 年）的贷款；长期贷款是指贷款期限在 5 年以上（不含 5 年）的贷款。

按贷款的保障程度分，银行贷款可分为信用贷款、担保贷款和票据贴现贷款。信用贷款是银行仅以借款人的信誉作为还款保障而向借款人发放的贷款，一般只能用于经营状况好、经济实力雄厚，与银行来往时间长且信誉度高的企业。担保贷款是银行以法律规定的担保方式作为还款保障而发放的贷款，按照担保的不同形式，担保贷款又可分为保证贷款、抵押贷款和质押贷款。保证贷款是指以第三人承诺在借款人不能偿还贷款时，按约定承担一般保证责任或者连带责任而发放的贷款；抵押贷款是指以借款人或第三人的财产作为抵押物发放的贷款；质押贷款是指以借款人或第三人的动产或权利作为质物发放的贷款。票据贴现是指贷款人以购买借款人未到期的商业票据的方式发放的贷款。

按贷款的风险程度分，银行贷款可分为正常贷款、关注贷款、次级贷款、可疑贷款和损失贷款。正常贷款是指借款人能够履行合同，没有足够的理由怀疑贷款本息不能按时足额偿还的贷款；关注贷款是指尽管借款人目前有能力偿还贷款本息，但存在一些可能对贷款偿还产生不利影响因素的贷款；次级贷款是指借款人的还款能力出现明显问题，完全依靠其正常营业收入无法足额偿还贷款本息，即使执行质保，也可能会造成一定损失的贷款；可疑贷款是指借款人无法足额偿还贷款本息，即使执行担保，也肯定要造成较大损失的贷款；损失贷款是指在采取所有可能的措施或一切必要的法律程序之后，本息仍无法收回，或只能收回极少部分的贷款。次级贷款、可疑贷款和损失贷款合称为不良贷款。

按贷款对象划分，银行贷款可分为对公贷款和个人贷款。对公贷款的投向是生产、流通和服务领域，按贷款用途的不同，又可分为流动资金贷款和固定资金贷款；个人贷款的主要投向是个人消费领域，主要包括住房贷款、汽车贷款、助学贷款等。

二、信用贷款的核算

信用贷款是指银行仅凭借款人的信用而无须要求其提供抵押品和担保人而发放的贷款。银行一般仅对信用评级优良的单位客户和个人客户提供信用贷款。

1. 会计科目的设置

信用贷款业务涉及贷款的发放、利息的计提和收取、贷款的收回、贷款减值的核算等，银行在核算信用贷款中应设置如下会计科目。

（1）“贷款”科目。该科目为资产类科目，用来核算银行根据有关规定发放的各种贷款。借方登记银行发放的贷款；贷方登记收回的贷款；余额在借方。因贷款合同利率和实际利率的差异而形成的利息调整也在本科目核算。该科目应按贷款种类、客户，对“本金”“利息调整”“已减值”等项目进行明细核算。

（2）“贷款损失准备”科目。该科目属于资产类科目，同时也是“贷款”科目的备抵科目，核算商业银行贷款的减值准备。贷方登记计提的贷款减值准备金；借方登记已恢复或转销的贷款损失准备金；余额在贷方，反映商业银行已计提但尚未转销的贷款损失准备。该科目可按计提贷款损失准备的资产类别进行明细核算。

（3）“利息收入”科目。该科目属于收入类科目，用来核算银行发放贷款而确认的利息收入。贷方登记确认的利息收入额；借方登记年终将本科目结转到“本年利润”科目的金额；年终结转后无余额。该科目按贷款种类进行明细核算。

（4）“应收利息”科目。该科目属于资产类科目，用来核算银行发放各类贷款而应收取的利息。借方登记确认利息收入时尚未收取的利息额；贷方登记实际收到的利息额；余额在借方。该科目按生息资产种类进行明细核算。

在贷款业务核算中，还会涉及“资产减值损失”“应交税费——应交增值税”等前面章节已介绍过的科目，这里不再赘述。

2. 发放贷款

根据《企业会计准则第 22 号——金融工具确认和计量》的规定，贷款应按照公允价值进行初始计量，且相关交易费用应当计入初始确认金额，构成实际利息组成部分。交易费用是指可直接归属于贷款的新增外部费用，如办理贷款发生的评估费、咨询费、公证费等。

微课：《企业会计准则第 22 号——金融工具确认和计量》

借款人向银行申请贷款时，应向银行提交借款申请书，并将其与其他有关资料一并提供给银行信贷部门。信贷部门按照审贷分离、分级审批的要求对贷款逐级审批。信贷部门同意发放贷款后双方商定贷款的额度、期限、用途、利率等，并由信贷部门与借款人签订借款合同，由借款人填写一式五联的借款凭证（第一联借方凭证，第二联贷方凭证，第三联回单，第四联放款记录，第五联借据），交由银行会计部门办理借款发放手续。借款凭证的第一、二联分别作为借贷方传票，第三联盖章后退回借款单位，第四联由信贷部门保存，第五联为到期卡，按到期顺序专夹保管。

【例4-15】时代商城1月向工商银行申请3年期贷款3 000 000元，年利率7%，经审批，银行扣除1%相关费用后，发放了贷款。银行会计处理如下。

借：贷款——短期贷款——信用贷款——时代商城（本金）	3 000 000	
贷：吸收存款——活期存款——时代商城		2 970 000
贷款——短期贷款——信用贷款——时代商城（利息调整）		30 000

3. 贷款利息的计算

银行贷款的利息计算，有定期结息和利随本清两种方法。

（1）定期结息。银行定期结息，一般每季度结息一次，每季度末月20日为结息日；也可以每月结息一次。除计息利率不同外，其结息方法与活期存款的结息方法基本相同。

（2）利随本清。利随本清又称为逐笔计息，是指银行按规定的贷款期限，于收回贷款本金时计收利息的方法。其计算公式为：含税利息=本金×贷款期×利率。对于利随本清的贷款，要按权责发生制原则计算利息，银行一般是按季预提贷款利息。

根据《企业会计准则第22号——金融工具确认和计量》的规定，贷款的后续计量应当采用实际利率法，按摊余成本计量。实际利率是指将贷款在预期存续期间或适用的更短期间内的未来现金流量，折现为该贷款当前账面价值所使用的利率。贷款的摊余成本是指该贷款的初始确认金额经调整后的结果：①扣除已偿还的本金；②加上或减去采用实际利率法将该初始确认金额与到期日金额之间的差额进行摊销形成的累计摊销额；③扣除已发生的减值损失。

商业银行应于资产负债表日按照实际利率、摊余成本确认贷款利息收入。贷款合同利率与实际利率相差较小的，也可以采用合同利率计算确定利息收入。

微课：国家税务总局财税［2018］33号文件原文：关于统一增值税小规模纳税人标准的通知

根据现行增值税法规的有关规定，从事销售服务的纳税人，年应税销售额在500万元以上的应认定为增值税一般纳税人。所以，商业银行按其贷款规模应认定为一般纳税人，贷款的利息收入适用税率为6%。

【例4-16】5月20日，鸿达公司向工商银行借入6个月期短期贷款600 000元，年利率6%，到期还本付息。银行于6月20日计提贷款利息，增值税税率为6%，会计处理如下。

不含税利息收入=（600 000×6%÷12）÷（1+6%）=2 830.19（元）

应计增值税=2 830.19×6%=169.81（元）

借：应收利息——短期贷款——信用贷款——鸿达公司	3 000	
贷：利息收入——短期贷款——信用贷款		2 830.19
应交税费——应交增值税（销项税额）		169.81

4. 到期收回贷款

会计部门应经常查看贷款的到期情况，在贷款即将到期时，与信贷部门联系，提前3天通知借款单位准备还款资金。贷款到期后，借款人应按合同约定及时足额归还贷款本息。

（1）到期时，借款人主动归还贷款。借款到期时借款人主动归还贷款时，应签发转账支票并填写一式四联的还款凭证，送贷款银行，办理还款手续。银行收到还款凭证后与保管的贷款卡片核对，查看借款人账户有无足够的余额还款，审核无误后，计算利息，以转账支票作为借方传票、还款凭证第一联为附件，以还款凭证第二联作为贷方传票办理转账。转账后，还款凭证第三联交信贷部门核销原放款记录。第四联退回借款人作为还贷通知，原保管的借款凭证第五联加盖“注销”戳记后交借款人。

【例4-17】接【例4-16】，鸿达公司向工商银行借入6个月期短期贷款600 000元到期，年利率6%，企业开出转账支票归还了贷款本息。银行会计处理如下。

本期应确认的利息收入=（600 000×6%×2÷12）÷（1+6%）=5 660.38（元）

应计增值税=5 660.38×6%=339.62（元）

借：吸收存款——活期存款——鸿达公司	618 000	
贷：贷款——短期贷款——信用贷款——时代商城（本金）		600 000
应收利息		12 000
利息收入		5 660.38
应交税费——应交增值税（销项税额）		339.62

（2）到期时，银行主动扣收。贷款到期后，借款人未能主动归还借款而账户中又有足够余额还款时，会计部门征得信贷部门同意并出具“贷款收回通知单”，会计部门根据“贷款收回通知单”编

制一式四联的“还款凭证”扣收贷款，会计处理与借款人主动归还贷款相同。

5. 贷款减值

根据《企业会计准则第 22 号——金融工具确认和计量》的规定，商业银行应于资产负债表日对各项贷款的账面价值进行检查如有客观证据表明该贷款发生减值的，应当计提减值准备。贷款发生减值的客观证据主要包括债务人发生严重财务困难；债务人违反了合同条款，如偿付利息或本金发生违约或逾期等；债权人出于经济或法律等方面因素的考虑，对发生财务困难的债务人做出让步；债务人很可能倒闭或进行其他财务重组；其他表明贷款发生减值的客观证据等。

（1）贷款发生减值。资产负债表日，商业银行确定贷款发生减值时，应当将该贷款的账面价值与预计未来现金流量现值之间的差额，确认为减值损失，计入当期损益。

【例4-18】工商银行1月发放给科华公司的3年期贷款本金4 000 000元，该年年底经测试确认该笔贷款已发生减值90 000元，假设该笔贷款无利息调整事项。银行会计处理如下。

（1）确认该笔贷款的减值损失

借：资产减值损失　　90 000

　　贷：贷款损失准备　　90 000

（2）将该笔贷款由“本金”转入“已减值”项目

借：贷款——中长期贷款——信用贷款——科华公司（已减值）　　4 00 000

　　贷：贷款——中长期贷款——信用贷款——科华公司（本金）　　4 000 000

（2）计提减值贷款利息。资产负债表日，应按减值贷款的摊余成本和实际利率计算确定利息收入，编制会计分录如下。

借：贷款损失准备——客户贷款户　　含税利息收入额

　　贷：利息收入　　不含税利息收入额

　　　　应交税费——应交增值税（销项税额）　　不含税利息收入额×6%

同时，将按合同本金和合同利率计算确定的应收利息金额进行表外登记。

（3）收回减值贷款。收回减值贷款时，应及时冲转该笔贷款的减值准备余额，同时根据实际收到的贷款金额与该笔贷款的账面净值的差额，调整本期的资产减值损失。

【例4-19】科华公司的3年期贷款4 000 000元到期，该笔贷款账面的损失准备余额为62 000元，实际收到企业归还贷款本息4 010 000元，本期含税利息70 000元。银行会计处理如下。

借：吸收存款——活期存款——科华公司　　4 010 000

　　贷款损失准备　　62 000

　　贷：贷款——中长期贷款——信用贷款——科华公司（已减值）　　4 000 000

　　　　资产减值损失　　2 000

　　　　利息收入　　66 037.74

　　　　应交税费——应交增值税（销项税额）　　3 962.26

（4）转销呆账贷款。凡符合下列条件之一的，造成商业银行不能按期收回的贷款，可以被确认为呆账：①借款人和担保人依法被宣告破产，经法定清偿后仍未还清的贷款；②借款人死亡，或依照《中华人民共和国民法通则》的规定，宣告失踪或死亡，以其财产或遗产清偿后未能还清的贷款；③借款人遭受重大自然灾害或意外事故，损失巨大且不能获得保险赔款，确实不能偿还的部分或全部贷款，或经保险赔偿清偿后未能还清的贷款；④借款人依法处置抵押物所得价款不足以补偿的贷款部分；⑤经国务院专案批准核销的贷款。按法定程序核销呆账损失，应编制如下会计分录。

借：贷款损失准备　　账面金额

　　资产减值损失　　差额

　　贷：贷款——××贷款——客户贷款户（已减值）　　账面金额

三、担保贷款的核算

担保贷款是以法律规定的担保方式作为还款保障而发放的贷款。按照担保的不同形式，担保贷款又可分为保证贷款、抵押贷款和质押贷款。

1. 保证贷款

保证贷款是按照《担保法》规定的保证方式，以第三人承诺在借款人不能偿还贷款时，按约定承担一般保证责任或者连带责任而发放的一种贷款。借款人申请贷款时，应向银行信贷部门提交借款申请书、由保证人签署的保证书和其他有关资料。经信贷部门审查同意后，由信贷部门与保证人签订保证合同，然后由信贷部门将有关凭证和证明文件交会计部门，向借款人发放贷款。

保证贷款的发放和按期收回的会计处理与信用贷款基本相同，不同的是应当在“贷款”科目下设“保证贷款”明细科目。另外，当保证贷款到期借款人无力偿还贷款本息时，银行根据借款合同和担保合同的规定向保证人收取贷款本息和逾期利息。

2. 抵押贷款

抵押贷款是指按照《担保法》规定的抵押方式以借款人或第三人的财产作为抵押物发放的贷款。借款人到期不能归还贷款时，贷款银行有权依法处置抵押物，从所得款项中优先收回贷款本息，或以抵押物折价充抵。

抵押物是指借款人或第三人（以下称抵押人）提供经债权人认可作为抵押物的财产，一般包括抵押人所有的房屋和其他地上定着物；抵押人所有的机器、交通运输工具和其他财产；抵押人依法有权处分的国有土地使用权、房屋和其他地上定着物；抵押人依法承保并经发包方同意抵押的荒山、荒沟、荒滩等荒地的土地使用权；抵押人依法有权处分的国有机器、交通运输工具和其他财产；依法可以抵押的其他财产。

抵押贷款的申请程序与信用贷款基本一致。借款人申请抵押贷款时，一般应向银行填交抵押贷款申请书，商业银行收到借款申请后要对贷款人资格、贷款目的和抵押物进行审查，审批同意后，可签订抵押借款合同，按照抵押物价值的50%～70%发放贷款。

（1）发放抵押贷款。借款人申请抵押贷款时，应向银行提交“抵押贷款申请书”，然后提交信贷部门审批，同意后，签订抵押贷款合同，借款人将抵押物的所有权证书及有关单证交给信贷部门。同时，银行会计部门对抵押物进行表外登记。办妥抵押品的保管手续后，由借款人填制借款凭证交信贷部门，然后由信贷部门将有关凭证和单据交会计部门。会计部门审核借款凭证和单据无误后，发放贷款。

【例4-20】时代商城将本企业所有的一处房产作为抵押，向工商银行申请1 500 000元3个月短期贷款，年利率6%。银行会计处理如下。

	借方	贷方
借：贷款——短期贷款——抵押贷款——时代商城	1 500 000	
贷：吸收存款——活期存款——时代商城		1 500 000

（2）抵押贷款按期收回。抵押贷款到期时，借款人应主动填写还款凭证，与转账支票一起提交贷款银行。贷款银行根据还款凭证收回贷款本息。

【例4-21】接【例4-20】，时代商城向工商银行借的3个月1 500 000元抵押贷款到期，企业开出转账支票偿还了贷款本息1 522 500元。银行会计处理如下。

	借方	贷方
借：吸收存款——活期存款——时代商城	1 522 500	
贷：贷款——短期贷款——抵押贷款——时代商城		1 500 000
利息收入		21 226.42
应交税费——应交增值税（销项税额）		1 273.58

（3）抵押贷款逾期。抵押贷款到期，借款人如不能按期偿还贷款本息，银行应将其转入“逾期

贷款”科目，并按规定计收罚息，同时向借款人填发“处理抵押品通知单”。如果逾期一个月以上，借款人仍无法归还贷款本息的，银行有权依法处理抵押物。对抵押物的处理主要有作价入账和拍卖出售两种方式。处理后取得的收入，扣除银行在处理抵押物过程中发生的费用后，应优先归还贷款本金，再归还利息。

3. 质押贷款

质押贷款是指按《担保法》规定的质押方式，以借款人或第三人的动产或权利为质物发放的贷款。质押贷款按照质物的性质不同，分为动产质押和权利质押两种形式。动产质押是指债务人或者第三人将其动产移交债权人占有，将该动产作为债权的担保。权利质押是指债务人或第三人将其权利凭证交付于债权人，将该权利凭证作为债权的担保。当债务人不履行债务时，债权人有权以该动产折价或者以拍卖、变卖该动产或权利凭证的价款优先受偿。质押贷款的发放和收回核算与抵押贷款基本相同。

四、票据贴现的核算

票据贴现是商业票据持有人在票据到期前，为获得资金而向商业银行转让票据，银行按票面金额扣除贴现利息后，将余额付给持票人的一种融资行为。它既是票据转让行为，也是商业银行发放贷款的一种方式，是商业信用与银行信用相结合的融资手段。

1. 银行受理票据贴现业务

持票人持未到期的商业汇票到开户行申请贴现时，应填制一式五联的贴现凭证，在第一联上按照规定签章后，连同汇票一并送交银行信贷部门。银行信贷部门根据信贷管理办法及结算规定进行贴现审查，审查同意后，应在贴现凭证第一联“银行审批栏”内签注“同意”字样并加盖有关人员名章后，送会计部门。

会计部门收到贴现凭证和商业汇票后，经审核无误后按照规定的贴现率计算贴现利息和实付贴现金额，将计算结果填入贴现凭证中的“贴现利息”和“实付贴现金额”栏内，以贴现凭证第一联作为贴现借方凭证，第二联作为持票人存款账户贷方凭证，第三联作为贴现利息贷方凭证，第四联给持票人作为收账通知，第五联为到期卡，和贴现汇票一起按到期日顺序排列专夹保管。贴现利息及实付贴现金额的计算公式如下。

含税贴现利息=商业汇票到期金额×贴现天数×（月贴现率÷30天）

实付贴现金额=商业汇票到期金额－含税贴现利息

【例4-22】时代商城持一张尚有20天才到期、面值900 000元、由工商银行承兑的无息银行承兑汇票到工商银行人民路支行营业部申请贴现，银行月贴现率为5‰。银行会计处理如下。

贴现利息=900 000×20×（5‰÷30）=3 000（元）

实付贴现金额=900 000－3 000=897 000（元）

	借方	贷方
借：贴现资产——银行承兑汇票	900 000	
贷：吸收存款——活期存款——时代商城		897 000
贴现资产——利息调整		3 000

2. 贴现汇票到期

贴现汇票到期后，贴现银行作为新的汇票持票人应及时向票据的承兑人收回票款，商业承兑汇票的贴现款收回是通过委托收款方式进行的。商业汇票分为银行承兑汇票和商业承兑汇票，银行承兑汇票的付款人为承兑银行，在票据到期后由贴现银行持到期汇票与付款银行进行票据结算；商业承兑汇票的付款人为企业，由贴现银行持到期汇票与企业所在开户行进行票据结算，如付款企业无力付款，则由贴现银行将无法兑现的贴现资产转为银行垫款。

【例4-23】接【例4-22】，时代商城贴现的银行承兑汇票到期，工商银行向异地承兑银行发出委托收款凭证和汇票后，收到划回的汇票款项。银行会计处理如下。

借：存放中央银行款项　　900 000
　　贷：贴现资产——银行承兑汇票　　900 000
借：贴现资产——利息调整　　3 000
　　贷：利息收入　　2 830.19
　　　　应交税费——应交增值税（销项税额）　　169.81

技能训练题

一、单项选择题

1. 以下可以确认为银行贷款呆账的是（　　）。

A. 借款人死亡

B. 借款人和担保人依法被宣告破产

C. 借款人遭受重大自然灾害或意外事故

D. 借款人依法处置抵押物所得价款不足以补偿的贷款部分

2. 以下不可以作为抵押贷款抵押物的是（　　）。

A. 房屋　B. 交通运输工具　C. 国有土地所有权　D. 机器设备

3. 以下不可以作为质押贷款质押物的是（　　）。

A. 国库券　B. 储蓄存单　C. 房屋　D. 仓单

二、多项选择题

1. 在贷款风险程度五级分类法下，不良贷款包括（　　）。

A. 关注贷款　B. 次级贷款　C. 可疑贷款　D. 损失贷款

2. 按贷款的保障程度，银行贷款可分为（　　）。

A. 正常贷款　B. 信用贷款　C. 担保贷款　D. 票据贴现贷款

3. 担保贷款包括（　　）。

A. 保证贷款　B. 抵押贷款　C. 质押贷款　D. 票据贴现

4. 银行贷款的利息计算方法有（　　）。

A. 每日计息　B. 每月计息　C. 每季计息　D. 利随本清

5. 银行贷款应计提减值准备的情况包括（　　）。

A. 债务人发生严重财务困难　B. 债务人很可能倒闭或进行其他财务重组

C. 债务人未能按期偿还到期贷款本金　D. 债务人未能按期偿付贷款利息

三、判断题

1. “贷款”科目属于负债类科目，用来核算银行根据有关规定发放的各种贷款。（　　）

2. 贷款业务应按照公允价值进行初始计量，相关交易费用应当计入初始确认金额，构成实际利息组成部分。（　　）

3. 贷款业务应计征增值税，且商业银行应作为一般纳税人按6%的税率计税。（　　）

4. 抵押贷款如果逾期一年以上，借款人仍无法归还贷款本息的，银行有权依法处理。（　　）

5. 票据贴现利息是按商业汇票的票面金额、贴现率和贴现天数确定的。（　　）

四、业务核算题

某银行发生经济业务如下。

（1）开户单位华明公司申请流动资金贷款800 000元，期限3个月，贷款年利率4.8%，一次还本付息。经银行信贷部门审批同意，将贷款资金转入该公司活期存款户。

（2）3 个月后，向华明公司发放的贷款到期，本息如数从该公司存款户转账收到，之前未计提过贷款利息。

（3）金和公司急需一笔短期资金 80 000 元，以设备向银行申请抵押贷款，银行经审查批准，将资金转入该公司存款户。

（4）向丰银公司发放的一笔 2 年期信用贷款 500 000 元，合同利率和实际利率均为 6%，利息按季收取，该年年底，有客观证据表明丰银公司发生严重财务困难，银行据此认定对丰银公司的贷款发生了减值 100 000 元。

（5）兴盛公司持一张尚有 25 天到期、面值 700 000 元的无息银行承兑汇票到开户行申请贴现，银行贴现年利率为 7.2%。

（6）兴盛公司贴现的银行承兑汇票到期，银行向承兑银行发出委托收款凭证和汇票后，收到划回的汇票款项。

要求：根据以上资料，编制银行方面的会计分录。

第四节 支付结算业务的核算

货币的支付结算是促进商品交易的重要手段，传统的支付结算按支付形式的不同，分为现金结算和转账结算两种。随着互联网信息技术的发展，移动支付已成为人们日常消费的重要支付工具，第三方支付等网络支付方式的兴起，对商业银行的传统支付方式形成了冲击。尽管如此，商业银行作为支付结算和资金清算的中介机构，在现在和未来仍将发挥着重要作用。商业银行的支付方式也在随着互联网经济的发展进行着相应的改变，通过银行办理转账结算对于规范支付结算行为、保障支付结算活动中当事人的合法权益、保证资金安全、提高支付效率仍具有重要意义。

一、支付结算业务概述

支付结算是指单位、个人在社会经济活动中使用票据、信用卡和汇兑、托收承付、委托收款等结算方式进行货币给付及其资金清算的行为。

1. 支付结算票证

支付结算需要使用票据和结算凭证。票据和结算凭证是银行、单位和个人凭以记载账务的会计凭证，是记载经济业务和明确经济责任的一种书面证明。它涉及客户和银行、银行和银行之间的资金往来，不仅是银行据以办理资金收付的重要书面凭据，也是核对账务和事后查考的重要依据，对保证支付结算活动的有序进行起着重要的作用。

1997 年中国人民银行印发了《支付结算办法》，并根据对票据和结算方式的管理要求设计了统一的票证，并随着支付结算业务的发展，多次修改和完善，目前调整后的人民银行统一规范管理的票证共有 15 种，分别是银行汇票、粘单、商业承兑汇票、银行承兑汇票、本票（不定额）、转账支票、现金支票、支票（普通支票）、进账单、信汇凭证、电汇凭证、支付结算通知查询查复书、银行承兑汇票查询（复）书、托收凭证、拒绝付款理由书。

2. 支付结算原则

支付结算的原则是指单位、个人和银行在进行支付结算活动时必须遵循的行为准则。根据规定，支付结算应当遵守以下原则。

（1）恪守信用，履约付款原则。根据该原则，各单位之间、单位与个人之间发生交易往来，产生支付结算行为时，结算当事人必须依照双方约定的民事法律关系内容依法承担义务和行使权利，严格遵守信用，履行付款义务，特别是应当按照约定的付款金额和付款日期进行支付。结算双方办理款项收付完全建立在自觉自愿、相互信任的基础上。

（2）谁的钱进谁的账、由谁支配原则。根据该原则，银行在办理结算时，必须按照存款人的委托，将款项支付给其指定的收款人；对存款人的资金，除国家法律另有规定外，必须由其自由支配。这一原则主要在于维护存款人对存款资金的所有权，保证其对资金支配的自主权。

（3）银行不垫款原则。即银行在办理结算过程中，只负责办理结算当事人之间的款项划拨，不承担垫付任何款项的责任。这一原则主要在于划清银行资金与存款人资金的界限，保护银行资金的所有权和安全，有利于促使单位和个人直接对自己的债权、债务负责。

3. 支付结算要求

根据《支付结算办法》的规定，单位、个人和银行办理支付结算的基本要求如下。

（1）单位、个人和银行办理支付结算必须使用按中国人民银行统一规定印制的票据和结算凭证。未使用中国人民银行统一规定格式的结算凭证，银行不予受理。

（2）单位、个人和银行应当按照《人民币银行结算账户管理办法》的规定开立、使用账户。

（3）票据和结算凭证上的签章和其他记载事项应当真实，不得伪造、变造。票据和结算凭证上的签章，为签名、盖章或者签名加盖章；单位、银行在票据上的签章和单位在结算凭证上的签章，为该单位、银行的公章加其法定代表人或者其授权的代理人的签名或者盖章。

（4）填写票据和结算凭证应当规范，做到要素齐全、数字正确、字迹清晰、不错不漏、不潦草，防止涂改。票据和结算凭证的金额、出票或者签发日期、收款人名称不得更改，更改的票据无效；更改的结算凭证，银行不予受理。对票据和结算凭证上的其他记载事项，原记载人可以更改，更改时应当由原记载人在更改处签章证明。票据和结算凭证金额以中文大写和阿拉伯数码同时记载，二者必须一致，否则银行不予受理。

二、支票结算

支票是出票人签发的，委托办理支票存款业务的银行或者其他金融机构在见票时无条件支付确定的金额给收款人或者持票人的票据。支票包括现金支票、转账支票和普通支票。支票上未印有“现金”或“转账”字样的为普通支票，普通支票可以用于支取现金，也可以用于转账，在普通支票左上角划两条平行线的为划线支票，划线支票只能用于转账，不得支取现金。央行于 2007 年建成全国支票影像交换系统后，支票可在全国范围内互通使用。

微课：支票

1. 现金支票

现金支票是指收款人凭以向付款人提取现金的票据。当开户单位需要支取现金时，应按照《现金管理条例》的规定签发现金支票，然后将现金支票直接向付款人（即出票人开户行）提示付款。出票人开户行接到收款人提示的现金支票，审核无误后，登记分户账，会计分录如下。

借：吸收存款——活期存款——××出票人户

　　贷：库存现金

2. 转账支票

转账支票是指由出票人签发，委托银行将款项从其账户转入收款人账户的票据，转账支票只能办理转账，不能支取现金。转账支票的结算流程如图 4-9 所示。

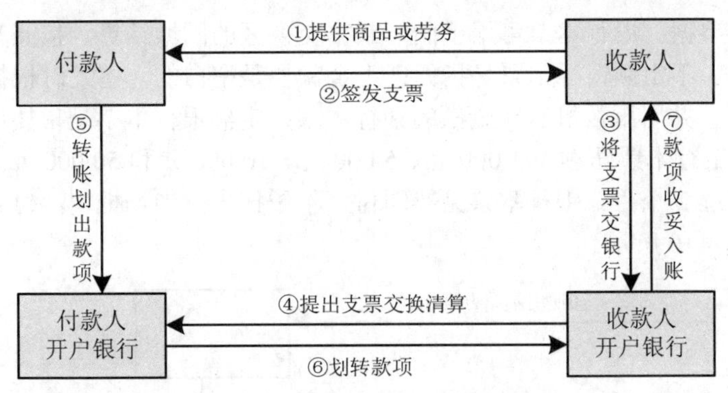

图 4-9 转账支票的结算流程

（1）持票人、出票人在同一银行机构开户

持票人向银行交存支票时，需同时填写进账单，进账单一式三联（第一联是开户银行交给持票人的回单，第二联由收款人开户银行作为贷方凭证，第三联是收款人开户银行交给收款人的收账通知）。银行接到支票持票人（或出票人）送来的转账支票和一式三联的进账单，经审查审查无误后，以支票作为借方凭证，第二联进账单作为贷方凭证，将第一联进账单加盖转讫章后作为回单交给持票人，第三联进账单加盖转讫章作后收为账通知交给持票人。会计分录如下。

借：吸收存款——活期存款——××出票人户

　　贷：吸收存款——活期存款——××持票人户（或××支票收款人户）

（2）持票人、出票人不在同一银行机构开户

① 持票人开户行受理持票人送交的支票。持票人开户行接到持票人送交的支票和三联进账单时，经审查无误后，将第一联进账单加盖业务公章退给持票人作为银行受理回单，将支票按照票据交换的规定及时提出交换，待退票时间过后，即可为持票人办理收款进账，以第二联进账单作为贷方凭证，同时将第三联进账单加盖转讫章后退给持票人。会计分录如下。

借：存放中央银行款项（或清算资金往来）

　　贷：吸收存款——活期存款——××持票人户

出票人开户行收到经票据交换提入的支票后，经审查无误后不予退票的，以支票作为借方凭证，做如下会计分录。

借：吸收存款——活期存款——××出票人户

　　贷：存放中央银行款项（或清算资金往来）

② 出票人开户行受理出票人送交的支票。出票人开户行接到出票人送交的支票和三联进账单时，经审查无误后，以支票作为借方凭证，第一联进账单加盖转讫章后作为回单交给出票人，第二联进账单加盖业务公章连同第三联进账单按票据交换的规定及时提交给收款人开户行。会计分录如下。

借：吸收存款——活期存款——××出票人户

　　贷：存放中央银行款项（或清算资金往来）

持票人开户行收到交换提入的第二、三联进账单，经审查无误，第二联进账单加盖转讫章后作为贷方凭证。会计分录如下。

借：存放中央银行款项（或清算资金往来）

　　贷：吸收存款——活期存款——××收款人户

三、银行本票结算

银行本票是申请人将款项交存银行，由银行签发的承诺自己在见票时无条件支付确定的金额给

收款人或者持票人的票据。银行本票可用于同一票据交换区的同城结算，按照其金额是否固定可分为不定额和定额两种。不定额银行本票是指凭证上金额栏是空白的，签发时根据实际需要填写金额（起点金额为 100 元），并用压数机压印金额的银行本票；定额银行本票是指凭证上预先印有固定面额的银行本票。定额银行本票面额为 1 000 元、5 000 元、10 000 元和 50 000 元，其提示付款期限自出票日起最长不得超过 2 个月。银行本票见票即付，不予挂失，当场抵用，付款保证程度高。银行本票的结算流程如图 4-10 所示。

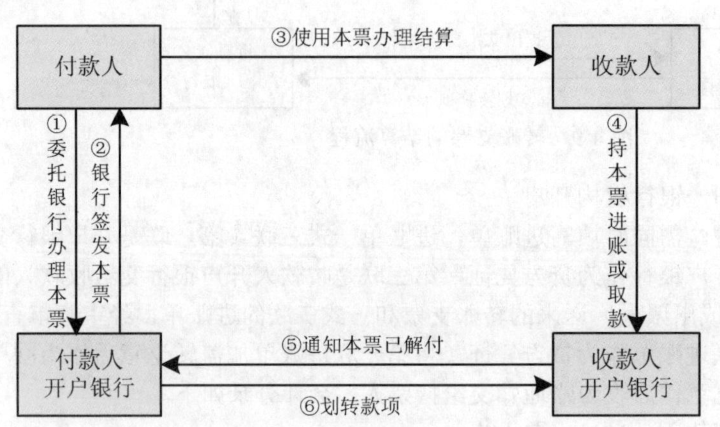

微课：银行本票

图 4-10　银行本票的结算流程

银行本票的银行会计处理如下。

1. 出票行出票的处理

需要使用银行本票的申请人，应向银行提交一式三联的“银行本票申请书”。银行受理申请人提交的申请书并审核无误后，申请书第一联存根，由出票行盖章退回，表示受理；申请书第二联作为借方传票，第三联作为贷方传票，办理转账。会计分录如下。

借：吸收存款——活期存款——××申请人户

　　贷：吸收存款——本票

2. 银行本票付款的处理

（1）出票行直接向持票人付款的处理。出票行接到现金本票或者持票人在本行开户时，都是由出票行直接向持票人付款结清票据，无需代理付款行付款。会计分录如下。

借：吸收存款——本票

　　贷：库存现金

　　　　（或）吸收存款——活期存款——××持票人户

（2）代理付款行代出票行付款的处理。代理付款行接到在本行开户的持票人直接交来的本票和进账单时，经审查无误后，进账单第二联作为贷方传票，第三联加盖转讫章后作为收账通知，同时办理转账。本票加盖转讫章，通过同城票据交换向出票行提出本票。会计分录如下。

借：清算资金往来

　　贷：吸收存款——活期存款——××持票人户

3. 出票行结清银行本票的处理

出票行通过票据交换提入本票后，抽出专夹保管的本票卡片或存根，经核对无误后，本票作为借方传票，卡片或存根联作为附件，办理转账。会计分录如下。

借：吸收存款——本票

　　贷：清算资金往来

四、银行汇票结算

银行汇票是指由出票银行签发的，由其在见票时按照实际结算金额无条件付给收款人或者持票人的票据。银行汇票可以在异地和系统内同城使用，且以异地结算为主。银行汇票有使用灵活、票随人到、兑现性强等特点，适用于先收款后发货或钱货两清的商品交易。银行汇票的结算流程如图 4-11 所示。

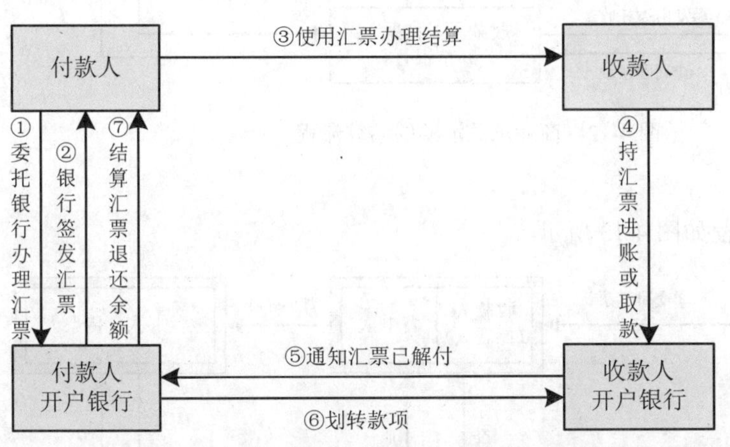

图 4-11　银行汇票的结算流程

银行汇票的银行会计处理与银行本票类似，只是银行汇票在结清时，可能存在多余款的处理，经办人在汇票第一、四联“实际结算金额”栏填写实际结算金额，汇票第一联作为借方传票，以汇划凭证作为借方记账凭证附件，另根据多余金额填制一联特种转账贷方凭证并注明“××号银行汇票多余款”字样作为贷方传票。同时销记“汇出汇款登记簿”，在汇票第四联上填写多余金额并加盖转讫章后退申请人作为收款通知。会计分录如下。

借：吸收存款——汇出汇款——××银行汇票户

　　贷：清算资金往来等

　　　　吸收存款——活期存款——××申请人户

五、商业汇票结算

商业汇票是出票人签发的，委托付款人在指定日期无条件支付确定的金额给收款人或者持票人的票据。商业汇票分为商业承兑汇票和银行承兑汇票。商业承兑汇票由银行以外的付款人承兑（付款人为承兑人），银行承兑汇票由银行承兑。商业汇票的付款期限，最长不得超过 6 个月（电子商业汇票可延长至 1 年）。在银行开立存款账户的法人及其他组织之间，必须具有真实的交易关系或债权、债务关系才能使用商业汇票；商业汇票可以用于同城或异地的结算。

1. 商业承兑汇票

商业承兑汇票的结算流程如图 4-12 所示。

持票人凭商业承兑汇票委托开户行收款时，应填制托收凭证，并在“委托收款凭据名称”栏注明“商业承兑汇票”及其汇票号码，连同汇票一并送交开户行。银行经审查无误后，在托收凭证各联加盖“商业承兑汇票”戳记，其余按发出委托收款方式的业务办理。

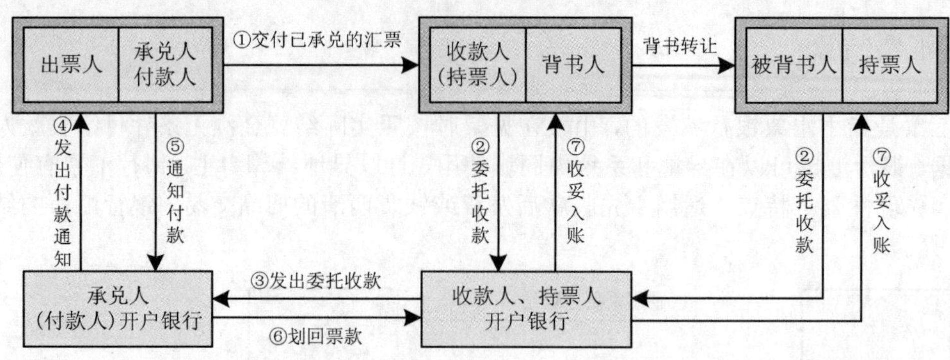

图 4-12　商业承兑汇票的结算流程

2. 银行承兑汇票

银行承兑汇票的结算流程如图 4-13 所示。

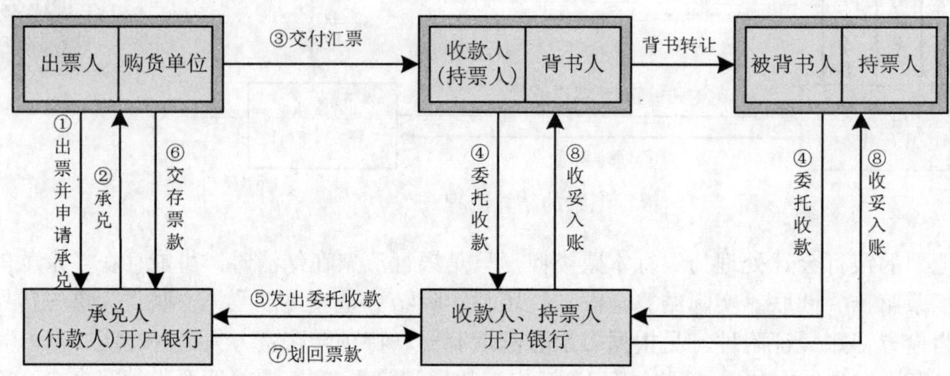

图 4-13　银行承兑汇票的结算流程

银行承兑汇票应由在承兑银行开立存款账户的存款人签发，并由出票人向开户行申请，经银行审查同意后承兑。该票据一式三联：第一联卡片，由承兑行留存备查；第二联汇票正联，由收款人开户行随委托收款结算凭证寄给付款行作为借方凭证的附件；第三联存根，由出票人存查。

（1）承兑银行办理汇票承兑。出票人或持票人持银行承兑汇票向汇票上记载的付款银行申请或提示承兑时，承兑银行的信贷部门按照支付结算办法和有关规定审查同意后，即可与出票人签署一式三联的银行承兑协议。会计部门接到汇票和承兑协议，经审核无误后，对承兑协议进行编号，并在第二联汇票"承兑人签章"处加盖汇票专用章并由授权的经办人签名或盖章，然后将第一联卡片和承兑协议副本专夹保管。同时，承兑银行按规定向出票人收取 0.5‰的承兑手续费。会计分录如下。

借：吸收存款——活期存款——××出票人户

　　贷：手续费及佣金收入

（2）汇票到期承兑银行向出票人收取票款。承兑银行应每天查看汇票的到期情况，对到期的汇票，应于到期日向出票人收取票款，专户存储。会计分录如下。

借：吸收存款——活期存款——××出票人户　　　　可付部分金额

　　贷款——逾期贷款　　　　金额不足部分

　　贷：应解汇款　　　　票面额

（3）承兑银行收到托收凭证支付票款。承兑银行接到持票人开户行寄来的托收凭证及汇票，抽出原专夹保管的汇票卡片和承兑协议副本，经审查无误后，于汇票到期日或到期日之后的见票当日，以第三联托收凭证作为借方凭证，汇票加盖转讫章后作为附件，以清算中心转来的清算凭证作为贷方凭证。会计分录如下。

借：应解汇款

贷：清算资金往来等

（4）持票人开户行收到汇票款项。持票人开户行接到承兑银行寄来的清算凭证，按照委托收款的款项办理。会计分录如下。

借：清算资金往来等

贷：吸收存款——活期存款——××持票人户

六、汇兑结算

汇兑是汇款人委托银行将其款项支付给收款人的结算方式。单位和个人的各种款项的结算，均可使用汇兑结算方式，同城和异地不受限制。目前普遍使用的网银转账也属于汇兑结算方式。汇兑的结算流程如图 4-14 所示。

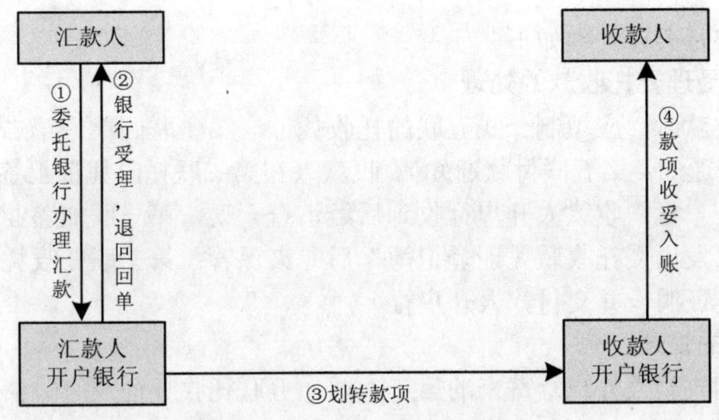

图 4-14　汇兑的结算流程

汇兑结算的银行会计处理如下。

1. 汇出行的会计处理

汇出银行收到汇兑凭证，审核无误后，即可办理汇款。会计分录如下。

借：吸收存款——活期存款——××汇款人户

贷：清算资金往来等

2. 汇入行的会计处理

汇入银行收到汇出行或转汇行经资金汇划系统本行清算中心转来的划收款凭证，经审查后，可分情况进行处理。

（1）直接收账的处理。收款人在汇入行开有存款账户，则银行应将款项直接转入收款人账户，并向收款人发出收账通知。会计分录如下。

借：清算资金往来等

贷：吸收存款——活期存款——××收款人户

（2）不直接收账的处理。如果收款人不在汇入行开户，或汇款人要求将汇款留行待取，银行先将款项转入“应解汇款”科目。会计分录如下。

借：清算资金往来等

贷：应解汇款——××收款人户

七、委托收款结算

委托收款是收款人向银行提供收款依据，委托银行向付款人收取款项的结算方式。委托收款在同城、异地均可使用，不受金额起点的限制。委托收款的结算流程如图4-15所示。

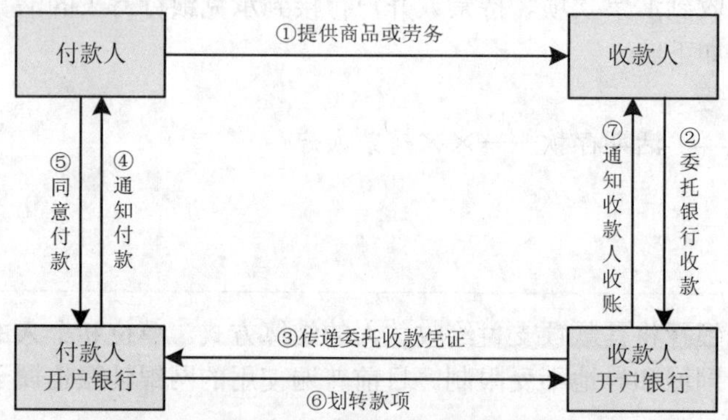

图4-15 委托收款的结算流程

委托收款结算的银行会计处理如下。

1. 收款人开户行受理委托收款的处理

收款人办理委托收款时，应填制一式五联的托收凭证（第一联回单，第二联贷方凭证，第三联借方凭证，第四联收账通知，第五联付款通知）。收款人在第二联托收凭证上签章后，连同有关托收凭证和债务证明提交开户行。收款人开户行收到后经审查无误，第一联加盖业务公章退给收款人；第二联在凭证已登记“发出委托收款凭证登记簿”后专夹保管；第三联托收凭证加盖结算专用章与第四、五联及有关债务证明一并交付款人开户行。

2. 付款人开户行的处理

付款人开户行接到收款人开户行寄来的第三、四、五联托收凭证及有关债务证明，经审查无误后，在各联凭证填注收到日期，根据托收凭证第三、四联，将有关内容输入资金汇划系统，登记“收到委托收款凭证登记簿”，然后将第三、四联托收凭证专夹保管。

（1）付款人全额付款的处理。付款人账户内有足够资金支付全部款项后，以第三联委托收款凭证作为借方记账凭证，电子清算划收款专用凭证作为贷方凭证，然后通过电子汇划业务办理划款。会计分录如下。

借：吸收存款——活期存款——××付款人户

　　贷：清算资金往来等

（2）付款人无款支付的处理。银行在办理划款时，付款人账户不足以支付全部款项的，银行应在托收凭证和“收到托收凭证登记簿”上注明退回日期和“无款支付”字样，同时填制一式三联的付款人“未付款项通知书”，将第一联通知书和第三联托收凭证留存备查，将第二、三联通知书及托收凭证第四联、债务证明寄回给收款人开户行。

（3）付款人拒绝付款的处理。付款人在规定时间内拒绝付款的，应填制一式四联的“拒绝付款理由书”，连同委托收款凭证第五联及所附债务证明送交开户行。经开户行核对无误后，在委托收款凭证和登记簿备注栏内注明“全部拒付”字样。然后将第一联“拒绝付款理由书”加盖业务用公章作为回单退付款人，将第二联“拒绝付款理由书”连同委托收款凭证第三联一并留存备查，将第三、四联“拒绝付款理由书”连同委托收款凭证第四、五联及有关债务证明一并寄收款人开户行。

3. 收款人开户行收到划回款项的处理

（1）款项划回的处理。收款人开户行接到付款人开户行（或异地本系统转汇行）通过电子汇划转来的有关凭证，同留存的第二联委托收款凭证进行核对，经审查无误后，在有关凭证上填写转账日期后即以该联作为贷方凭证，或以“电子汇划收款补充报单”第二联作为贷方凭证（此时第二联托收凭证作为其附件）。转账后，将第四联托收凭证或“电子汇划收款补充报单”第二联加盖转讫章后作为收账通知交给收款人，并销记发出托收凭证登记簿。会计分录如下。

借：清算资金往来等

　　贷：吸收存款——活期存款——××收款人户

（2）无款支付或拒绝付款退回凭证的处理。收款人开户行接到第四、五联委托收款凭证及有关债务证明和第三、四联“未付款项通知书”或“拒绝付款理由书”，经核对无误后，抽出第二联委托收款凭证，并在该联凭证备注栏内注明“无款支付”或“拒绝付款”字样，销记发出委托收款凭证登记簿。然后将第四、五联委托收款凭证及债务证明和第四联“未付款项通知书”或“拒绝付款理由书”退给收款人。由收款人在第三联“未付款项通知书”或“拒绝付款理由书”上签收后，连同第二联委托收款凭证一并保管备查。

八、托收承付结算

托收承付亦称异地托收承付，是指根据购销合同由收款人发货后委托银行向异地购货单位收取货款，根据合同对单或对证验货后，向银行承认付款的一种结算方式。使用托收承付结算方式的收款单位和付款单位，必须是国有企业、供销合作社及经营管理较好，并经开户银行审查同意的城乡集体所有制工业企业。随着市场经济的发展，托收承付结算方式使用量不断下降，为增强票证的通用性，降低票证的印制和管理成本，2005 年启用的新版票证将托收承付、委托收款凭证统一合并为“托收凭证”。托收承付的结算流程如图 4-16 所示。

托收承付结算的凭证使用、流转程序和会计分录在正常情况下与“委托收款结算”类似，不再赘述。

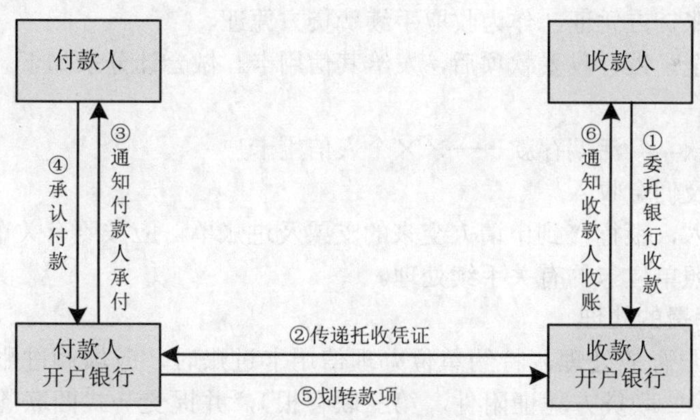

图 4-16　托收承付的结算流程

九、银行卡结算

银行卡是指由商业银行向社会发行的具有消费信用、转账结算、存取现金等全部或部分功能的信用支付工具。银行卡按使用对象可分为单位卡和个人卡；按是否可以透支可分为借记卡和信用卡；按币种不同可分为人民币卡和外币卡。

单位、个人持卡可在特约商户购物、消费。单位卡不得用于 10 万元以上的商品交易、劳务供应款项的结算。单位卡不得支取现金。信用卡透支期限最长为 60 天。信用卡的结算流程如图 4-17 所示。

由于借记卡可视同存款卡，其核算同活期存款，以下仅介绍信用卡结算的银行会计处理。

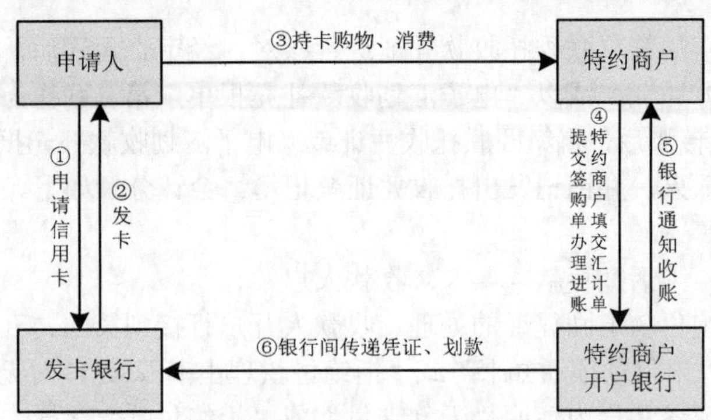

图 4-17　信用卡的结算流程

1. 信用卡发卡的处理

（1）单位卡发卡的处理。单位申请使用信用卡，应按发卡银行规定向发卡银行填写申请表。发卡银行审查同意后，应及时通知申请人前来办理领卡手续，并按规定向其收取备用金和手续费。填制一联特种转账贷方凭证，作为收取手续费贷方凭证。

如申请人在发卡银行机构开户，发卡银行接到申请人送来的支票和三联进账单，经审查无误，做会计分录如下。

借：吸收存款——活期存款——××申请人基本存款账户

　　贷：吸收存款——活期存款——××申请人信用卡户

　　　　手续费及佣金收入

如果申请人不在发卡银行机构开户，支票提出交换，按照票据交换的规定进行处理。

（2）个人卡发卡的处理。个人申请使用信用卡，应按发卡银行规定向发卡银行填写申请表。发卡机构批准申请人领卡后，应及时通知申请人前来办理领卡手续，并按规定向其收取备用金和手续费。填制一联特种转账贷方凭证，作为收取手续费贷方凭证。

如申请人交存现金，银行收妥款项后，发给其信用卡。做会计分录如下。

借：库存现金

　　贷：吸收存款——活期存款——××个人信用卡户

　　　　手续费及佣金收入

如申请人转账存入，银行接到申请人交来的支票及进账单，应按照有关个人卡账户资金来源的规定认真审查后．比照单位卡的有关手续处理。

2. 信用卡购物消费的处理

（1）特约单位开户行的处理。特约单位办理信用卡进账时，应填制进账单和一式三联汇计单（第一联交费收据，第二联贷方凭证附件，第三联存根），并提交一式四联签购单（第一联回单、第二联贷方凭证，第三联贷方凭证附件，第四联存根）。

特约单位开户行收到特约单位送来的以上材料，经审查无误后，根据第二联签购单上压印的电子汇划往来行号或填注的分辖行号和同城票据交换号进行处理。会计分录如下。

借：清算资金往来等

　　贷：吸收存款——活期存款——××特约单位户

　　　　手续费及佣金收入

（2）持卡人开户行的处理。持卡人开户行收到通过同城票据交换或电子汇划信息及第二联签购单时，经审查无误后，在第二联签购单上加盖转讫章后作为借方凭证。会计分录如下。

借：吸收存款——活期存款——××信用卡户

　　贷：清算资金往来等

持卡人开户行收到签购单，发现持卡人账户不足支付的，其不足部分转入“贷款”科目核算，透支利息按规定办理。

技能训练题

一、单项选择题

1.《支付结算办法》规定只能在异地使用的结算办法是（　　）。

A．银行汇票　　B．商业汇票　　C．汇兑　　D．托收承付

2．支票出票人的签章应为（　　）。

A．出票人的财务专用章　　B．公章

C．预留银行签章　　D．法定代表人或授权的代理人签章

3．支票的提示付款期限为（　　）。

A．5天　　B．10天　　C．20天　　D．1个月

4．银行签发的、由其在见票时按照实际结算金额无条件支付给收款人或者持票人的票据是（　　）。

A．银行本票　　B．银行汇票　　C．银行承兑汇票　　D．支票

二、多项选择题

1．银行只认钱不认人，有钱就可受理的业务有（　　）。

A．汇兑　　B．银行汇票　　C．支票　　D．银行本票

2．我国的票据包括（　　）。

A．银行汇票　　B．商业汇票　　C．支票　　D．银行本票

3．同城和异地均可以采用的结算方式是（　　）。

A．委托收款　　B．托收承付　　C．商业汇票　　D．银行本票

4．可以背书转让的票据是（　　）。

A．支票　　B．银行汇票　　C．银行本票　　D．商业汇票

三、判断题

1．单位和个人在同城或异地结算各种款项均可使用支票。（　　）

2．银行本票是银行签发的承诺自己在见票时无条件支付确定的金额给收款人或者持票人的票据。（　　）

3．银行汇票收款人未填明实际结算金额和多余金额或实际结算金额超过出票金额的银行不予受理。（　　）

4．汇兑结算只适用于在银行开立账户的汇款人汇划各种款项。（　　）

5．票据和结算凭证上的记载事项一律不能更改。（　　）

四、业务核算题

某地工商银行发生下列结算业务。

（1）收到开户单位远方公司签发给三联公司的转账支票及进账单，金额 150 000 元，三联公司为在本行开户单位，审核无误，办理转账。

（2）在本行开户的佳华公司签发支票，提取备用金 5 000 元。

（3）收到开户单位江南公司交来的转账支票和进账单，金额 200 000 元，出票人为在建设银行开户的江北公司，收妥款项，办理转账。

（4）开户单位远足公司持本行签发的本票一张，金额 60 000 元，随进账单要求入账。

（5）收到开户单位南方公司交来的银行汇票申请书 300 000 元，审核无误，办理业务。

（6）开户单位美家公司提交进账单，附同城工行 C 行开户单位顺和公司签发的 100 000 元银行汇票结算凭证一份办理转账，实际结算金额 99 000 元，多余 1 000 元。编制美家公司开户行和工行

C 行的会计分录。

（7）开户单位北方公司申请办理无息银行承兑汇票 600 000 元，经信贷部门审查同意后，收取 0.5‰承兑手续费后，办理了承兑手续。

（8）本地中原公司通过网银向外省的大地公司转账 550 000 元。编制汇出行和汇入行的会计分录。

（9）惠民公司提交托收凭证及资料，付款人为同城永丰公司，托收金额 450 000 元。永丰公司全额支付了款项。编制付款单位和收款单位开户银行的会计分录。

（10）特约信用卡商户美家公司交来签购单、进账单和汇计单，办理客户信用卡消费转账 90 000 元，手续费为 1%，审查无误，办理业务。

要求：根据以上资料，编制银行方面的会计分录。

小结

第四章主要知识点及内在关系如图 4-18 所示。

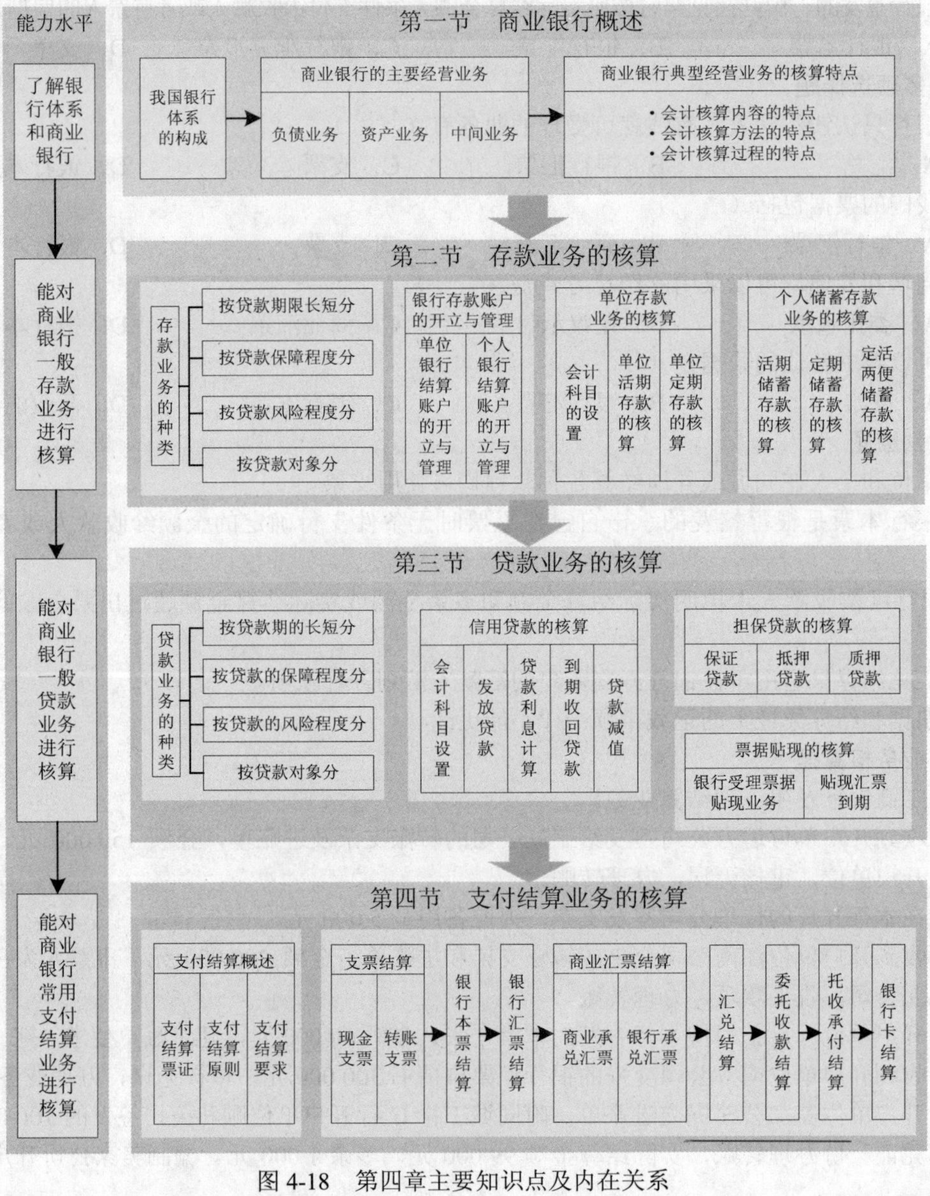

能力水平
了解银行体系和商业银行
能对商业银行一般存款业务进行核算
能对商业银行一般贷款业务进行核算
能对商业银行常用支付结算业务进行核算

第一节　商业银行概述
我国银行体系的构成 → 商业银行的主要经营业务（负债业务、资产业务、中间业务）→ 商业银行典型经营业务的核算特点（·会计核算内容的特点　·会计核算方法的特点　·会计核算过程的特点）

第二节　存款业务的核算
存款业务的种类：按贷款期限长短分；按贷款保障程度分；按贷款风险程度分；按贷款对象分
银行存款账户的开立与管理：单位银行结算账户的开立与管理；个人银行结算账户的开立与管理
单位存款业务的核算：会计科目的设置；单位活期存款的核算；单位定期存款的核算
个人储蓄存款业务的核算：活期储蓄存款的核算；定期储蓄存款的核算；定活两便储蓄存款的核算

第三节　贷款业务的核算
贷款业务的种类：按贷款期的长短分；按贷款的保障程度分；按贷款的风险程度分；按贷款对象分
信用贷款的核算：会计科目设置；发放贷款；贷款利息计算；到期收回贷款；贷款减值
担保贷款的核算：保证贷款；抵押贷款；质押贷款
票据贴现的核算：银行受理票据贴现业务；贴现汇票到期

第四节　支付结算业务的核算
支付结算概述：支付结算票证；支付结算原则；支付结算要求
支票结算（现金支票、转账支票）→ 银行本票结算 → 银行汇票结算 → 商业汇票结算（商业承兑汇票、银行承兑汇票）→ 汇兑结算 → 委托收款结算 → 托收承付结算 → 银行卡结算

图 4-18　第四章主要知识点及内在关系

第五章 施工企业典型业务核算

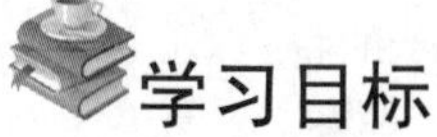

学习目标

- 熟悉建筑业的主要经营业务及其核算特点。
- 能对施工企业的周转材料和临时设施业务进行核算。
- 能准确归集施工企业工程建设的成本费用。
- 能对施工企业的完工成本进行准确核算。
- 能准确核算施工企业的工程合同收入和合同费用。

第一节 施工企业概述

随着我国经济和城镇化建设的快速发展，我国各地随处可见鳞次栉比的高楼、宽阔通畅的道路，施工工地和忙碌的建筑工人的身影成为各地经济发展中一道亮丽的风景。施工企业承担着这些基础设施的建设工作，为我国的经济发展做出了重要贡献。那么，施工企业主要是指哪些企业，主要开展哪些经营活动？其业务活动相较于其他企业有什么特点，在业务核算上又有什么不同之处？通过本节的学习，你应对施工企业形成基本认知。

一、施工企业的主要经营活动

施工企业又称建筑安装企业、建筑企业，主要从事建筑和设备安装工程施工，通常包括建筑公司、工程公司、建设公司等。如图 5-1 所示，一个建设项目从计划建设到验收交付，一般要经过工程项目论证、工程招投标、施工准备、工程施工、竣工验收等阶段。符合工程项目招投标资质条件的施工企业可通过直接参与工程项目招投标取得工程项目的施工任务，也可通过承接其他施工企业的分包业务而开展施工活动。在取得工程项目的施工任务后，施工企业围绕工程项目的设计要求组织施工，直至工程竣工验收。

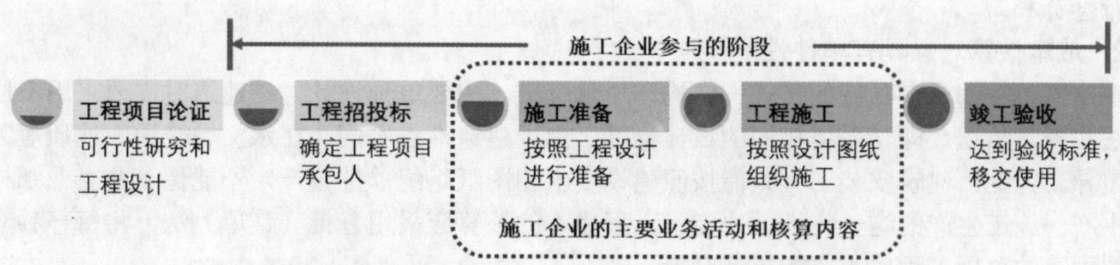

图 5-1　工程项目从计划建设到验收交付的主要过程阶段

施工企业的主要业务活动是建筑安装活动。施工企业从事的建筑工程主要包括房屋等建筑物，设备基础工程，管道工程，输电线路、通信导线等敷设工程，上下水道工程，道路工程，铁路工程，桥梁工程，隧道工程，水利工程，矿井开凿，钻井工程，各种特殊炉的砌筑工程等；施工企业从事的安装工程主要包括生产、动力、起重、运输、传动、医疗、实验等各种需要安装设备的装配和装置工程。通过施工企业的建筑安装活动，各种建筑材料转变为具有特定用途的各类建筑实物，各种机器设备组装成具有生产能力的各种实体。

相较于一般工业生产企业，施工企业的建筑安装施工业务活动具有图 5-2 所示的特点。

工程的固定性与生产的流动性

- 工程施工活动分散在各个工地上进行
- 施工队伍和施工机械在不同的工程项目间流动施工

工程的多样性与生产的单件性

- 建筑产品各有不同的功能、结构和用途
- 只能按建设要求组织单位生产

生产周期长与受自然条件影响大

- 大多数工程需要跨年度施工，有的长达几年
- 施工机械设施损耗程度受气候和地理条件影响大

图 5-2　施工企业经营活动的特点

二、施工企业典型业务的核算特点

施工企业经营活动的特点必然会影响其会计核算，从而形成以下特点。

1. 采用分组管理、分级核算方式

建筑安装工程必须在建设单位指定的地点施工，建筑安装工程的固定性，带来工程施工各生产要素的流动性，施工机械、设备、材料和工人都需要在各个工地间流动。为了适应施工企业生产流动性大、施工生产分散的特点，施工企业会计需要采取分级管理、分级核算的方法。我国施工企业一般采取三级（即公司、工区和施工队）或者两级（即公司和工区）核算制。公司总部进行总括的一级核算，工作重点是对工程项目进行统一结算、确认收入、计算经营成果、缴纳各种税费；施工工地进行二级和三级核算，工作重点是财产物资的管理和施工工地的成本核算。此外，施工生产流动性的特点，还决定了企业施工队每转移到一个新的施工现场，都要根据施工的需要搭建各种临时设施。因此，施工企业还须对有关临时设施的搭建、价值摊销、维修、报废、拆除等进行会计核算。

2. 成本核算对象具有单件性

各建筑工程都具有独特的形式、结构和质量标准，需要单独设计，在建造时需要采用不同的施工方法和施工组织。即使采用相同的设计标准，由于建造地点不同，在水文、交通、地质等方面也会有差异。因此，建筑安装工程只能按照建设要求和图纸组织单件生产，不能像工业企业那样进行成批生产。施工生产的这一特性，决定了工程成本的核算应采用分批（订单）法，将每一独立编制施工图预算的单项工程作为成本核算对象。

3. 成本结转和收入确认具有特殊性

建筑安装工程的施工具有周期长的特点，如果采用与制造企业相同的方法来划分产成品——

只有工程全部竣工，办理了验收交付使用手续，才能核算产成品，那么在长期的施工过程中，就不能对工程进度、工程质量和工程成本进行有效的监督。所以，对建筑安装产品，需要人为地划分产成品和在产品，即将工程进度达到预算定额的工作内容，不需要进一步施工，可据以进行结算的分部分项工程，作为产成品；将已投料施工，但尚未完成预算定额要求的全部工序，暂时无法进行结算的分部分项工程，视为在产品。同时，施工企业还须根据工程完工进度，采用完工百分比法分别计算和确认各年度的已实现收入，合理划分产成品和在产品的成本费用，以确定各年的经营成果。

4. 工程价款结算方法独特

由于建筑产品具有造价高、建设周期长的特点，因而施工过程中需要大量的资金。因此，对工程价款的结算，不能完全等到工程竣工验收后才进行。除了工期较短、造价较低的工程采用竣工后一次结算价款外，大部分工程项目采用的是按月结算或分段结算等方法。为了进一步解决施工企业垫支资金较多的问题，经双方协商，也可由发包单位或建设单位预付工程款和备料款，待办理工程价款结算时，再予以扣还。

5. 成本费用开支受自然力影响大

由于建筑产品的生产只能露天作业，无法移动，施工中主要的机械设备、材料物资等只能露天存放，风雨等气候因素容易导致财产物资损失和停工损失。因此，在计算施工机械及周转材料的损耗价值时，除考虑正常使用所造成的磨损外，还需根据实际发生的自然力侵蚀程度对财产物资的实际价值进行估算。

技能训练题

一、单项选择题

1. 以下不是施工企业必然要参与的工程项目阶段是（　　）。

A. 施工项目论证　　B. 竣工验收　　C. 施工准备　　D. 工程施工

2. 大部分工程项目的价款结算不会采用的方法是（　　）。

A. 工程竣工验收后一次结算价款　　B. 按月结算

C. 分段结算　　D. 发包方预付工程款

二、多项选择题

1. 下列各项中，属于施工企业会计特点的是（　　）。

A. 采取分级核算　　B. 以单项工程为成本核算对象

C. 按在建工程办理工程价款结算和成本结算　　D. 成本费用开支受自然力影响

2. 建筑工程周期长的特点，决定了会计核算具有（　　）特点。

A. 采用分组管理、分级核算方式　　B. 成本核算上人为地划分产成品和在产品

C. 工程价款结算方法独特　　D. 采用完工百分比法确认收入

三、判断题

1. 施工企业就是通常所说的房地产企业。（　　）

2. 施工企业的主要经营活动是建筑安装工程，建筑工程和安装工程不可分割。（　　）

3. 施工企业的工程项目一般体积庞大、造价高，所以成本核算应采用分批法，以便分阶段核算成本。（　　）

4. 对于工程进度达到预算定额的工作内容，不需要进一步施工，可据以进行结算的分部分项工程，可作为产成品核算。（　　）

第二节 周转材料和临时设施的核算

在现实生活中，我们经常看到施工工地上为了建造高层楼房需要搭建脚手架和吊车塔楼，为了安置建筑工人需要搭建临时板房，为了保证施工现场的安全生产需要砌筑隔离围墙……这些是施工企业开展建筑安装业务所必需的条件，也是施工企业有别于其他企业的典型业务内容。在本节里，我们将以一家施工企业为例，说明施工企业涉及以上业务内容时的核算方法，具体又分为周转材料的核算和临时设施的核算。

一、周转材料的核算

施工企业的周转材料是指企业在施工过程中能够多次使用，随着损耗逐渐转移其价值，并可基本保持原来形态的材料。周转材料按其在施工生产中的不同用途，可分为图5-3所示的4类。

图5-3 施工企业周转材料的分类

1. 周转材料核算的账户设置

周转材料的核算需设置“周转材料”账户。该账户为资产类账户，用于核算周转材料实际成本（或计划成本）的增减变化和摊销情况。借方登记周转材料实际成本（或计划成本）的增加，贷方登记周转材料因摊销、盘亏、报废、毁损等减少的价值，期末借方余额表示库存周转材料的实际成本（或计划成本）和在用周转材料的摊余价值。“周转材料”账户应设置“在库周转材料”“在用周转材料”“在库周转材料摊销”“在用周转材料摊销”等二级账户。

“在库周转材料”二级账户的账务处理与库存材料相同，核算各种库存周转材料的收发和结存情况；“在用周转材料”二级账户核算周转材料的领用、报废和在用结存情况；“在库周转材料摊销”是“在库周转材料”账户的备抵调整账户，核算在库周转材料实际价值的损耗，贷方登记在用周转材料退回入库时转入的已计提摊销额，借方登记周转材料出库时的转出额；“在用周转材料摊销”是

“在用周转材料”账户的备抵调整账户，核算企业周转材料在使用中的价值损耗，贷方登记按一定方法计提和补提的周转材料摊销额，借方登记结转报废周转材料的已提摊销额及退库时转入在库周转材料摊销的金额，贷方余额表示周转材料的累计摊销额。周转材料二级明细账户的结转关系如图5-4所示。

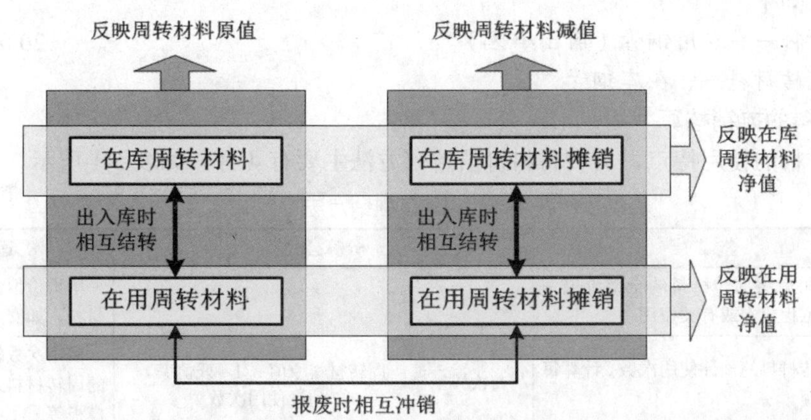

图5-4　周转材料二级明细账户的结转关系

2. 周转材料的购入核算

根据增值税的有关规定，一般纳税人的施工企业为甲供工程提供的建筑服务及为建筑工程老项目提供的建筑服务，可以选择简易计税方法按3%计税，但一经选择，36个月内不得变更。甲供工程是指全部或部分设备、材料、动力由工程发包方自行采购的建筑工程。工程老项目是指合同注明的开工日期在2016年4月30日前的建筑工程项目。选择简易计税方法的一般纳税人企业和小规模纳税人企业，购进货物的增值税不可抵扣，其增值税税额计入购进货物的采购成本。只有不选择简易计税方法的一般纳税人企业，在取得合法的增值税抵扣凭证后，其购进货物的增值税才能据以抵扣。本节以下均以不选择简易计税方法的一般纳税人企业为例说明其业务核算方法。

施工企业周转材料的购入核算方法与制造企业基本相同，其采购成本包括买价和采购过程中发生的包装费、运输费、装卸费及运输途中的合理损耗。采用计划成本法的施工企业购进周转材料时，应在周转材料入库时核算材料成本差异。

【例5-1】启星建筑公司为增值税一般纳税人，购入一批钢管架料，增值税专用发票上注明的价款为80 000元，增值税税额为10 400元，计划成本为82 000元，货款已通过银行转账支付，钢管已验收入库。做会计分录如下。

借：周转材料——在库钢管　　82 000
　　应交税费——应交增值税（进项税额）　　10 400
　贷：银行存款　　90 400
　　　材料成本差异——周转材料——钢管　　2 000

3. 周转材料的领用核算

领用周转材料时，应区别周转材料的摊销方法，进行相应的处理。采用一次摊销方法的周转材料，领用时应将周转材料的价值一次性全部计入工程成本；采用其他摊销方法的周转材料，领用时，调整周转材料明细账，从在库周转材料转入在用周转材料。

【例5-2】启星建筑公司的丽园小区合同工程本月领用一次性摊销的安全网一批，计划成本为8 000元，材料成本差异率为2%。做会计分录如下。

借：工程施工——合同成本——丽园小区——材料费　　8 160
　　贷：周转材料——在库安全网　　8 000
　　　　材料成本差异——周转材料——安全网　　160

【例5-3】启星建筑公司的丽园小区合同工程本月领用分次摊销的钢管一批，计划成本为20 000元。做会计分录如下。

借：周转材料——在用钢管（丽园小区）　　20 000
　　贷：周转材料——在库钢管　　20 000

4. 周转材料的摊销核算

根据周转材料的使用特点，周转材料价值摊销方法主要有4种，如表5-1所示。

表5-1　在用周转材料的摊销方法

名称	含义	计算公式	适用范围
一次摊销法	在领用时就将周转材料的全部价值一次性计入工程成本或有关费用		单价价值低、易损耗的周转材料，如安全网等
分次摊销法	根据周转材料的预计使用次数，计算每次的摊销额	$每次摊销额=\frac{周转材料原值\times(1-残值率)}{预计使用次数}$	使用次数较少或不经常使用的周转材料，如挡土板、定型模板等
分期摊销法	根据周转材料的预计使用期限，计算每期的摊销额	$每期摊销额=\frac{周转材料原值\times(1-残值率)}{预计使用期数}$	经常使用或使用次数较多的周转材料，如脚手架、跳板、塔吊轻轨、枕木等
定额摊销法	根据实际完成的实物工程量和预算规定的周转材料消耗定额，计算本期的摊销额	本期摊销额 = 本期完成的实物工程量 × 周转材料单位消耗定额	损耗与完成实物工程量直接相关的周转材料，如各种模板等

无论采用哪种摊销方法，都应定期或在工程竣工时进行周转材料的盘点和估价，以调整各种摊销方法的计算误差，确保工程和产品成本计算的准确性。

【例5-4】启星建筑公司根据本月在用周转材料的使用情况，编制“在用周转材料摊销计算表”，如表5-2所示。钢管按月摊销率2%计算，定型模板按每次摊销额1 500元计算，组合模板按摊销率80元/立方米工程量计算。根据表5-2做会计分录。

表5-2　在用周转材料摊销计算

2017年11月30日

工程项目	钢管（2%）		定型模板（1 500元/次）		组合模板（80元/立方米）		合计（元）
	计划成本（元）	摊销额（元）	使用次数（次）	摊销额（元）	工程量（立方米）	摊销额（元）	
丽园小区	700 000	14 000	3	4 500	800	64 000	82 500
合计	700 000	14 000	3	4 500	800	64 000	82 500

借：工程施工——合同成本——丽园小区——材料费　　82 500
　　贷：周转材料——在用钢管摊销（丽园小区）　　14 000
　　　　　　　　——在用定型模板摊销（丽园小区）　　4 500
　　　　　　　　——在用组合模板摊销（丽园小区）　　64 000

5. 周转材料的报废核算

周转材料经过多次使用后即会失去再使用价值，此时应做清理报废处理。报废周转材料的账务处理一般包括4个环节：补提摊销额、回收残料、冲销原值和已提摊销额、分配成本差异。

周转材料报废时，应由使用部门填写“周转材料报废单”，财会部门对报废单进行检查核对，并计算报废周转材料的已提摊销额和应补提的摊销额。补提摊销额的计算公式如下。

报废周转材料应补提的摊销额=应提摊销额-已提摊销额

报废周转材料应提摊销额=报废周转材料的原值（或计划成本）-残料价值

按大类进行摊销核算的周转材料的已提摊销额的计算公式如下。

$$已提摊销额=报废周转材料的原值（或计划成本）\times\frac{该类周转材料已提摊销额}{该类在用周转材料账面原值（或计划成本）}$$

【例5-5】启星建筑公司雅乐园商品房工程竣工，经批准报废工程用钢管一批，计划成本10 000元，回收残料作价500元并已验收入库。该批在用钢管预计可使用5年，预计残值率为4%，至今已摊销了58个月。钢管的材料成本差异率为2%。会计处理如下。

（1）补提摊销额

报废钢管已提摊销额=10 000×（1-4%）×58÷60=9 280（元）

报废钢管应补提摊销额=（10 000-500）-9 280=220（元）

借：工程施工——合同成本——雅乐园——材料费　220

　贷：周转材料——在用钢管摊销（雅乐园）　220

（2）回收残料入库

借：原材料——其他材料　500

　贷：周转材料——在用钢管（雅乐园）　500

（3）冲销已提摊销

借：周转材料——在用钢管摊销（雅乐园）　9 500

　贷：周转材料——在用钢管（雅乐园）　9 500

（4）分配材料成本差异

借：工程施工——合同成本——雅乐园——材料费　200

　贷：材料成本差异——周转材料——钢管　200

6. 周转材料的盘点核算

由于施工企业的周转材料大都在露天堆放和使用，受自然条件影响较大，施工过程中生产工艺和生产条件对周转材料的使用寿命也有着直接的影响，因此，在实际工作中，周转材料无论采用哪种摊销方法计算的摊销额，都有可能与实际损耗不一致。为了加强对周转材料的管理，准确核算施工成本，企业应于年度终了或工程竣工时，对在用周转材料进行盘点，确定其短缺数量、实有数量及成色。周转材料的现场管理比仓库管理的难度大，盘点时易出现短缺情况。短缺数量不大时，可按周转材料报废处理；若短缺数量较多，则应报请有关部门批准处理。若盘点时发现材料的实际成色与账面摊销情况不符，应根据实际成色对周转材料的账面已提摊销额进行调整。

【例5-6】年末，启星建筑公司盘点丽园小区工程在用周转材料时发现钢管架料短缺200千克，成色确定为40%。已知该批钢管架料的计划成本为4元/千克，账面成色为50%，其余在用钢管架料的全部计划成本为400 000元，成本差异率为2%。

（1）盘亏钢管数量不大，可按周转材料报废处理

① 补提盘亏钢管摊销额。

盘亏钢管已提摊销额=200×4×（1-50%）=400（元）

盘亏钢管应补提摊销额=200×4-400=400（元）

借：工程施工——合同成本——丽园小区——材料费　400

　贷：周转材料——在用钢管摊销（丽园小区）　400

② 冲销已提摊销。

借：周转材料——在用钢管摊销（丽园小区）　800

　贷：周转材料——在用钢管（丽园小区）　800

③ 分配材料成本差异。

盘亏钢管应分摊的成本差异=800×2%=16（元）

借：工程施工——合同成本——丽园小区——材料费　　16

　　贷：材料成本差异——周转材料——钢管　　16

（2）因成色不符，调整在用钢管的摊销额

在用周转材料已提摊销额=400 000×（1-50%）=200 000（元）

在用周转材料应提摊销额=400 000×（1-40%）=240 000（元）

在用周转材料少提摊销额=240 000-200 000=40 000（元）

借：工程施工——合同成本——丽园小区——材料费　　40 000

　　贷：周转材料——在用钢管摊销（丽园小区）　　40 000

7. 周转材料的退回核算

可多次使用的周转材料重新收回时应入库保管，会计核算上应将在用周转材料转为在库周转材料，同时将在用周转材料的摊销额转为在库周转材料的摊销额。

【例5-7】启星建筑公司的挡土板因丽园小区工程使用完毕退库，挡土板采用实际成本法核算，账面原值为90 000元，账面成色为50%。

已提摊销额=90 000×（1-50%）=45 000（元）

借：周转材料——在库挡土板　　90 000

　　贷：周转材料——在用挡土板（丽园小区）　　90 000

借：周转材料——在库挡土板摊销　　45 000

　　贷：周转材料——在用挡土板摊销（丽园小区）　　45 000

8. 周转材料的转移核算

周转材料从一个工程被转移到另一个工程时，应及时办理转移手续。在转移时，应根据实际损耗程度确定其成色，调整摊销额，以便准确核算两个不同工程的材料费用归属。

【例5-8】启星建筑公司将数码城工程用的一批模板转移到丽园小区工程使用，该批模板的账面原值为50 000元，账面累计摊销额为15 000元，转移时确定其成色为60%。

（1）核算模板应调整的摊销额

模板应提摊销额=50 000×（1-60%）=20 000（元）

模板应补提摊销额=20 000-15 000=5 000（元）

借：工程施工——合同成本——数码城——材料费　　5 000

　　贷：周转材料——在用模板摊销（数码城）　　5 000

（2）将数码城工程用模板转移到丽园小区工程使用

借：周转材料——在用模板（丽园小区）　　50 000

　　贷：周转材料——在用模板（数码城）　　50 000

（3）结转模板已提摊销额

借：周转材料——在用模板摊销（数码城）　　20 000

　　贷：周转材料——在用模板摊销（丽园小区）　　20 000

二、临时设施的核算

施工企业的临时设施是指为了保证施工和管理的正常进行而建造的各种临时性生产、生活设施。施工企业之所以需要搭建临时设施，是由建筑安装工程的固定性和建筑施工的流动性决定的。为了保证施工的顺利进行，每当施工队伍进入新的工程项目建筑工地时，必须搭建一些临时设施。这些临时设施在工程竣工后，必须拆除或做其他处理。

1. 临时设施的内容

施工企业的临时设施，通常可分为大型临时设施和小型临时设施两类。

（1）大型临时设施。

① 施工人员的临时宿舍。

② 食堂、浴室、医务室等现场临时性生活文化福利设施。

③ 临时铁路专用线、轻便铁道、塔式起重机路基、临时道路、场区刺网、围墙等。

④ 施工单位及附属企业在现场的临时办公室。

⑤ 现场各种临时仓库和施工机械设备库。

⑥ 施工过程中应用的临时给水、排水、供电、供热和管道等。

⑦ 施工现场的混凝土预制厂、混凝土搅拌站、钢筋加工厂、木材加工厂，以及配合单位的附属加工厂等临时性建筑物。

（2）小型临时设施。

① 现场施工和警卫安全用的小型临时设施，如作业棚、机棚、休息棚、茶炉棚、化灰池、施工用不固定水管、电线、便道、临时刺网等。

② 保管器材用的小型临时设施，如简易料棚、工具储藏室等。

③ 行政管理用的小型临时设施，如工地的收发室等。

2. 临时设施的核算

在新的企业会计准则中，施工企业的临时设施不再单独开立会计账户进行核算，而是并入了“固定资产”会计科目。因为施工企业的临时设施使用寿命与施工工期直接相关，所以，施工企业临时设施应按具体工程项目的施工使用期计算折旧，工程完工后处置临时设施发生的损失也应由工程项目负担，计入“工程施工”科目。

【例5-9】启星建筑公司在数码城工程施工现场搭建临时办公室，领用建筑材料200 000元。做会计分录如下。

借：在建工程——数码城临时办公室　　200 000
　　贷：原材料　　200 000

【例5-10】启星建筑公司在数码城工程施工现场搭建临时办公室交付使用，共发生建设费用300 000元。做会计分录如下。

借：固定资产——数码城临时办公室　　300 000
　　贷：在建工程——数码城临时办公室　　300 000

【例5-11】启星建筑公司的数码城工程施工期限为2年，预计净残值为4%，按月计提临时办公室的折旧。

临时办公室月折旧额=300 000×（1-4%）÷24=12 000（元）

借：工程施工——合同成本——数码城——其他直接费用　　12 000
　　贷：累计折旧　　12 000

【例5-12】启星建筑公司的数码城工程竣工，临时办公室拆除，拆除时已提折旧276 000元，在拆除过程中以银行存款支付清理费用3 000元，残料作价25 000元入库。会计处理如下。

（1）将拆除的临时设施转入清理

借：固定资产清理——数码城临时办公室　　24 000
　　累计折旧　　276 000
　　贷：固定资产——数码城临时办公室　　300 000

（2）核算发生的清理费用

借：固定资产清理——数码城临时办公室　　3 000
　　贷：银行存款　　3 000

（3）核算回收的残料

借：原材料　　25 000

　　贷：固定资产清理——数码城临时办公室　　25 000

（4）结转清理后的净损失

借：工程施工——合同成本——数码城——其他直接费用　　2 000

　　贷：固定资产清理——数码城临时办公室　　2 000

技能训练题

一、单项选择题

1．甲工程领用一批模板，实际成本 36 000 元，预计净残值率为 2%，预计使用期限为 20 个月，则此批模板的月摊销额为（　　）元。

A．1 800　　B．1 864　　C．1 764　　D．1 664

2．施工企业临时设施的处理应通过（　　）账户进行核算。

A．“固定资产清理”　　B．“待处理财产损溢”　　C．“临时设施清理”　　D．“工程施工”

3．企业在施工现场搭建临时办公室发生的费用，应先通过（　　）账户核算。

A．“临时设施”　　B．“在建工程”　　C．“固定资产”　　D．“工程施工”

4．施工企业按月计提临时设施摊销费时，应贷记的账户是（　　）。

A．“临时设施摊销”　　B．“管理费用”　　C．“工程施工”　　D．“累计折旧”

二、多项选择题

1．下列各项中，应计入材料采购成本的有（　　）。

A．买价　　B．采购费用

C．运输途中责任人丢失货物的损失　　D．公司管理人员工资

2．报废周转材料的账务处理需要经过的环节可能有（　　）。

A．摊销额补提　　B．分配成本差异

C．残料回收　　D．冲销原值和已提摊销额

3．施工企业的周转材料摊销方法一般有（　　）等几种。

A．分次摊销　　B．五五摊销　　C．一次摊销　　D．定额摊销

4．下列各项中，施工企业在施工现场建造的属于临时设施的是（　　）。

A．临时库房　　B．简易作业棚　　C．临时办公室　　D．道路

三、判断题

1．无论采用哪种摊销方法，都有可能导致周转材料的实际损耗与计算损耗的误差。（　　）

2．一般纳税人的施工企业在购进原材料时，可根据取得的增值税专用发票抵扣进项税额。（　　）

3．报废周转材料时，应将周转材料原值与已提摊销额相互冲销。（　　）

4．盘点时发现周转材料短缺数量不大的，可按周转材料报废处理。（　　）

5．临时设施清理完成后，应将净损失转入“营业外支出”账户。（　　）

6．临时设施属于固定资产，所以搭建的宿舍应按房屋构筑物的最低使用年限计算折旧。（　　）

四、业务核算题

1．周转材料的核算。甲施工企业为增值税一般纳税人，发生以下经济业务。

（1）1 月 10 日购入木模板一批，价款 40 000 元，增值税税额 5 200 元，发票已送达，货款已通过银行支付，材料已验收入库，该批木模板的计划成本为 36 000 元。

（2）1 月 12 日又购入木模板一批，价款 50 000 元，增值税税额 6 500 元，企业开出银行承兑汇票支付货款，材料已验收入库，该批木模板的计划成本为 52 000 元。

（3）1 月 15 日 A 工程领用脚手架一批，脚手架按实际成本法核算，账面原值为 60 000 元，已摊销 12 个月，预计使用期限是 20 个月，预计残值率为 4%，采用分期摊销法核算。

（4）接资料（3），脚手架在使用到第 7 个月时全部报废，收回残料价值 2 500 元，脚手架已按月正常计提摊销额。

（5）A 工程竣工交付，工程用木模板退回入库，该批木模板的账面计划成本为 60 000 元，已提摊销额 32 000 元，经实地验料，该批模板的实际成色为 40%。

要求：根据以上经济业务编制相应的会计分录。

2．临时设施的核算。乙施工企业为增值税一般纳税人，发生以下经济业务。

（1）因工程建设需要，在施工现场搭建一临时仓库，发生实际搭建成本为 205 200 元，其中：领用材料的计划成本为 120 000 元，应负担的材料成本差异率为 2%，应付搭建人员工资为 45 000 元，应付福利费为 6 300 元，以银行存款支付的其他费用为 31 500 元，搭建完工后随即交付使用。

（2）该临时仓库的预计净残值率为 4%，预计工程施工期为 2 年，按月对仓库进行摊销。

（3）该临时仓库在实际使用 1 年 10 个月后，由于工程已竣工，无须再用，将其拆除，其账面累计已提摊销额为 164 160 元，支付拆除人员工资 2 000 元，收回残料 6 000 元，已验收入库，清理工作结束。

要求：根据以上经济业务编制相应的会计分录。

第三节 工程成本的核算

施工企业在施工生产过程中所发生的一定数量的人力、物力和财力的耗费，形成了施工企业的工程施工费用。施工费用按一定的建造工程对象进行归集，就构成了建造工程的成本。与制造企业相比，施工企业的工程施工成本的核算内容、核算项目、账户设置、核算程序和结算方式都有所不同。在本节里，我们将继续以启星建筑公司为例，结合该公司在建的丽园小区工程和数码城工程，说明其项目施工建设过程中各类施工费用的归集和分配方法，以及已完工程成本结算、工程竣工成本决算方法。

所谓工程成本，是指为完成工程建设所发生的各项直接或间接费用。工程成本的核算，就是对施工企业一定时期内的施工费用进行归集、分配和工程成本形成的核算，是施工企业会计核算的主要内容。

一、工程施工成本核算概述

施工企业的工程项目一般建设时间长，施工过程复杂，其成本核算具有与制造企业不同的内容和方法。

1．工程成本的核算对象

工程成本的核算对象，是在成本核算时选择的归集施工生产费用的目标。合理确定工程成本的核算对象，是正确进行工程成本核算的前提。

施工企业的工程成本按计算范围，可分为全部工程成本、单项工程成本、单位工程成本、分部工程成本和分项工程成本，如图 5-5 所示。

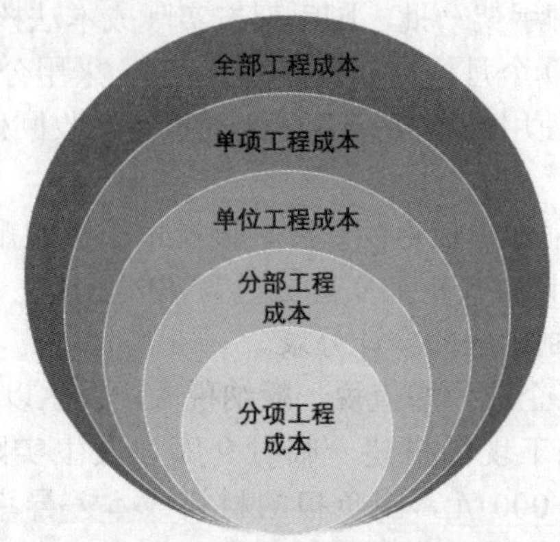

图 5-5　施工企业的工程成本按计算范围的划分

全部工程成本是指施工企业从事各种建筑安装工程施工所发生的全部施工费用，也称为总成本。施工企业各内部独立核算单位，应定期汇集和计算各项工程成本，上报工程成本表，企业财务部门根据内部独立核算单位的工程成本表进行汇总。企业汇总后的工程成本表中所反映的工程总成本，为企业已实际发生的各项工程施工成本。

单项工程成本是指具有独立设计，建成后能独立发挥生产能力和效益的各项工程所发生的全部施工费用，如公路建设中某独立大桥的工程成本、隧道工程成本及沥青混凝土路面成本等。

单位工程成本是单位工程施工所发生的全部施工费用。单位工程是单项工程的组成部分，它是指单项工程内具有独立的施工图和独立施工条件的工程，如某隧道单项工程可分为土建工程、照明和通气工程等单位工程，某公路单项工程可分为路线工程、桥涵工程等单位工程。

分部工程成本是指分部工程施工所发生的全部施工费用。分部工程是单位工程的组成部分，一般按照单位工程的各个部位划分，如基础工程、桥梁上下部工程、路面工程、路基工程等。

分项工程成本是指分项工程施工所发生的全部施工费用。分项工程是分部工程的组成部分，按工程的不同结构、不同材料和不同施工方法等因素划分，如基础工程可分为围堰、挖基、砌筑基础、回填等分项工程。分项工程是建筑安装工程的基本构成因素，是组织施工及确定工程造价的基础。

2. 工程成本项目的内容

施工企业生产过程中所发生的各项生产费用，按照成本核算对象进行归集和分配，就构成了工程成本。在核算施工的工程成本时，一般设置 5 个成本项目，如表 5-3 所示。

表 5-3　工程成本项目内容

成本项目	项目内涵	具体核算内容
人工费	指企业应付给直接从事建筑安装人员的各种薪酬	工资、奖金、工资附加费、工资性质的津贴、劳动保护费等
材料费	指工程施工过程中耗用的各种材料物资的实际成本	工程施工耗用的原材料、辅助材料、机械配件、零件、半成品的费用和周转材料摊销额及租赁费用
机械使用费	指在施工过程中使用施工机械发生的各种费用	自有施工机械所发生的机械使用费和租用外单位施工机械的租赁费，以及施工机械的安装、拆卸和进出场费等
其他直接费用	指在施工过程中发生的除了人工费、材料费、机械使用费以外的直接与工程施工有关的各种费用	施工过程中发生的材料二次搬运费、临时设施摊销费、生产工具用具使用费、检验试验费、工程定位复检费、工程点交费、场地清理费等
间接费用	指企业下属的各施工单位，为组织和管理工程施工所发生的费用	施工单位管理人员工资、奖金、职工福利费、行政管理用固定资产折旧费、修理费、物料消耗、低值易耗品的摊销、取暖费、水电费、办公费、差旅费、财产保险费、工程保修费、劳动保护费、排污费及其他费用等

3. 工程成本核算的账户设置

为了核算工程成本费用的发生、汇总与分配情况，正确计算工程成本，施工企业应设置以下会计账户。

（1）“工程施工”账户。该账户属于成本类账户，用来核算企业在工程施工过程中实际发生的各项生产费用和合同毛利。其借方登记施工过程中实际发生的直接费、应负担的间接费及确认的工程毛利，贷方登记转销的已完工的工程成本及合同毛利，期末借方余额表示工程自开工至本期累计发生的施工费用及各期确认的毛利。工程竣工后，本账户应与“工程结算”账户对冲后结平。本账户可按建造合同，分别设置“合同成本”“间接费用”和“合同毛利”二级账户进行明细核算。“工程施工”及其明细账户的核算内容如图 5-6 所示。

（2）“机械作业”账户。该账户核算企业使用自有施工机械和运输设备进行机械作业（包括机械化施工和运输作业）所发生的费用。其借方登记实际发生的费用，贷方登记月末按受益对象分配结转的费用，期末一般没有余额。机械作业的成本项目一般分为人工费、燃料及动力费、折旧及修理费、其他直接费用、间接费用（为组织和管理机械作业生产所发生的费用）。

企业及其内部独立核算的施工单位，从外单位或本企业其他内部独立核算的机械站租入施工机械而发生的机械租赁费，在“工程施工”账户核算。

工程施工					
合同成本		间接费用		合同毛利	
核算企业进行工程施工时发生的各项施工生产费用		核算企业所属各施工单位为组织和管理施工生产而发生的不能直接计入工程成本的费用		核算各成本核算对象各期确认的毛利	
借方	贷方	借方	贷方	借方	贷方
施工过程中实际发生的直接费用和应负担的间接费用	工程竣工后与“工程结算”账户对冲的费用	实际发生的费用	月末分配计入各成本核算对象的费用	期末确认的工程毛利	期末确认的工程亏损
借方余额表示工程自开工至本期累计发生的施工费用		期末一般无余额		借方余额表示工程自开工至本期累计确认的毛利	贷方余额表示工程自开工至本期累计确认的亏损

图 5-6 “工程施工”及其明细账户的核算内容

4. 工程成本核算的程序

施工企业的成本核算一般实施二级或三级核算，一些规模较小的企业实行一级核算。实行成本二级或三级核算的企业，在公司总部一般只核算期间费用，工程成本的总分类核算主要在工区及施工队进行。

在进行工程成本核算时，对施工过程中发生的各项施工费用，首先应按照施工费用的用途和发生的地点进行归集，有些费用可以直接计入各受益成本核算对象，有些费用则要先进行汇集，然后按一定的方法分配计入各受益成本核算对象。图 5-7 所示为工程成本核算的基本程序，具体步骤如下。

（1）归集各项生产费用。即将本期发生的各项生产费用，按其用途和发生地点，归集到有关成本、费用账户中。

（2）分配辅助生产费用。期末将归集在“生产成本——辅助生产成本”账户中的费用，向各受益对象分配，计入“机械作业”“工程施工”等账户。

（3）分配机械作业费用。期末，将归集在“机械作业”账户中的费用向各受益对象分配，计入各“工程施工”有关明细账户。

（4）分配施工间接费用。期末将归集在“工程施工——间接费用”账户中的费用向各工程分配，计入各“工程施工”有关明细账户。

（5）计算和结转工程成本。期末，计算本期已完工工程或竣工工程的实际成本，并将竣工工程的实际成本从“工程施工”账户中转出，与“工程结算”账户中的余额对冲。尚未竣工工程的实际成本仍保留在“工程施工”账户中，不予结转。

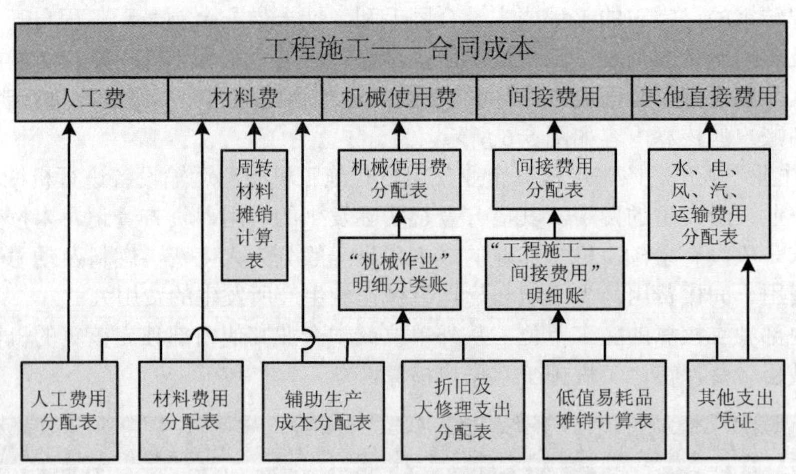

图 5-7　工程成本核算的基本程序

二、工程施工成本核算的具体方法

施工企业的工程成本由人工费、材料费、机械使用费、其他直接费用、间接费用等成本项目构成。工程施工过程中发生的各项施工费用，要按照确定的成本核算对象和上述确定的 5 个成本项目进行归集，在此基础上计算汇总出工程的实际成本。

1. 人工费的核算

工程成本中的人工费，是指在施工过程中，直接从事建筑安装工程施工及现场运料、配料等辅助工作工人的工资及福利费等薪酬总额。

（1）内部人工费的核算方法。内部人工主要是指内部工程队，工程队人员的食宿等由企业统一管理，工资由企业直接发放。内部工程队是企业基层的组织形式，隶属工程项目部管理。内部人工费一般有计件工资、计时工资和加班工资等薪酬计算方法。

企业在核算人工费用时，应严格区别人工费的用途。月末，根据“工资结算汇总表”编制“工资费用分配表”，将所归集的人工费用直接计入各有关账户。能分清受益对象的，直接计入各受益工程的成本；不能分清受益对象的，需按照每项工程的工人实际工时或定额工时进行分配后再计入各项工程成本。

【例5-13】启星建筑公司本月有丽园小区和数码城两个单位工程在建，应付从事工程施工的工人的人工费150 000元，其中，丽园小区耗用3 000工时，数码城耗用2 000工时，工资费用按工时分配。

工资费用分配率=150 000÷（3 000+2 000）=30（元/小时）

丽园小区负担的人工费=3 000×30=90 000（元）

数码城负担的人工费=2 000×30=60 000（元）

借：工程施工——合同成本——丽园小区——人工费　　90 000

　　　　　　　　　　　——数码城——人工费　　60 000

　贷：应付职工薪酬——工资　　150 000

（2）外包人工费的核算方法。外包人工费是指施工企业与劳务分包企业或劳务派遣机构签订包工合同，以实际完成的实物工程量，按月根据合同规定的结算方式结算人工费。

根据增值税法规的有关规定，施工企业可依据从劳务分包企业或劳务派遣机构处取得的增值税专用发票抵扣增值税。从一般纳税人的劳务派遣机构处取得的增值税专用发票适用税率为 6%，从具有建筑业劳务分包资质的一般纳税人企业处取得的增值税专用发票适用税率为 9%，从小规模纳税人处取得的由其主管税务机关代开的增值税专用发票适用征收率为 3%。施工企业从劳务分包企业或劳务派遣机构处取得的普通发票不可抵扣增值税，应依据所取得的发票全额计入有关工程项目的成本或费用账户。

【例5-14】启星建筑公司与具有建筑业劳务分包资质的康达公司签订劳务分包合同，由康达公司负责丽园小区A区的劳务施工，康达公司为增值税一般纳税人。本月月末根据工程施工部门确定的验工计价单，应付康达公司的劳务费价税合计为218 000元。根据合同规定，康达公司开具了增值税专用发票，启星建筑公司通过银行支付了该项劳务费。做会计分录如下。

借：工程施工——合同成本——丽园小区——人工费　　200 000
　　应交税费——应交增值税（进项税额）　　18 000
　　贷：银行存款　　218 000

2. 材料费的核算

施工企业的材料费用，是指在工程施工过程中所耗用的构成工程实体的主要材料、结构件、机械配件、其他材料和周转材料的摊销及租赁费用。具体内容如图 5-8 所示。

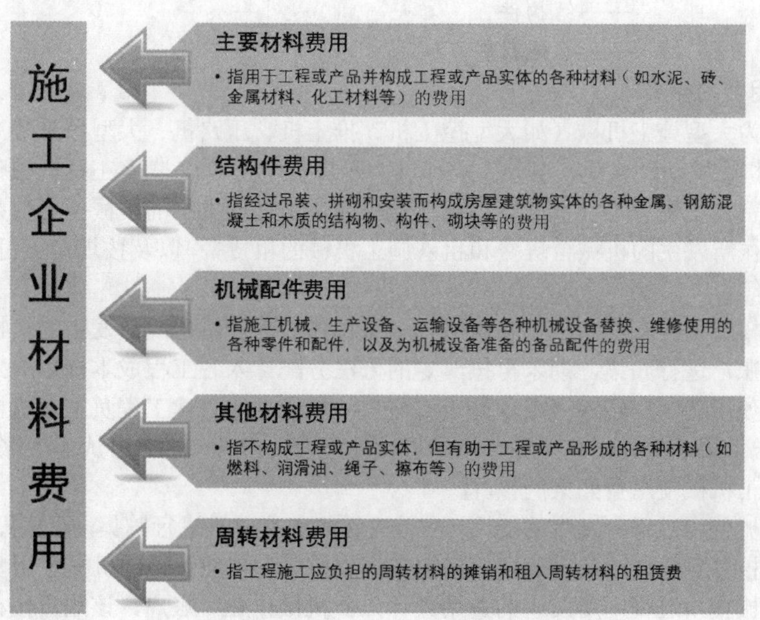

图 5-8　施工企业材料费用分类

施工企业所耗用的材料，除了主要用于工程施工外，还用于临时设施、机械作业等其他方面，因此，企业进行材料费用核算时，必须严格区分材料使用的用途，只有直接用于工程建设的材料才能直接计入工程成本。

施工生产中耗用的材料品种多、数量大、领用频繁。因此，施工企业应根据发出材料的有关原始凭证进行汇总整理，并应区分不同情况进行核算。期末，企业应根据领用材料的各种原始凭证进行汇总，编制“材料费用分配汇总表”，作为各工程材料费用核算的依据。

【例5-15】月末，启星建筑公司根据各审核无误的领料凭证汇总编制表5-4所示的“材料费用分配汇总表”，进行材料费用的核算。

表 5-4　　启星建筑公司“材料费用分配汇总表”（取大类数据）　　单位：元

用料对象	主要材料		结构件		其他材料		合计	
	计划成本	成本差异	计划成本	成本差异	计划成本	成本差异	计划成本	成本差异
丽园小区	398 000	2 480	28 000	620	5 000	100	431 000	3 200
数码城	465 000	3 105	19 000	-210	3 000	90	487 000	2 985
合计	863 000	5 585	47 000	410	8 000	190	918 000	6 185

（1）编制分配材料费用计划成本的会计分录

借：工程施工——合同成本——丽园小区——材料费　　431 000
　　　　　　　　　　　——数码城——材料费　　487 000
　贷：原材料——主要材料　　863 000
　　　　　——结构件　　47 000
　　　　　——其他材料　　8 000

（2）编制分配材料费用成本差异的会计分录

借：工程施工——合同成本——丽园小区——材料费　　3 200
　　　　　　　　　　　——数码城——材料费　　2 985
　贷：材料成本差异——主要材料　　5 585
　　　　　　　——结构件　　410
　　　　　　　——其他材料　　190

3. 机械使用费的核算

施工机械分为大型施工机械（如大型挖土机、推土机、压路机、大型吊车等）和中小型施工机械（如小型挖土机、机动翻斗车、混凝土搅拌机、砂浆搅拌机等）。随着工程机械化施工程度的不断提高，机械使用费在工程成本中所占比重也日益提高。工程成本中的机械使用费是指在施工过程中使用自有施工机械所发生的机械台班费和租入施工机械的租赁费，以及按规定支付的施工机械安装、拆卸和进出场费等。

为了独立考核使用自有施工机械和运输设备进行作业的费用情况，发生的机械作业费用应先通过“机械作业”账户进行归集，期末再按一定的方法分配计入各工程成本核算对象。属于企业承包工程负担的机械使用费，应转入“工程施工”账户；属于企业自建工程负担的机械使用费，应转入“在建工程”账户；属于对外出租业务负担的机械使用费，应转入“劳务成本”账户。

（1）自有施工机械使用费归集的核算

自有施工机械使用过程中发生的费用，应首先按机组或单机进行归集，计算每台班的实际成本，然后根据各成本核算对象使用的台班数，确定各成本核算对象应负担的机械使用费。

自有施工机械使用过程中所发生的费用先计入“机械作业”账户，该账户按机械设备的类别设置明细账，并按规定的成本项目归集费用。机械作业的成本项目一般有人工费、燃料及动力费、折旧及修理费、其他直接费用和间接费用等项目。

【例5-16】公司自有的1台推土机本月领用燃料柴油计划成本5 000元，应分摊的材料成本节约差异额为200元，分配机械操作人员及其他薪酬共计8 500元，发生维修费3 000元，以银行存款支付，计提折旧费2 000元。会计处理如下。

（1）领用燃料柴油的核算。

借：机械作业——推土机——燃料及动力费　　4 800
　　材料成本差异——柴油　　200
　贷：原材料——柴油　　5 000

（2）应负担的操作人员工资及其他薪酬的核算。

借：机械作业——推土机——人工费　　8 500

　　贷：应付职工薪酬　　8 500

（3）支付维修费的核算。

借：机械作业——推土机——折旧及修理费　　3 000

　　贷：银行存款　　3 000

（4）计提折旧的核算。

借：机械作业——推土机——折旧及修理费　　2 000

　　贷：累计折旧　　2 000

（2）自有施工机械使用费分配的核算

企业各月发生的机械作业费用，应在月末按受益对象进行分配结转。机械作业费用的分配方法一般有台班分配法、作业量分配法和预算分配法3种。

① 台班分配法。台班分配法是指根据机械的单位台班实际成本和各受益对象使用的台班数，分配机械作业成本的方法。该方法适用于以单机或机组为成本核算对象的施工机械和运输设备作业成本的分配。其计算公式如下。

$$\text{某种机械单位台班实际成本}=\frac{\text{该种机械作业费用合计}}{\text{该种机械实际作业台班数}}$$

某受益对象应分配的某种机械作业费用=该受益对象使用该种机械的台班数×该种机械单位台班实际成本

【例5-17】接【例5-16】，本月推土机实际发生费用为18 300元，实际工作10个台班，其中为丽园小区工程工作6台班，为数码城工程工作4台班。会计处理如下。

推土机台班实际成本=18 300÷10=1 830（元/台班）

丽园小区工程应分配的机械使用费=1 830×6=10 980（元）

数码城工程应分配的机械使用费=1 830×4=7 320（元）

借：工程施工——合同成本——丽园小区——机械使用费　　10 980

　　　　　　　　　　　——数码城——机械使用费　　7 320

　　贷：机械作业——推土机——燃料及动力费　　4 800

　　　　　　　　　　　——人工费　　8 500

　　　　　　　　　　　——折旧及修理费　　5 000

② 作业量分配法。作业量分配法是以各种机械完成的作业量为基础进行分配的方法。该方法一般适用于易计算完成工作量的单台成本类机械，如从事运输作业的汽车。计算公式如下。

$$\text{某种机械单位作业量实际成本}=\frac{\text{该种机械实际发生作业费用总额}}{\text{该种机械实际完成作业量}}$$

$$\begin{array}{c}\text{某受益成本核算对象}\\\text{应负担的该种机械使用费}\end{array}=\begin{array}{c}\text{该种机械}\\\text{单位作业量实际成本}\end{array}\times\begin{array}{c}\text{该种机械为受益成本}\\\text{核算对象提供的作业量}\end{array}$$

【例5-18】本月启星建筑公司自有的载重工程卡车实际发生费用150 000元，提供运输作业量10 000吨·千米，其中为丽园小区工程提供作业量3 000吨·千米，为数码城提供作业量7 000吨·千米。会计处理如下。

载重工程卡车单位作业量实际成本=150 000÷10 000=15[元/（吨·千米）]

丽园小区工程应分配的机械使用费=15×3 000=45 000（元）

数码城工程应分配的机械使用费=15×7 000=105 000（元）

借：工程施工——合同成本——丽园小区——机械使用费　　45 000

　　　　　　　　　　　——数码城——机械使用费　　105 000

　　贷：机械作业　　150 000

③ 预算分配法。预算分配法是以各受益对象的机械使用费预算成本作为分配标准，分配机械作业成本的一种方法。该方法应以机械类别为成本核算对象，可进行不便于计算台班或完成产量的机械作业费用的分配。其计算公式如下。

$$当期机械使用费分配率=\frac{当期发生使用费总额}{当期各成本对象已完工预算使用费之和}$$

某成本对象当期应负担的机械使用费＝该成本对象当期完工预算机械使用费 × 当期机械使用费分配率

【例5-19】本月启星建筑公司自有的混凝土搅拌机为丽园小区和数码城两项工程实际发生的机械作业费用为9 000元，丽园小区工程预算使用费为6 000元，数码城工程预算使用费为4 000元。会计处理如下。

混凝土搅拌机使用费分配系数=9 000÷（6 000+4 000）=0.9

丽园小区工程应分配的机械使用费=0.9×6 000=5 400（元）

数码城工程应分配的机械使用费=0.9×4 000=3 600（元）

借：工程施工——合同成本——丽园小区——机械使用费	5 400	
——数码城——机械使用费	3 600	
贷：机械作业		9 000

（3）租入施工机械使用费的核算

施工企业从外单位或本企业其他内部独立核算的机械站租入施工机械，按规定支付的租赁费，直接计入“工程施工——合同成本——机械使用费”账户，不通过“机械作业”账户核算。如果发生的租赁费应由两个或两个以上成本核算对象共同负担，则根据所支付的租赁费总额和各个成本核算对象实际使用的台班数，分配计入有关成本核算对象。计算公式如下。

平均台班租赁费=支付的租赁费总额÷租入机械作业总台班数

某成本核算对象应负担的机械租赁费＝该成本核算对象实际使用台班数 × 平均台班租赁费

【例5-20】启星建筑公司收到华丰公司机械租赁费结算账单，本月租用挖掘机的租赁费为50 000元，增值税税额为6 500元，取得增值税专用发票，以转账支票支付了租赁费。根据本月台账记录，丽园小区工程共使用50台班，数码城工程共使用30台班。会计处理如下。

平均台班租赁费=50 000÷（50+30）=625（元/台班）

丽园小区工程应负担的机械租赁费=625×50=31 250（元）

数码城工程应负担的机械租赁费=625×30=18 750（元）

借：工程施工——合同成本——丽园小区——机械使用费	31 250	
——数码城——机械使用费	18 750	
应交税费——应交增值税（进项税额）	6 500	
贷：银行存款		56 500

4．其他直接费用的核算

工程成本中的其他直接费用，是指在施工过程中发生的材料二次搬运费、场地清理费、工程点交费、工程定位复测费、用具使用费、检验试验费、夜间施工增加费等。凡能分清受益对象的其他直接费用，应直接计入受益对象的成本；凡不能分清受益对象的，则可采用合理的分配方法，分摊计入有关的成本核算对象。

【例5-21】启星建筑公司以银行存款直接支付场地清理费6 000元、增值税360元，取得增值税专用发票。丽园小区工程负担60%，数码城工程负担40%。会计处理如下。

借：工程施工——合同成本——丽园小区——其他直接费用	3 600	
——数码城——其他直接费用	2 400	
应交税费——应交增值税（进项税额）	360	
贷：银行存款		6 360

5. 间接费用的核算

工程成本中的间接费用是指施工企业所属各施工单位（如工程处、施工队、项目经理部）为管理施工生产活动所发生的各项费用，主要包括施工单位发生的管理人员工资、奖金、职工福利费、劳动保护费、行政管理费、固定资产折旧及修理费、物料消耗费、低值易耗品摊销、取暖费、水电费、办公费、差旅费、财产保险费、工程保修费、排污及其他费用等。

间接费用是施工企业所属各施工单位为组织和管理施工生产活动所发生的共同性费用，一般难以分清具体的受益对象。因此在费用发生时，应先通过"工程施工——间接费用"账户进行归集，然后按适当的分配标准将其摊入各项工程成本中。一般以各成本核算对象的直接成本为标准进行分配。其计算公式如下。

$$间接费用分配率=\frac{当期发生的全部间接费用}{当期各合同工程发生的直接费用总额}$$

某合同工程当期应负担的间接费用＝该合同工程当期实际发生的直接费用 × 间接费用分配率

【例5-22】启星建筑公司本月发生如下间接费用：分配管理人员工资及其他薪酬90 000元；以银行存款支付水电费15 000元；计提本月工程项目部管理用固定资产折旧30 000元；报销差旅费6 000元，以现金支付。本月有丽园小区和数码城两项工程施工，没有发生对外劳务、作业等业务。丽园小区发生的直接费用是3 600 000元，数码城发生的直接费用是2 400 000元。会计处理如下。

（1）分配本月管理人员薪酬

借：工程施工——间接费用　　90 000
　贷：应付职工薪酬　　90 000

（2）支付水电费的核算

借：工程施工——间接费用　　15 000
　贷：银行存款　　15 000

（3）计提固定资产折旧

借：工程施工——间接费用　　30 000
　贷：累计折旧　　30 000

（4）报销差旅费

借：工程施工——间接费用　　6 000
　贷：库存现金　　6 000

（5）分配间接费用

间接费用分配率=（90 000+15 000+30 000+6 000）÷（3 600 000+2 400 000）=0.023 5

丽园小区工程应分配的间接费用=0.023 5×3 600 000=84 600（元）

数码城工程应分配的间接费用=0.023 5×2 400 000=56 400（元）

借：工程施工——合同成本——丽园小区——间接费用　　84 600
　　　　　　　　　　　——数码城——间接费用　　56 400
　贷：工程施工——间接费用　　141 000

6. 已完工程成本的结算

已完工程是指完成了预算定额规定的全部工作内容，施工企业不再需要进行加工的分部分项工程。已完工程成本结算是指施工企业按工程合同的规定，按时计算和确认已完工程成本，向建设单位收取工程价款。

为了总括地核算和监督施工企业与发包单位的工程价款结算情况，施工企业除应设置"应收账款""预收账款"科目外，还应设置"工程结算"科目。"工程结算"属于成本类账户，是"工程施工"科目的备抵科目，用来核算企业根据合同完工进度已向客户开出工程价款结算账单办理结算的价款。其贷方登记已向客户开出工程价款结算账单办理结算的款项，借方在合同完成前不登记，期末贷方余额反映企业在建合同累计已办理结算的工程价款。合同完成后该科目与“工程施工”科目对冲后结平。“工程结算”与“工程施工”账户之间的核算关系如图 5-9 所示。

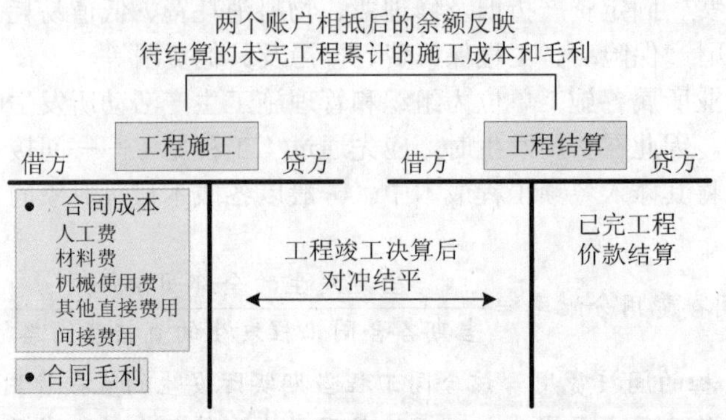

图 5-9 “工程结算”与“工程施工”账户之间的核算关系

工程成本结算的方式应与工程价款的结算方式相一致，由此形成的工程成本结算方式有定期结算、分段结算和竣工后一次结算等。

（1）竣工后一次结算方式下工程成本的结算

对于工程量小、造价低、工期短、合同约定竣工后一次结算工程价款的工程，其成本结算也应于竣工后进行。在这种情况下，施工过程中发生的各项成本费用随时计入各成本核算对象的成本项目，进行工程成本的明细核算。竣工时，工程成本明细分类账中登记的工程成本累计总额，就是竣工工程的实际成本。

（2）定期（或分段）结算方式下工程成本的结算

对于工程量大、工期长、造价高、合同约定定期（或分段）结算工程价款的工程，其工程成本一般采取定期结算或分段结算，以及时反映各时期工程成本情况，进一步查明工程成本各项目的节约或超支原因，促进企业加强施工管理，进一步降低工程成本。

采取定期（或分段）结算工程价款的工程项目，“已完工程”是指已经完成预算定额规定的全部工序的施工内容，在本企业不需要再进行加工的分部分项工程。分部分项工程是构成工程项目的基本要素，也是编制工程预算的最基本的计量单位。虽然这部分工程不是竣工工程，也不具有完整的使用价值，但企业不需要再进行任何施工活动，可以确定其工程数量和质量，故可将其作为“已完工程”计算其实际成本，并按合同价格向业主收取工程价款。相反，凡在期末尚未完成预算定额规定的全部工序和内容的分部分项工程，称为“未完工程”。“未完工程”不能向业主收取工程价款。

一般情况下，施工企业在同一会计期间会有若干个工程项目同时施工，期末往往既有“已完工程”，又有“未完工程”。如果合同约定该工程采用定期结算工程价款的方式，企业就应在期末进行未完工程的盘点，确定已完工程和未完工程的数量，作为办理工程结算的依据。期末未完工程实际成本确定以后，就可以在此基础上，根据公式计算本期已完工程的实际成本。

已完工程实际成本 = 期初未完工程实际成本 + 本期发生的工程成本 − 期末未完工程实际成本

在实际工作中，已完工程实际成本一般通过编制“已完工程成本计算表”进行计算；未完工程实际成本可按预算单价进行计算，也可按实际成本进行计算。

① 按预算单价计算未完工程成本。如果期末未完工程在当期施工的工程中所占比重较小，而且期初、期末未完工程的数量变化不大，为了简化核算，可以计算出期末未完工程的预算成本，将其视为实际成本，用于计算本期已完工程的实际成本。期末未完工程预算成本的计算方法，主要有约当产量法和工序成本法两种。

a．约当产量法（又称估量法）。其基本做法是：期末通过施工现场盘点，编制“未完施工盘点单”，确定月末未完工程的实物量，按其已完工序和已做工作占分部分项工程的百分比，折合成相当于已完工程的实物量，再乘以分部分项工程的预算单价，计算出未完工程的预算成本。这种方法一般适用于均衡投料的分部分项工程。计算公式如下。

$$未完工程成本=未完工程工程量\times 估计完成程度\times 分部分项工程预算单价$$

【例5-23】启星建筑公司承建的数码城工程按月结算工程价款，月末对工程进行盘点，确定砖墙抹灰工程有未完施工2 000平方米，根据完工程度，编制表5-5所示的“未完施工盘点表”。

表 5-5　　启星建筑公司数码城工程月末“未完施工盘点表”

单位工程名称	分部分项工程		已完工序					其中			
	名称	预算单价（元）	工序名称	完工程度	数量（平方米）	约当产量（平方米）	预算成本（元）	人工费（元）	材料费（元）	机械使用费（元）	其他直接费（元）
数码城	砖墙抹灰	10	略	70%	2 000	1 400	14 000	2 500	10 500	400	600
合计							14 000	2 500	10 500	400	600

数码城砖墙抹灰工程未完施工成本=2 000×70%×10=14 000（元）

b．工序成本法（又称估价法）。其基本做法是：先确定分部分项工程各工序的直接费用占整个预算单价的百分比，用以计算出每个工序的预算单价，然后乘以未完工程各工序的工程量，确定出未完工程的预算成本。这种方法一般适用于不均衡投料或各工序工料定额有显著不同的分部分项工程。计算公式如下。

$$某工序单价=分部分项工程预算单价\times 某工序费用占分部分项工程预算单价的比重$$

$$未完工程成本=\sum（未完工序的完成量\times 该工序单价）$$

【例5-24】启星建筑公司承建的丽园小区的地面工程由管线埋设、砂浆抹平和地砖铺设3道工序组成，各工序单位施工费用占该分部分项工程预算单价的比重为3∶2∶5，该分部分项工程的预算单价为150元/平方米。月末现场盘点发现，未完成管线埋设的有500平方米，未完成砂浆抹平的有1 000平方米，未完成地砖铺设的有1 500平方米。则未完施工成本计算如下。

管线埋设工序单价=150×30%=45（元/平方米）

砂浆抹平工序单价=150×20%=30（元/平方米）

地砖铺设工序单价=150×50%=75（元/平方米）

未完施工成本=500×45+1 000×30+1 500×75=165 000（元）

② 按实际成本计算未完工程成本。月末未完施工数额较大，同时，月初、月末未完工程数量悬殊时，如果将未完施工的预算成本视为实际成本，就会影响已完工程实际成本的正确性。这种情况下，应按实际费用计算未完施工成本，即以工程实际已发生的生产费用占预算应发生的生产费用的比例为分配率，分配计算未完施工的实际成本。计算公式如下。

$$未完工程实际成本=期末未完工程折合量\times\frac{期初未完工程成本+本期实际发生的工程成本}{本期已完工程数量+期末未完工程折合量}$$

【例5-25】启星建筑公司承建的丽园小区工程本期发生的施工费用为1 500 000元，期初未完施工成本为450 000元，本期已完工程预算成本不含税金额为1 700 000元，期末未完施工预算成本不含税金额为550 000元。则期末未完施工实际成本计算如下。

$$期末未完施工实际成本=\frac{450\ 000+1\ 500\ 000}{1\ 700\ 000+550\ 000}\times 550\ 000=476\ 666.67（元）$$

根据本期已完工程预算成本进行工程结算，会计分录如下。

借：应收账款　　1 853 000

　贷：工程结算——丽园小区　　1 700 000

　　应交税费——应交增值税（销项税额）　　153 000

实行按工程形象进度分段结算工程价款的工程，其已完工程实际成本的计算方法与定期结算的方法基本相同，不再赘述。

对于尚未竣工的工程，计算出的已完工程实际成本只用于同工程预算成本、工程计划成本进行比较，以确定成本节约或超支情况，并不从“工程施工”账户转出。这样，“工程施工”账户的余额仍可反映某工程自开工至本期为止发生的累计施工费用，待工程竣工后再进行成本的结转。

7. 工程竣工成本决算

工程项目竣工时，为了全面反映和监督竣工工程实际成本的节约或超支情况，考核工程预算的完成程度，需要对已竣工的工程进行竣工成本决算。工程竣工成本决算的内容包括按成本项目分别反映的预算成本、实际成本、成本降低额和降低率，竣工工程耗用人工、材料、机械的预算用量、实际用量及节超率等。工程竣工成本决算的编制程序如下。

（1）根据工程合同确定的造价资料或施工图预算，结合工程设计变更、材料代用等有关资料，及时编制“竣工决算书”，确定该项工程的全部预算成本、工程造价，以便与发包单位进行工程价款的最终结算。

（2）对工程剩余材料进行盘点，办理退料手续，以抵减工程成本。

（3）检查各项目是否已全部计入竣工工程的“工程成本明细账”，保证竣工工程实际成本核算的准确无误。

（4）完成以上工作后，根据相关资料编制图 5-10 所示的“竣工成本决算表”。

竣工成本决算表

建设单位：启星建筑公司　　　　建筑面积：3 500平方米
工程编号、名称：03 丽园小区101幢　　　　工程造价：25 000 000元
工程结构：钢架构　　　　竣工日期：2017年12月10日
开工日期：2015年3月1日　　　　编制日期：2017年12月20日

成本项目	预算成本（元）	实际成本（元）	成本降低额（元）	成本降低率	简要分析
人工费	2 500 000	2 560 000	-60 000	2.40%	
材料费	15 600 000	15 032 000	568 000	-3.64%	
机械使用费	1 300 000	1 280 000	20 000	-1.54%	
其他直接费用	356 000	351 000	5 000	-1.40%	
直接费用小计	19 756 000	19 223 000	533 000	-2.70%	
间接费用	1 500 000	1 501 000	-1 000	0.07%	
工程成本合计	21 256 000	20 724 000	532 000	-2.50%	
补充资料					
单位成本	6 073.14	5 921.14			

审核人：张丰　　　　制表人：李明

图 5-10　竣工成本决算表

工程完工时，需将“工程施工”科目的余额与“工程结算”科目的余额对冲，根据图 5-10 所示的“竣工成本决算表”，编制会计分录如下。

借：工程结算——丽园小区（101幢）　　25 000 000
　贷：工程施工——合同成本——丽园小区（101幢）——人工费　　2 560 000
　　　　　　　　　　　　　　　　　　　——材料费　　15 032 000
　　　　　　　　　　　　　　　　　　　——机械使用费　　1 280 000
　　　　　　　　　　　　　　　　　　　——其他直接费用　　351 000
　　　　　　　　　　　　　　　　　　　——间接费用　　1 501 000
　　　　　——合同毛利　　4 276 000

技能训练题

一、单项选择题

1．工程施工所发生的（　　）和间接费用构成了工程的合同成本。

A．直接费用　　B．管理费用　　C．财务费用　　D．制造费用

2．施工企业的工区、施工队、项目经营部为组织和管理施工生产活动所发生的费用称为（　　）。

A．直接费用　　B．间接费用　　C．制造费用　　D．管理费用

3．“工程施工”账户的期末余额表示（　　）。

A．期末竣工工程成本

B．期末原材料成本

C．期末尚未完工的建造合同成本和合同毛利

D．期末企业为在建工程准备的各种物资的成本

4．按经济内容分类，“工程施工”账户属于（　　）。

A．资产类账户　　B．负债类账户　　C．损益类账户　　D．成本类账户

5．施工现场承包工程领用材料，应计入（　　）。

A．“工程施工——合同成本”　　B．“工程施工——间接费用”

C．“管理费用”　　D．“制造费用”

6．在施工现场，项目部用现金200元购买办公用品，应借记（　　）科目，贷记“库存现金”科目。

A．“管理费用”　　B．“制造费用”

C．“工程施工——间接费用”　　D．“工程施工——合同成本”

7．工程成本中的间接费用包括（　　）。

A．机械使用费　　B．临时设施摊销费　　C．工程保修费　　D．检测试验费

8．“工程结算”账户属于（　　）账户。

A．资产类　　B．成本类　　C．负债类　　D．损益类

二、多项选择题

1．施工企业进行工程核算时应设置的账户有（　　）。

A．“工程施工”　　B．“机械作业”　　C．“生产成本”　　D．“制造费用”

2．施工企业成本核算与工业企业成本核算的区别是（　　）。

A．成本计算对象不同　　B．成本核算账户不同

C．在产品成本的计算方法不同　　D．成本计算期不同

3．施工企业建造合同的合同费用由（　　）组成。

A．材料费和人工费　　B．机械使用费　　C．其他直接费用　　D．间接费用

4．下列各项中属于施工企业存货的是（　　）。

A．结构件　　B．原材料　　C．周转材料　　D．工程施工

5．下列选项中，计入“工程施工——合同成本——人工费”成本项目的内容有（　　）。

A．现场施工生产工人的工资和福利费

B．现场项目管理人员的工资和福利费

C．现场生产工人的养老保险、医疗保险、失业保险及住房公积金

D．现场项目管理人员的养老保险、医疗保险、失业保险及住房公积金

6．“工程施工——间接费用”账户核算的项目有（　　）。

A．施工现场管理人员的工资薪酬　　B．现场施工生产人员的工资薪酬

C．公司管理部门设备的修理费　　D．施工现场办公室的水电费

7．施工企业应该在月末计算本月应支付给施工生产区职工的工资总额，并形成一项负债。借记（　　）科目，贷记“应付职工薪酬”科目。

A．“管理费用”　　B．“工程施工——间接费用”

C．“制造费用”　　D．“工程施工——合同成本——人工费”

8．下列费用中，属于施工企业工程成本中的其他直接费用的是（　　）。

A．材料的二次搬运费　　B．临时设施摊销费

C．生产工具使用费　　D．检验试验费

三、判断题

1．“工程施工”账户是核算施工企业施工成本的账户。（　　）

2．施工企业从本企业其他内部独立核算的机械站租用施工机械，按照规定的台班费定额支付的机械租赁费，通过“机械作业”账户核算。（　　）

3．施工企业与工业企业对“在产品”的界定基本一致。（　　）

4．对间接费用在各成本核算对象间的分配，施工企业与工业企业都可将工时作为标准。（　　）

5．施工企业使用的材料，都应计入工程成本中的材料费项目。（　　）

6．对于个别规模大、工期长的单位工程，可按分部或分项工程划分成本核算对象。（　　）

7．在施工过程中发生的材料二次搬运费属于工程成本中的其他直接费用。（　　）

8．对于尚未竣工的工程，计算出的已完工程实际成本并不从“工程施工”账户转出。（　　）

四、业务核算题

施工企业施工成本费用的核算。东华建筑公司为增值税一般纳税人，承担鸿达公司 A、B 两项工程的施工任务，以下是本月发生的主要经济业务。

（1）仓库发出库存材料共计 850 000 元，其中用于 A 工程 380 000 元，用于 B 工程 460 000 元，现场项目部仪器设备维修费共 5 000 元，公司办公楼维修费共 6 500 元。

（2）以银行存款支付本月租用甲机械租赁公司塔吊的租金，对方开来增值税专用发票上注明的价款为 30 000 元，增值税税额为 3 900 元，其中 A 工程负担 40%，B 工程负担 60%。

（3）应付职工薪酬 1 050 000 元，其中 A 工程 440 000 元，B 工程 430 000 元，现场项目部 115 000 元，公司行政管理部门 65 000 元。

（4）用银行存款支付现场材料及物品的多次搬运费 6 000 元，其中 A 工程 4 000 元，B 工程 2 000 元。

（5）用银行存款支付 A 工程的土方运输费，增值税专用发票上注明的价款为 20 000 元，增值税税额为 1 800 元。

（6）用银行存款支付大型机械进场运输费，增值税专用发票上注明的价款为 5 000 元，增值税税额为 450 元，其中 A 工程承担 40%，B 工程承担 60%。

（7）本月固定资产计提折旧 50 000 元，其中现场项目部计提的折旧费为 40 000 元，公司管理部门计提的折旧费为 10 000 元。

（8）以银行存款支付本月水电费共计 40 000 元，其中，A 工程 15 000 元，B 工程 20 000 元，现场项目部 2 000 元，公司行政管理部门 3 000 元。

（9）月末，以本月 A、B 两项工程发生的实际直接费用为标准，计算分配本月发生的间接费用。

（10）本期 A 工程期初未完施工成本为 158 000 元，本期已完工程预算成本为 1 420 000 元，期末未完施工预算成本为 620 000 元。计算未完工程实际成本，并根据本期已完工程预算成本进行工程结算。

要求：根据以上资料编制相应的会计分录。

第四节 工程合同收入与合同费用的核算

与制造企业的生产过程相比，施工企业的生产周期长，施工过程中存在较多的不确定因素，工程合同的收入和费用的确认必须遵循工程建造业务核算的规定标准和方法。在本节里，我们将继续以启星建筑公司承担的施工项目为例，分析工程施工业务中可能会影响收入和费用确认的因素，结合具体的工程实例，说明工程合同收入、合同费用、合同毛利的完整核算过程。

一、建造合同的类型

建造合同是指为建造一项或数项在设计、技术、功能、最终用途等方面密切相关的资产而订立的合同。这里所讲的资产是指房屋、道路、桥梁、水坝等建筑物，以及船舶、飞机、大型机械设备等。建造合同主要包括两类：固定造价合同和成本加成合同。

（1）固定造价合同。它是指按照固定的合同价或固定单价确定工程价款的建造合同。实际工作中，多数建造合同都是通过投标定价方式确定的。投标定价方式是指经招标单位评标后确定造价并依此签订合同的方法。目前，大多数建造合同都属于这种通过投标造价方式签订的固定造价合同。

（2）成本加成合同。它是指以合同约定或其他方式议定的成本为基础，加上该成本的一定比例或定额费用来确定工程价款的建造合同。这类建造合同主要适用于一些特殊行业。例如，某水利工程公司为某地建设水库，双方约定，以水库建设的实际成本为基础，加收5%的费用作为合同总价款，该合同即为成本加成合同。

将建造合同分为以上两种类型的目的在于：这两类合同风险的承担者不同，合同的结果是否能够可靠估计的判断标准也不同。

二、工程合同收入的组成

1. 合同收入的内容

（1）合同中规定的初始收入，是指建造承包商与客户在双方签订的合同中最初商定的合同总金额。

（2）因合同变更、索赔、奖励等形成的收入，只有在符合规定的条件时才构成合同总收入。

2. 合同变更款构成合同收入的条件

合同变更是指客户为改变合同规定的作业内容而提出的调整。合同变更款构成合同收入的条件如下。

（1）客户认可因变更而增加的收入。

（2）该收入能够可靠地计算。

如果不同时具备上述两个条件，则不能将合同变更款计入合同收入。

3. 合同索赔款构成合同收入的条件

索赔款是指因客户或第三方的原因造成的、由建造承包商向客户或第三方收取的、用以补偿不包含在合同造价中成本的款项。合同索赔款构成合同收入的条件如下。

（1）根据谈判情况，预计对方能够同意该项索赔。

（2）对方同意接受的金额能够可靠计量。

如果不同时具备上述两个条件，则不能将索赔款计入合同收入。

4. 合同奖励款构成合同收入的条件

奖励款是指工程达到或超过规定的标准，客户同意支付给建造承包商的额外款项。合同奖励款构成合同收入的条件如下。

（1）根据合同目前的完成情况，足以判断工程进度和工程质量能够达到或超过规定的标准。

（2）奖励金额能够可靠计量。

如果没有与客户达成一致意见，建造承包商就不能将奖励款计入合同收入中。

三、建造合同总成本

合同成本包括从合同签订开始至合同完成为止所发生的、与执行合同有关的直接费用和间接费用。按照《企业会计准则第 15 号——建造合同》的规定，施工企业为了可靠地计算并确认每期的合同收入与合同费用，必须要确切地知道合同总成本的金额。在工程项目完工之前，只能根据实际已发生的工程成本和预计将要发生的合同成本来预计合同总成本。

合同预计总成本=实际已经发生的工程成本+预计将要发生的合同成本

实际已经发生的工程成本主要根据“工程施工——合同成本”的期末余额来确定。因此，在工程施工过程中，应及时对发生的各项成本费用进行账务处理，以准确计算实际已经发生的工程成本。预计将要发生的合同成本需要施工企业在期末组织相关职能部门人员，根据工程设计要求和标准，进一步优化施工组织设计，结合材料价格波动等因素，按照一定的程序进行测算。

在工程施工期间，施工企业预计的合同总成本是动态变化的，项目预计合同总成本的变更必须经过公司相关管理部门的批复才能作为项目经理部计算完工百分比的依据。

当期的合同成本不完全等同于合同费用，合同费用是建筑施工企业已经发生的与已确认的合同收入配比的工程或劳务的成本，是建筑施工企业的主营业务成本。

四、工程合同收入和合同费用确认的方法

根据《企业会计准则第 15 号——建造合同》的规定，在一个会计年度内完成的施工承包合同，应当在完成时确认合同收入和合同费用；不能在一个会计年度内完成的施工承包合同，企业在资产负债表日应首先判断合同的结果能否可靠地估计，然后按照不同情况进行建造合同收入和合同费用的确认。当建造合同的结果能够可靠估计时，企业应采用完工百分比法于资产负债表日确认合同收入和合同费用。

微课：《企业会计准则第 15 号——建造合同》

为了及时核算建造合同所发生的实际成本、已结算的工程价款和实际收取的工程价款，并根据工程施工进展情况确定合同完工进度，确认当期的合同收入和合同费用，主要应设置“主营业务收入”“主营业务成本”“工程施工——合同毛利”“工程结算”“预收账款”“应收账款”“应交税费——应交增值税”等账户。

“工程施工——合同毛利”明细账户是“工程施工”账户的二级账户，用以核算施工企业当期确认的合同毛利或损失，但不包括与未来期间相关的合同预计损失。借方登记确认的毛利，贷方登记确认的损失，期末借方余额反映累计确认的毛利。工程竣工后，本账户与“工程结算”账户对冲后结平。

1. 工程合同的结果能够可靠估计时的收入和费用确认方法

工程合同的结果能够可靠估计时，确认合同收入和合同费用一般采用完工百分比法。完工百分比法是根据合同完工进度确认合同收入和合同费用的方法。

（1）完工进度的确定方法。施工企业确定建造合同完工进度的方法主要有投入测算法、产出测算法和实地测量法。

① 投入测算法。投入测算法是根据累计实际发生的合同成本占合同预计成本的比例确定合同完工进度。这是确定完工进度较常用的方法。其计算公式如下。

$$合同完工进度=\frac{累计实际发生的合同成本}{合同预计总成本}\times 100\%$$

【例5-26】启星建筑公司签订了一份总金额为2 600万元的工程合同，合同规定的建设期为3年。第一年，实际发生合同成本500万元，年末预计为完成合同尚需发生成本1 600万元；第二年，实际发生合同成本800万元，年末预计为完成合同尚需发生成本750万元。根据上述资料计算合同完工进度。

第一年合同完工进度=500÷（500+1 600）×100%=23.81%

第二年合同完工进度=（500+800）÷（500+800+750）×100%=63.41%

② 产出测算法。产出测算法是根据已完成的合同工程量占合同预计工程量的比例确定完工进度。其适用于合同工程量容易确定的建造合同，如道路工程、土石方工程、砌筑工程等。其计算公式如下。

$$合同完工进度=\frac{已经完成的合同工程量}{合同预计工程量}\times 100\%$$

【例5-27】启星建筑公司签订了一份修建100千米公路的建造合同。合同规定的总金额为9 000万元，工期为3年。第一年修建了35千米，第二年修建了40千米。根据上述资料计算合同完工进度。

第一年合同完工进度=35÷100×100%=35%

第二年合同完工进度=（35+40）÷100×100%=75%

③ 实地测量法。实地测量法是在无法根据上述两种方法确定完工进度时采用的一种技术测量方法。这种方法主要适用于某些特殊合同，如水下施工合同等，须由专业人员现场进行科学测定。

（2）根据完工进度确认合同收入和合同费用的方法。建造合同的结果能够可靠估计的，应采用完工百分比法确认当期的合同收入与合同费用。

当期确认的合同收入=合同总收入×完工进度−以前会计年度累计已确认的收入

当期确认的合同费用=合同预计总成本×完工进度−以前会计年度累计已确认的费用

当期确认的合同毛利=当期确认的合同收入−当期确认的合同费用

【例5-28】启星建筑公司与客户签订了一份不含税价为6 000万元的桥梁建造合同，增值税税率为9%，工程于第一年3月开工，预计第三年年底完工，最初预计工程总成本为5 000万元。各年度相关资料如下。

（1）至第一年年底，已发生成本1 500万元，当年结算含税工程价款1 980万元，完成合同尚需发生成本3 500万元。

（2）至第二年年底，已发生成本3 300万元，当年结算含税工程价款2 200万元，完成合同尚需发生成本2 000万元，客户同意将合同不含税总价款提高到6 300万元。

（3）至第三年年底，该工程完成时，累计已发生成本5 200万元，年底前已结算所有工程价款。

该项目按年度确认合同收入与费用，相关计算与账务处理如下。

（1）第一年年底的会计处理

第一年完工进度=1 500÷（1 500+3 500）×100%=30%

第一年应确认合同收入=6 000×30%=1 800（万元）

第一年应确认合同费用=5 000×30%=1 500（万元）

第一年应确认合同毛利=1 800-1 500=300（万元）

① 核算实际发生的合同成本。

借：工程施工——合同成本——桥梁——××费等　　15 000 000
　　贷：原材料、应付职工薪酬、银行存款等　　15 000 000

② 核算已办理结算的工程价款。

借：银行存款　　19 620 000
　　贷：工程结算——桥梁　　18 000 000
　　　　应交税费——应交增值税（销项税额）　　1 620 000

③ 核算第一年合同收入与费用。

借：主营业务成本　　15 000 000
　　工程施工——合同毛利——桥梁　　3 000 000
　　贷：主营业务收入　　18 000 000

（2）第二年年底的会计处理

第二年完工进度=3 300÷（3 300+2 000）×100%=62.26%

第二年应确认合同收入=6 300×62.26%-1 800=2 122（万元）

第二年应确认合同费用=（3 300+2 000）×62.26%-1 500=1 800（万元）

第二年应确认合同毛利=2 122-1 800=322（万元）

① 核算发生的合同成本。

借：工程施工——合同成本——桥梁——××费等　　18 000 000
　　贷：原材料、应付职工薪酬、银行存款等　　18 000 000

② 核算已办理结算的工程价款。

借：银行存款　　21 800 000
　　贷：工程结算——桥梁　　20 000 000
　　　　应交税费——应交增值税（销项税额）　　1 800 000

③ 核算第二年合同收入与费用。

借：主营业务成本　　18 000 000
　　工程施工——合同毛利——桥梁　　3 220 000
　　贷：主营业务收入　　21 220 000

（3）第三年年底的会计处理

第三年应确认合同收入=6 300-1 800-2 122=2 378（万元）

第三年应确认合同费用=5 200-1 500-1 800=1 900（万元）

第三年应确认合同毛利=2 378-1 900=478（万元）

① 核算发生的合同成本。

借：工程施工——合同成本——桥梁——××费等　　19 000 000
　　贷：原材料、应付职工薪酬、银行存款等　　19 000 000

② 核算已办理结算的工程价款。

第三年应结算工程价款=6 300-1 800-2 000=2 500（万元）

借：银行存款　　27 250 000
　　贷：工程结算——桥梁　　25 000 000
　　　　应交税费——应交增值税（销项税额）　　2 250 000

③ 核算第三年合同收入与费用。

借：主营业务成本　　19 000 000
　　工程施工——合同毛利——桥梁　　4 780 000
　　贷：主营业务收入　　23 780 000

④ 将“工程施工”与“工程结算”账户余额对冲。

借：工程结算——桥梁　　63 000 000
　　贷：工程施工——合同成本——桥梁——××费等　　52 000 000
　　　　　　　　——合同毛利——桥梁　　11 000 000

2. 工程合同的结果不能可靠估计时的收入和费用确认方法

如果工程合同结果不能可靠地估计，则施工企业不能采用完工百分比法来确认和计量当期的合同收入和合同费用，应当按以下方法进行会计处理。

（1）合同成本能够收回的。合同收入根据能够收回的实际合同成本加以确认，合同成本在其发生的当期确认为费用，即确认的合同收入等于合同费用。

【例5-29】启星建筑公司于3月与宏发公司签订了一份总造价为1 500万元的厂房建造合同，建设期10个月，工程顺利进行至第一年年底，累计发生工程成本700万元，宏发公司按照合同规定支付了工程款880万元，但由于宏发公司经营战略进行调整，该厂房建设暂停执行，今后是否续建，现在无法确定。

① 核算已办理结算的工程价款。

借：银行存款　　8 720 000
　　贷：工程结算——厂房　　8 000 000
　　　　应交税费——应交增值税（销项税额）　　720 000

② 核算第一年合同收入与费用。

借：主营业务成本　　7 000 000
　　贷：主营业务收入　　7 000 000

（2）合同成本不能收回的。如果已发生的合同成本不能全部得到补偿，则应按能够得到补偿的金额确认收入，并将已发生的成本确认为费用，两者的差额确认为损失，冲减合同毛利。

【例5-30】启星建筑公司于8月与红星公司签订了一份总造价为1 200万元的厂房建造合同，建设期为8个月。工程进行至第一年年底，累计发生工程成本500万元，实际已收到工程款400万元。现红星公司经营困难，后续工程建设已无法继续，现已施工的工程欠款也可能难以收回。

① 核算已办理结算的工程价款。

借：银行存款　　4 000 000
　　贷：工程结算——厂房　　3 669 725
　　　　应交税费——应交增值税（销项税额）　　330 275

② 核算第一年合同收入与费用。

借：主营业务成本　　5 000 000
　　贷：主营业务收入　　3 669 725
　　　　工程施工——合同毛利——厂房　　1 330 275

3. 合同预计损失的核算

根据《企业会计准则第 15 号——建造合同》的规定，如果企业合同预计总成本将超过预计总收入，应将预计损失立即确认为当期费用。按照应计提的资产减值损失金额，借记“资产减值损失”科目，贷记“存货跌价准备——合同预计损失准备”科目。

$$\text{当期应计提的合同预计损失准备}=\left(\text{预计合同总成本}-\text{预计合同总收入}\right)\times\left(1-\text{完工进度百分比}\right)-\text{以前预计损失准备余额}$$

合同预计损失减少时做相反分录，在前期累计预计的合同损失范围内冲回。合同项目完工确认合同收入与费用时，应转销预计损失准备。按照合同预计损失准备的余额，借记“存货跌价准备——合同预计损失准备”科目，贷记“主营业务成本”科目。

【例5-31】启星建筑公司签订了一份不含税总金额为2 400万元的建造合同，工期3年。第一年实际发生成本1 000万元，年末预计完成合同尚需发生成本1 500万元。第二年该项目实际发生成本800万元，年末预计完成合同尚需发生成本800万元。第三年该项目实际发生成本700万元，建造合同完工。

（1）第一年年末的会计处理

① 核算第一年合同收入与费用。

第一年完工进度=1 000÷（1 000+1 500）×100%=40%

第一年应确认合同收入=2 400×40%=960（万元）

第一年应确认合同费用=（1 000+1 500）×40%=1 000（万元）

第一年应确认合同毛利=960−1 000=−40（万元）

借：主营业务成本　　10 000 000
　　贷：主营业务收入　　9 600 000
　　　　工程施工——合同毛利　　400 000

② 计提合同预计损失准备。

未施工部分预计应负担的合同损失=（1 000+1 500−2 400）×（1−40%）=60（万元）

借：资产减值损失——合同预计损失　　600 000
　　贷：存货跌价准备——合同预计损失准备　　600 000

（2）第二年年末的会计处理

① 核算第二年合同收入与费用。

第二年完工进度=（1 000+800）÷（1 000+800+800）×100%=69.23%

第二年应确认合同收入=2 400×69.23%−960=702（万元）

第二年应确认合同费用=（1 000+800+800）×69.23%−1 000=800（万元）

第二年应确认合同毛利=702−800=−98（万元）

借：主营业务成本　　8 000 000
　　贷：主营业务收入　　7 020 000
　　　　工程施工——合同毛利　　980 000

② 计提合同预计损失准备。

未施工部分预计应负担的合同损失=（1 000+800+800−2 400）×（1−69.23%）=62（万元）

因上年已计提存货跌价准备60万元，本年度需补提2万元。

借：资产减值损失——合同预计损失　　20 000
　　贷：存货跌价准备——合同预计损失准备　　20 000

（3）第三年年末的会计处理

① 核算第三年合同收入与费用。

第三年应确认合同收入=2 400−960−702=738（万元）

第三年应确认合同费用=700万元

第三年应确认合同毛利=738−700=38（万元）

借：主营业务成本　　7 000 000
　　工程施工——合同毛利　　380 000
　　贷：主营业务收入　　7 380 000

② 转销预计损失准备的余额。

借：存货跌价准备——合同预计损失准备　　620 000
　　贷：主营业务成本　　620 000

③ 将“工程施工”与“工程结算”账户余额对冲。

借：工程结算　　24 000 000
　　工程施工——合同毛利　　1 000 000
　　贷：工程施工——合同成本　　25 000 000

技能训练题

一、单项选择题

1．按确定价款方式的不同，建造合同分为固定造价合同和（　　）。

A．费用包干合同　B．成本加成合同　C．费率合同　D．预算合同

2．（　　）的建造合同，当期确认与计量的合同收入，等于该项合同的总收入；当期确认与计量的合同费用，等于该项合同的实际总成本。

A．当年开工当年未完工　B．当年开工当年完工

C．以前年度开工本年度仍未完工　D．以前年度开工本年度完工

3．下列各项中，属于建造合同收入内容的是（　　）。

A．机械作业收入　B．材料销售收入

C．固定资产出租收入　D．因合同索赔形成的收入

4．确认建造合同收入的方法，一般可以用（　　）。

A．收现法　B．合同约定法　C．交货法　D．完工百分比法

5．确认建造合同收入时，按应确认的合同费用，应借记（　　）。

A．“主营业务成本”　B．“工程施工”　C．“主营业务收入”　D．“本年利润”

二、多项选择题

1．合同奖励款构成合同收入的条件是（　　）。

A．客户明确提出了奖励措施

B．合同目前的完成情况足以达到或超过规定的工程进度和工程质量标准

C．奖励金额能够可靠计量

D．奖励款已到账

2．下列影响施工企业本月已完工程实际发生的合同费用的因素有（　　）。

A．“工程施工”账户月初未完施工的合同成本

B．“工程施工”账户本月发生的施工生产费用

C．“在建工程”本月的增加额合计

D．“工程施工”账户月末未完工程的合同成本

3．确定建造合同完工进度的方法通常有（　　）。

A．根据累计实际发生的合同成本占合同预计总成本的比例确定

B．根据已经完成的合同工程量占合同预计总工程量的比例确定

C．根据收到的工程款占合同总价款的比例确定

D．实际测定的合同完工进度

4．下列有关建造合同收入的确认与计量的表述中，正确的是（　　）。

A．合同变更形成的收入应当计入合同收入

B．工程索赔、奖励形成的收入应当计入合同收入

C．建造合同的结果不能可靠估计但合同成本能够收回的，按能够收回的实际合同成本的金额确认合同收入

D．建造合同预计总成本超过合同预计总收入时，应将预计损失立即确认为当期费用

5．对于建造合同的结果不能可靠估计的情况，正确的处理方法有（　　）。

A．合同成本能够收回的，合同收入和合同费用根据完工百分比法确认

B．合同成本能够收回的，合同收入根据能够收回的实际合同成本加以确认，合同成本在其发生的当期作为费用

C．合同成本不可能收回的，应当在发生时立即作为费用，不确认合同收入

D．合同成本不可能收回的，既不确认费用也不确认收入

三、判断题

1．建造合同发包人承担固定造价合同的风险。（　　）

2．合同收入是指建造承包商与客户在双方签订的合同中最初商定的合同总金额。（　　）

3．合同费用是指建筑施工企业已经发生的与已确认的合同收入配比的工程或劳务的成本，是建筑施工企业的主营业务成本。（　　）

4．当期合同费用即为当期实际发生的合同成本。（　　）

5．竣工工程和已完工程相当于工业企业的产成品。（　　）

四、业务核算题

练习建造合同收入和费用的核算。某建筑公司为增值税一般纳税人，签订了一份不含税总金额为2 000万元的建造合同，合同规定的工期为3年。该建造合同的结果能够可靠估计，在资产负债表日按完工百分比法确认合同收入和费用。有关资料如表5-6所示。

表5-6　某建筑公司相关资料　单位：元

项目	第1年	第2年	第3年	合计
合同总价款				20 000 000
本期实际发生成本	4 500 000	7 340 000	5 660 000	17 500 000
估计至完工仍需投入成本	10 500 000	6 660 000		
已办理结算的金额	4 360 000	7 630 000	9 810 000	21 800 000

要求：（1）确定各年的合同完工进度。

（2）计算各年的合同收入、合同费用和毛利。

（3）编制各年结算工程款，确定收入、费用的会计分录。

小结

第五章主要知识点及内在关系如图5-11所示。

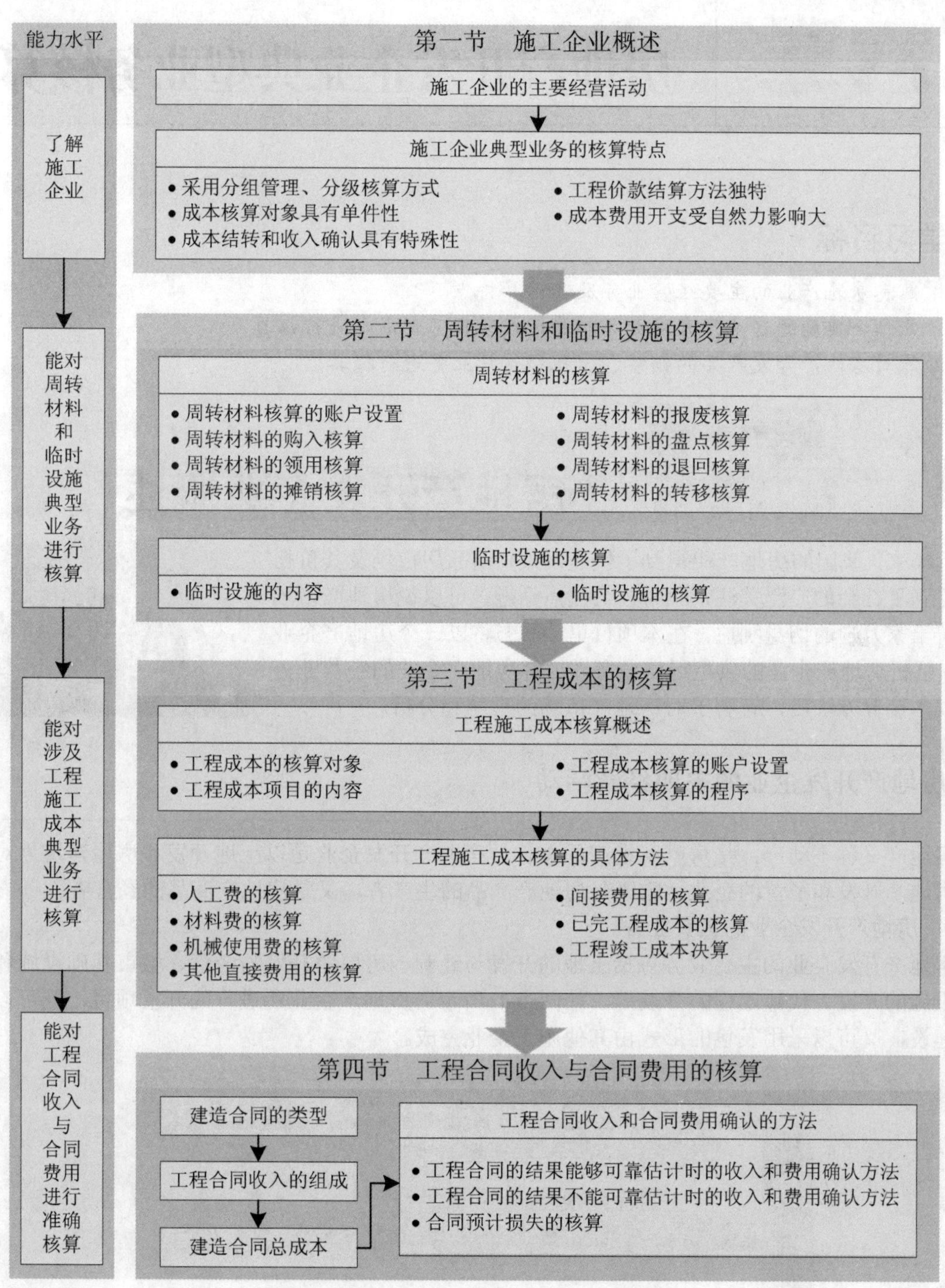

图 5-11　第五章主要知识点及内在关系

第六章 房地产开发企业典型业务核算

学习目标

- 熟悉房地产业的主要经营业务及其核算特点。
- 能结合典型的房地产开发业务对房地产项目开发成本进行核算。
- 能对房地产开发产品的销售、出租和转让业务进行核算。

第一节 房地产开发企业概述

近年来，我国的房地产业得到了快速发展，商品房市场及其价格变化受到了社会的广泛关注，成为社会热点话题，可以说房地产市场牵动着千家万户的切身利益。在本项目里，本书将以一个房地产企业为例，解析房地产企业的典型经济业务，了解房地产企业的经营业务及其成本核算方法后，有利于对房地产市场的理解和分析。

一、房地产开发企业的主要经营活动

房地产又称不动产，是房产和地产的总称。房地产开发企业是以土地开发和房屋建筑为对象，从事房地产开发和经营的企业。它既是房地产产品的生产者，又是房地产商品的经营者。

1. 房地产开发企业的主要业务

房地产开发企业的主要业务包括土地的开发与经营、房屋的开发与经营、城市基础设施和公共配套设施的开发、代建工程的开发等，如图 6-1 所示。房地产企业所进行的开发项目，既可以自行施工建设，又可以采用发包的形式由其他施工企业完成。

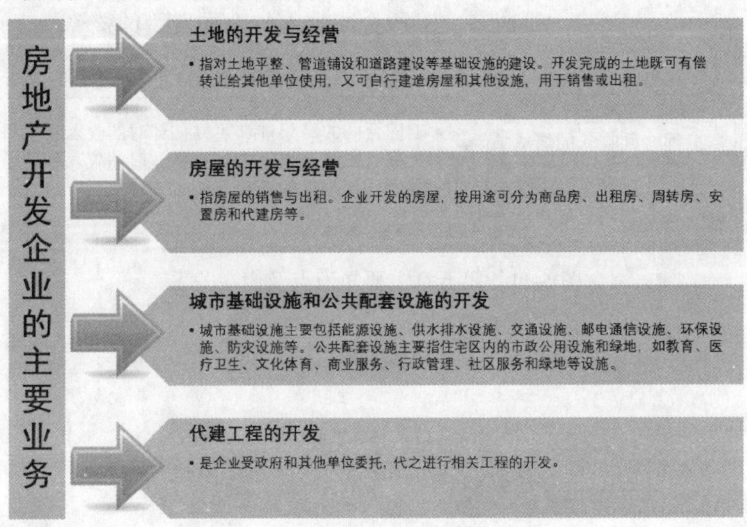

图 6-1　房地产开发企业的主要业务

2. 房地产开发的过程

如表 6-1 所示，房地产开发企业参与房地产开发的过程可分为 5 个基本阶段，在会计核算中也需要根据费用所发生的阶段计入相应的会计账户。

表 6-1　　　　房地产开发过程的 5 个基本阶段

阶段名称	阶段业务内容	费用归属科目
投资机会选择和决策阶段	机会筛选和可行性研究	计入"开发成本——前期工程费"科目
招投标及合同签订阶段	与开发工程有关的招投标、谈判和合同签订	工程费用计入"开发成本——前期工程费"，筹集资金所发生费用计入"财务费用"科目
建设施工阶段	土地征用及拆迁补偿、基础设施和公共配套设施建设、建筑安装工程建设、竣工验收等	发生的工程费用计入"开发成本"科目及相关明细科目
销售或出租阶段	销售或出租已开发工程产品，取得销售收入	销售收入计入"主营业务收入"科目，同时按配比原则核算"主营业务成本"及其他期间费用
售后服务阶段	根据合同约定提供售后服务	计入"管理费用""销售费用"等科目

3. 房地产开发企业的经营特点

房地产开发企业的经营业务内容决定了其经营活动具有图 6-2 所示的特点。

二、房地产开发企业典型业务的核算特点

房地产开发企业会计核算的对象是房地产项目，其经营业务的内容和特点决定了其业务核算具有以下特点。

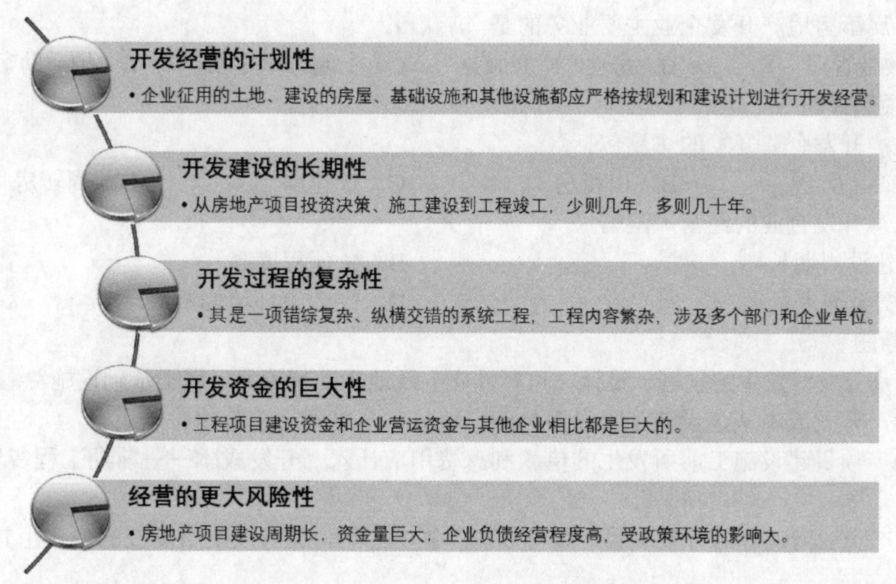

图 6-2　房地产开发企业的经营特点

1. 会计核算周期较长

房地产开发企业的产品开发，通常需要经过开发所在地区总体规划的可行性研究、征地补偿、拆迁安置、七通一平、建筑安装、配套设施工程、绿化环卫工程等多个建设环节才能完成。产品开发少则几年，多则几十年才能完成。这就意味着企业的经营开发资金在建设过程中需要沉淀较长时

间，需要大量的资金投入。这一特点决定了房地产开发企业的会计核算应按权责发生制原则和配比原则，合理确定各个会计期间的收入和费用，正确处理跨年度的各项收入和费用，以合理确定各期的损益。

2. 开发经营业务复杂

开发经营业务的复杂性表现在两个方面。

（1）房地产开发企业的开发经营涉及的内容非常广泛，既有土地的开发和建设、房屋的开发和经营，也有代建工程的开发、城市基础设施和公共配套设施的开发建设业务等。开发经营业务囊括了从征地、拆迁、勘察、设计、施工、销售到售后服务全过程。

（2）涉及面广、经济往来对象多，企业不仅因购销关系与设备、材料物资供应单位等发生经济往来，因工程的发包和招标与勘察设计单位、施工单位发生经济往来，还会因受托代建开发产品、出租开发产品等与委托单位和承租单位发生经济往来。

3. 资金需求量大

房地产开发产品单位价值高、建设周期长，因此房地产开发的资金投入量比其他行业大得多，属于资金密集型行业。房地产开发企业所需资金，主要通过负债和吸收所有者投资取得。债务筹资办法主要有金融机构贷款，预收购房金或预收代建工程款，发行股票、增资扩股等。目前，我国房地产开发企业主要通过负债融资方式筹集资金，企业借款利息费用负担较重，一旦决策失误，销路不畅，易使企业资金周转不灵，陷入困境。

技能训练题

一、单项选择题

1. 房地产开发前的规划设计费应列为（　　）。

A. 管理费用　　B. 前期工程费　　C. 基础设施费　　D. 开发间接费

2. 以下属于房地产开发企业主要业务的是（　　）。

A. 物业管理　　B. 房地产中介服务　　C. 土地的开发与经营　　D. 地质勘察

二、多项选择题

1. 房地产开发企业开发的房屋包括（　　）。

A. 商品房　　B. 出租房　　C. 代建房　　D. 周转房

2. 房地产开发企业的经营风险与（　　）有关。

A. 建设周期长　　B. 负债程度高

C. 资金需求量大　　D. 受政策环境影响大

三、判断题

1. 商品房开发前发生的规划、设计、可行性研究及地质勘察等费用属于基础设施费。（　　）

2. 房地产开发成本从建设施工阶段开始归集核算，至工程竣工验收时结束。（　　）

3. 房地产项目建设施工前所发生的借款利息费用应计入“开发成本——前期工程费”科目。（　　）

4. 房地产企业所进行的开发项目，既可以自行施工建设，又可以采用发包的形式由其他施工企业完成。（　　）

第二节　房地产开发成本的核算

随着现代化城市的发展，房地产开发企业开发的居民小区相较于传统的居民住宅，其房屋设计更加合理，配套设施更加完善，环境赏心悦目。这也导致房地产开发企业在开发经营业务上综合性更强、涉及面更广，其开发成本的核算内容和核算过程都更为复杂。本节将以银河房地产开发公司开发的丽园小区为例，完整介绍房地产开发企业产品开发成本的核算过程和核算方法。

一、房地产开发成本核算概述

房地产开发成本是指各开发工程项目应负担的费用。成本核算是将施工和经营过程中发生的各项费用，按各成本核算对象进行归集和分配，以确定各开发工程项目的实际成本。

1. 成本核算对象

合理确定成本核算对象是正确组织开发产品成本核算的重要条件。开发项目的成本核算对象是指在房地产产品开发过程中，为了归集和分配费用而确定的费用承担者，即以什么项目为对象来归集和分配开发费用。通常情况下，房地产开发企业在确定成本核算对象时，应结合开发项目的地点、用途、结构、装修、层高、施工队等因素，按以下原则分别确定。

（1）以开发项目开发顺序的每个阶段作为成本核算对象。产品的开发顺序可分为规划设计、征地拆迁、组织施工、竣工验收、产品销售等阶段。以开发顺序的每个阶段作为成本核算的对象进行成本费用归集，可使成本随着产品的开发同步流转。

（2）以开发项目的单项工程为成本核算对象。一般的开发项目，可以以每一独立编制的概算、预算，或每一独立的施工图预算所列的单项开发工程作为一个成本核算对象。

（3）以同一开发地点的若干群体开发项目为成本核算对象。位于同一开发地点、结构类型相同、用料差异不大的群体开发项目，如果竣工时间接近，又由同一施工队伍施工，可以合并为一个成本核算对象。

（4）以开发产品的区域、部位、开发期作为成本核算对象。对个别规模较大、工期较长的开发项目，可以将开发产品的一定区域或部位作为成本核算对象，如工程分期开发，也可以以开发期作为成本核算对象。

2. 开发成本的构成

房地产开发企业发生的各项费用支出，可按不同的标准进行分类，如图 6-3 所示。

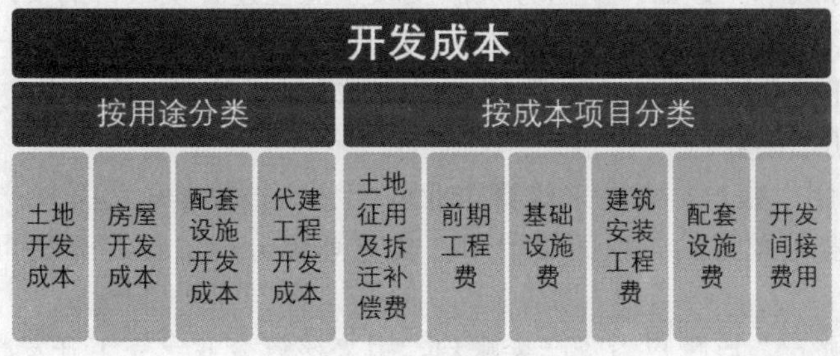

图 6-3　开发成本的构成

（1）开发成本按用途划分

按用途对开发成本进行分类即根据房地产开发企业的主要经营业务对费用进行归集和分配。通过此种成本分类，我们可对房地产开发企业的各项经营业务所承担的成本进行核算和分析，有利于对各项经营业务进行合理定价和管理。

① 土地开发成本，指房地产开发企业在开发土地（即建设场地）过程中所发生的各项费用支出。

② 房屋开发成本，指房地产开发企业在开发各种房屋过程中所发生的各项费用支出。

③ 配套设施开发成本，指房地产开发企业开发能有偿转让的大型配套设施，以及开发不能有偿转让、不能直接计入开发产品成本的公共配套设施所发生的各项费用支出。

④ 代建工程开发成本，指房地产开发企业接受委托单位的委托，代为开发、建设除土地、房屋以外的其他工程所发生的各项费用支出。

（2）开发成本按成本项目划分

所谓成本项目，是指开发成本的构成项目。房地产开发企业在对开发成本进行用途分类的基础上，还需进一步细分成本核算项目。

① 土地征用及拆迁补偿费，是指房地产开发企业因房地产开发而征用土地所发生的各项费用，包括土地征用费、耕地占用税、劳动力安置费、原有建筑物的拆迁补偿费和安置动迁用房支出等。

② 前期工程费，是指开发项目前期发生的各项费用，包括规划、设计、项目可行性研究、水文地质勘察与测绘、场地平整、通水、通电等费用支出。

③ 基础设施费，是指房地产开发项目在开发过程中发生的各项基础设施支出，包括开发小区内道路、供水、供电、供气、排污、排洪、通信、照明、环卫、绿化等工程支出。

④ 建筑安装工程费，是指房地产开发项目在开发过程中发生的各项建筑安装工程费和设备费，包括房地产开发企业以出包方式支付承包单位的建筑安装工程费和设备费，以自营方式发生的列入开发项目工程施工预算内的各项费用和设备费。

⑤ 配套设施费，是指房地产开发企业在开发小区内发生的，可计入土地、房屋开发成本但不能有偿转让的公共配套设施的费用，如居委会、派出所、幼儿园、消防、公厕等设施支出。

⑥ 开发间接费用，是指房地产开发企业内部独立核算单位及开发现场为开发房地产而发生的各项费用，包括现场机构人员工资、福利费、折旧费、修理费、办公费、水电费、劳动保护费、周转房摊销等。

3. 开发成本核算的账户设置

为了归集和分配各项开发费用和确定各开发项目的实际成本，房地产开发企业应设置“开发成本”和“开发间接费用”两个成本类账户和“开发产品”账户。

（1）“开发成本”账户。它主要用来核算企业在土地、房屋、配套设施和代建工程开发过程中所发生的各项费用。企业对出租房进行装修及增补室内设施而发生的出租房工程支出，也在本账户核算。该账户的借方登记各成本核算对象所发生的各项开发费用，贷方登记结转的已开发完成并验收合格的开发项目的实际成本。该账户的借方余额反映企业在建开发项目的实际成本。本账户应按开发项目、成本核算对象（如土地开发、房屋开发、配套设施开发、代建工程开发等）设置明细账户，按成本项目（如土地征用及拆迁补偿费、前期工程费、基础设施费、建筑安装工程费、配套设施费、开发间接费等）进行明细核算。

（2）“开发间接费用”账户。它用来核算企业内部独立核算单位为开发产品而发生的各项间接费用。该账户的借方登记发生的各项间接费用，贷方登记分配结转的开发间接费用，该账户期末无余额。

（3）“开发产品”账户。该账户为资产类账户，用来核算企业已完工开发产品的实际成本。借方登记已竣工验收的开发产品的实际成本，贷方登记月末结转的已销售、转让或结算的开发产品的实际成本，期末余额为尚未销售、转让和结算的开发产品的实际成本。该账户应按企业开发产品的种类（如土地、房屋、配套设施和代建工程等）设置明细账。

二、房地产开发成本核算的具体方法

房地产开发成本的核算应遵循一定的步骤和顺序，如图 6-4 所示。平时应按成本核算对象归集开发产品的直接费用及所发生的开发间接费用，期末对本期发生的间接费用进行分配，在核算对象完工时再合理分配计算完工产品的实际成本。

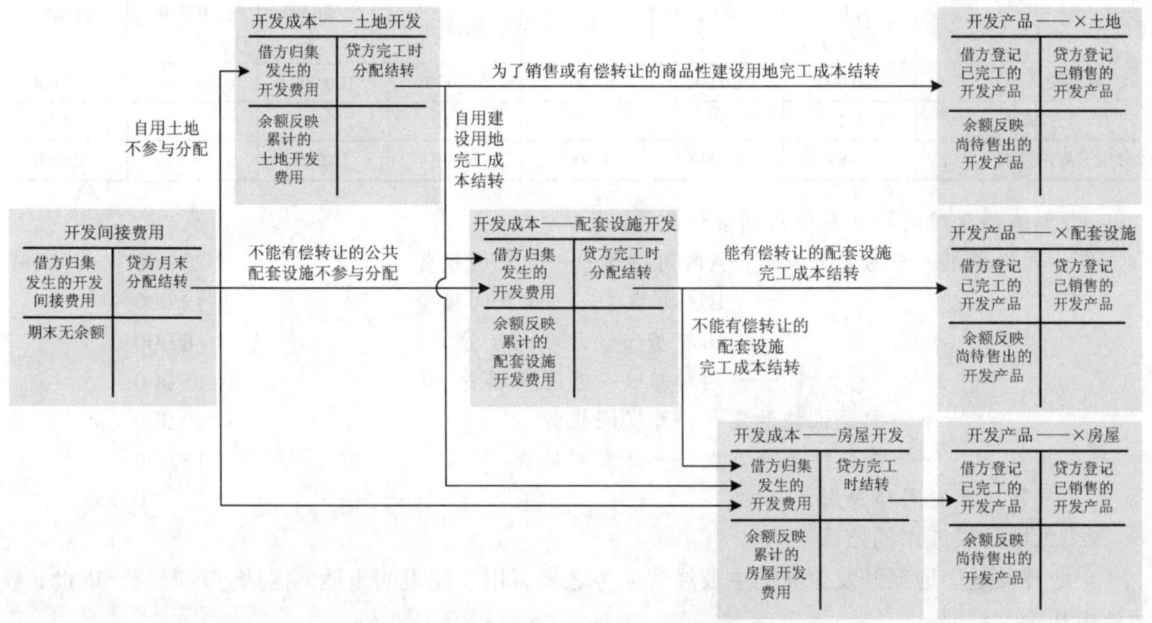

图 6-4 房地产开发成本的核算步骤

1. 开发间接费用的核算

开发间接费用是指房地产开发企业内部独立核算单位在开发现场为组织和管理开发产品而发生的各项费用，具体包括开发企业内部独立核算单位人员的工资和福利费、设备折旧费和修理费、办公费、水电费、劳保费、周转房摊销等费用。这些费用虽也属于直接为房地产开发而发生的费用，但不能确定具体应负担该费用的产品项目，因而无法将其直接计入各项开发产品成本。为了简化核算手续，先将其记入“开发间接费用”账户，然后在期末按照适当的分配标准，分摊计入各项开发产品成本核算对象。

为了简化核算手续并防止重复分配，对应计入房屋等开发成本的自用土地和不能有偿转让的配套设施的开发成本，均不分配开发间接费用。这部分开发产品应负担的开发间接费用，可直接分配计入有关房屋开发成本。也就是说，企业发生的开发间接费用，可仅对有关房屋、商品性土地、能有偿转让的配套设施及代建工程进行分配。

开发间接费用可按各开发产品实际发生的直接费用比例进行分配，也可按各开发项目预算开发间接费用比例进行分配。

【例6-1】银河房地产公司为增值税一般纳税人，本月共发生开发间接费用70 000元，公司目前开发产品实际发生的直接成本总计800 000元，具体资料如表6-2所示。

表 6-2 银河房地产公司本月各开发产品实际发生的直接成本 单位：元

指标名称	开发产品名称						
	A 区商品房	B 区商品房	出租房	周转房	大型配套设施	公共配套设施	商品性土地
直接成本	200 000	120 000	80 000	50 000	100 000	100 000	150 000

（1）对开发间接费用进行分配。其中，公共配套设施因不能有偿转让，不参与分配。

$$开发间接费用分配率=70\ 000÷（800\ 000-100\ 000）=0.1$$

根据表6-2中的资料计算各开发产品应分摊的开发间接费用，计算结果如表6-3所示。

表 6-3　　银河房地产公司本月开发间接费用分配表

指标名称	开发产品名称						
	A 区商品房	B 区商品房	出租房	周转房	大型配套设施	公共配套设施	商品性土地
直接成本（元）	200 000	120 000	80 000	50 000	100 000	100 000	150 000
分配率	0.1	0.1	0.1	0.1	0.1	—	0.1
分配开发间接费（元）	20 000	12 000	8 000	5 000	10 000	—	15 000

（2）编制分摊间接开发费用的会计分录。

借：开发成本——房屋开发——A区商品房——开发间接费　20 000
　　　　　　　　　　　——B区商品房——开发间接费　12 000
　　　　　　　　　　　——出租房——开发间接费　8 000
　　　　　　　　　　　——周转房——开发间接费　5 000
　　　　　——配套设施开发——开发间接费　10 000
　　　　　——商品性土地开发——开发间接费　15 000
　贷：开发间接费用　70 000

2. 土地开发成本的核算

土地开发是房地产开发企业的主要经营业务之一。用于建设的土地，需地方政府统一审批、统一征用和统一管理。

房地产开发企业开发的土地，因其设计要求不同，开发的层次、程度和内容都不相同：有的只是进行场地的清理平整，如原有建筑物、障碍物的拆除和土地平整等；有的除了进行场地平整外，还要进行地下各种管线的铺设、地面道路的建设等。因此，就各个具体的土地开发项目而言，开发支出的内容是不完全相同的。企业要根据所开发土地的具体情况设置土地开发成本核算项目。

房地产开发企业开发的土地，按其用途可分为两种：①为了销售或有偿转让而开发的商品性建设用地；②直接为本企业兴建商品房或其他经营性房屋而开发的自用建设用地。前者是企业的最终开发产品，而后者则是企业的中间开发产品。在进行成本费用归集时两者基本相同，其发生的各项开发费用通过“开发成本——土地开发”账户进行归集。但在土地开发完工、结转完工成本时，商品性建设用地的开发成本应从“开发成本——土地开发”账户转入“开发产品——土地”账户，自用建设用地的开发成本应根据后续开发项目转入“开发成本——房屋开发”或“开发成本——配套设施开发”等账户。

【例6-2】银河房地产公司本月有关土地开发支出资料如表6-4所示，假设不考虑增值税。

表 6-4　　银河房地产公司本月有关土地开发支出资料　　单位：元

指标名称	土地开发项目	
	商品性土地开发	自用土地开发
支付土地征用及拆迁补偿费	650 000	750 000
支付设计单位前期工程款	30 000	40 000
应付施工单位基础设施款	40 000	50 000
分配开发间接费	15 000	
合计	735 000	840 000

（1）用银行存款支付土地征用及拆迁补偿费时。

借：开发成本——商品性土地开发　650 000
　　　　　——自用土地开发　750 000
　贷：银行存款　1 400 000

（2）用银行存款支付设计单位前期工程款时。

借：开发成本——商品性土地开发　　30 000
　　　　　　——自用土地开发　　40 000
　　贷：银行存款　　70 000

（3）将应付施工单位基础设施款入账时。

借：开发成本——商品性土地开发　　40 000
　　　　　　——自用土地开发　　50 000
　　贷：应付账款　　90 000

（4）分配应计入商品性土地开发成本的间接费用时的会计分录详见【例6-1】。

【例6-3】接【例6-2】，假定该土地开发工程本月开工、本月完工并验收合格，其中自用的土地准备作为商品房开发用地。结转完工工程开发成本。

借：开发产品——土地　　735 000
　　开发成本——房屋开发　　840 000
　　贷：开发成本——商品性土地开发　　735 000
　　　　　　　　——自用土地开发　　840 000

3. 配套设施开发成本的核算

房地产开发企业开发的配套设施可以分为以下两类。

第一类是在小区内开发的、不能有偿转让的公共配套设施，如派出所、居委会、幼儿园、消防设施、公厕等。

第二类是能有偿转让的、城市规划中规定的大型配套设施项目，包括：①小区内的营业性公共配套设施，如商店、银行、邮局等；②小区内的非营业性配套设施，如中小学、文化站、医院等；③开发项目外为居民服务的给排水、供电、供气的增容增压设施及交通道路等。这类配套设施如果没有投资来源，不能有偿转让，也将其归入第一类中，计入房屋开发成本。

在归集配套设施开发直接费用时，应区分配套设施能否有偿转让及能否分清成本核算对象，采用相应的费用归集账户进行核算，具体核算方法如图 6-5 所示。

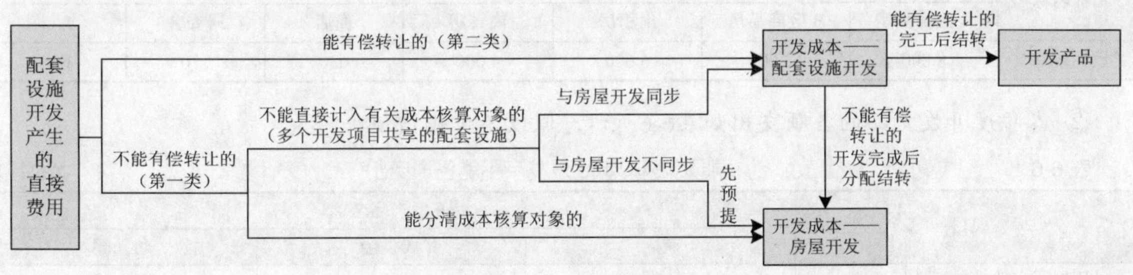

图 6-5　配套设施开发直接费用的核算方法

房地产开发企业发生的各项配套设施支出，首先应区分该配套设施能否有偿转让。能有偿转让的配套设施（如小区内的商店等）应单独核算其开发成本，计入“开发成本——配套设施开发”账户，开发完成后结转到“开发产品”账户。不能有偿转让的配套设施则需进一步区分是否能分清成本核算对象，能分清成本核算对象的，即该配套设施与具体的房屋开发紧密相关且不可有偿转让（如房屋附带的自行车棚），其所发生的各项支出可直接计入“开发成本——房屋开发”账户。不能分清成本核算对象、可有偿转让的配套设施，主要是指有两个或两个以上受益对象的公共配套设施（如小区配套的居委会、消防设施等），该类配套设施的开发又分为两种情况：如果配套设施与房屋开发同步，则发生的各项支出先计入“开发成本——配套设施开发”账户，待开发完成后再按受益对象分配结转到“开发成本——房屋开发”账户；如果配套设施与房屋开发不同步，或房屋等开发完成等待出售或出租，而配套设施尚未全部完成的，经批准后可按配套设施的预算成本或计划成本，预提配套设施费，计入“开发成本——房屋开发”账户，该配套设施实际开发时发生的各项支出仍计入“开发成本——配套设施开发”账户，等到工程完工时再与“开发成本——房屋开发”账户相互冲销。

不能有偿转让的配套设施在完工后，其开发成本应在其受益对象（包括可有偿转让的配套设施）之间按实际发生的成本或预算成本进行分配，并且无须参与开发间接费用的分配。由此，配套设施在进行开发成本核算时应根据具体核算内容设置相应的成本项目，如图 6-6 所示。

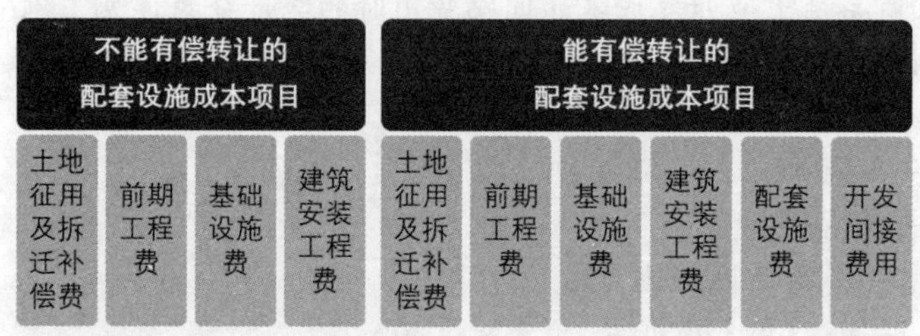

图 6-6　配套设施开发的成本项目设置

【例6-4】银河房地产开发公司开发丽园小区，该小区由A区商品房、B区商品房、出租房和周转房组成，本年度在开发过程中，共建造3项配套设施，分别为商店、居委会办公楼、幼儿园。其中，商店可有偿转让给个人，居委会办公楼随房屋同步开发，幼儿园设施在商品房完工后建造。4个项目的基础设施和建筑安装工程建设均发包给启星建筑公司。为了及时计算出售商品房等的开发成本，对幼儿园设施以各项开发产品的预算成本为基数，采用预提的方式计入有关开发产品成本。有关资料如下。

① 丽园小区各项开发产品的预算成本如表6-5所示。

表 6-5　丽园小区各项开发产品的预算成本　单位：万元

指标名称	开发产品名称						
	A 区商品房	B 区商品房	出租房	周转房	商店	居委会	幼儿园
预算成本	8 000	12 000	6 000	4 000	630	270	600

② 本年度开发产品的各项支出如表6-6所示，假设不考虑增值税。

表 6-6　丽园小区本年度开发产品的各项支出　单位：元

项目	开发产品名称		
	商店	居委会	幼儿园
用银行存款支付征地拆迁费	315 000	180 000	405 000
用银行存款支付前期工程费	577 500	330 000	742 500
用银行存款支付基础设施费	1 050 000	600 000	1 350 000
应付建筑公司建安工程费	2 782 500	1 590 000	3 577 500

③ 按预算成本预提应由商品房、出租房、周转房负担的幼儿园配套设施费。

④ 幼儿园竣工验收，计算其实际开发成本，并将其成本冲减预提的配套设施费。如实际成本大于预提的配套设施费，对少提金额进行追加，分配到商店配套设施。

有关业务的会计处理如下。

（1）预提应由商品房、出租房、周转房负担的幼儿园配套设施费

幼儿园配套设施费预提率=600÷（8 000+12 000+6 000+4 000+630）=0.019 59

A区商品房预提金额=0.019 59×8 000=157（万元）

B区商品房预提金额=0.019 59×12 000=235（万元）

出租房预提金额=0.019 59×6 000=118（万元）

周转房预提金额=0.019 59×4 000=78（万元）

商店预提金额=0.019 59×630=12（万元）

借：开发成本——房屋开发——A区商品房——配套设施费　1 570 000
——B区商品房——配套设施费　2 350 000
——出租房——配套设施费　1 180 000
——周转房——配套设施费　780 000
——配套设施开发——商店——配套设施费　120 000
贷：应付账款——预提配套设施费　6 000 000

（2）用银行存款支付征地拆迁费

借：开发成本——配套设施开发——商店——征地拆迁费　315 000
——居委会——征地拆迁费　180 000
——幼儿园——征地拆迁费　405 000
贷：银行存款　900 000

（3）用银行存款支付前期工程费

借：开发成本——配套设施开发——商店——前期工程费　577 500
——居委会——前期工程费　330 000
——幼儿园——前期工程费　742 500
贷：银行存款　1 650 000

（4）用银行存款支付基础设施费

借：开发成本——配套设施开发——商店——基础设施费　1 050 000
——居委会——基础设施费　600 000
——幼儿园——基础设施费　1 350 000
贷：银行存款　3 000 000

（5）将应付建筑公司建筑安装工程费入账

借：开发成本——配套设施开发——商店——建筑安装工程费　2 782 500
——居委会——建筑安装工程费　1 590 000
——幼儿园——建筑安装工程费　3 577 500
贷：应付账款　7 950 000

（6）结转幼儿园设施完工成本

借：开发成本——配套设施开发——商店——配套设施费　75 000
应付账款——预提配套设施费　6 000 000
贷：开发成本——配套设施开发——幼儿园——征地拆迁费　405 000
——前期工程费　742 500
——基础设施费　1 350 000
——建筑安装工程费　3 577 500

4. 房屋开发成本的核算

房屋开发是房地产开发企业的主要经济业务，按房屋开发的目的和用途可将其分为4类。

① 为销售而开发的商品房。

② 为出租经营而开发的出租房。

③ 为安置拆迁居民，供其周转使用而开发的周转房。

④ 接受其他单位委托而代为开发建设的代建房。

尽管开发这些房屋的目的和用途不同，但其开发建设的特点、费用支出的内容、费用的性质都大致相同。除代建房屋外，其开发成本均应在"开发成本——房屋开发"明细账中核算，主要包括以下几个成本项目：土地征用及拆迁补偿费、前期工程费、基础设施费、建筑安装工程费、配套设施费和开发间接费。

（1）土地征用及拆迁补偿费。房屋开发过程中发生的土地征用及拆迁补偿费，应根据不同情况，采用不同的归集和核算方法，如图 6-7 所示。

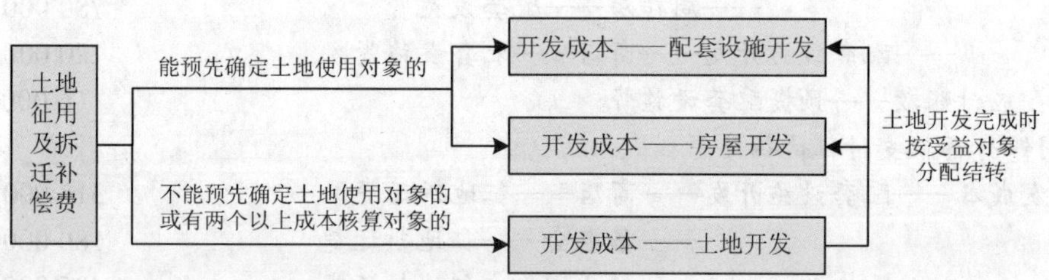

图 6-7　土地征用及拆迁补偿费的核算方法

【例6-5】银河房地产开发公司为开发丽园小区，共发生土地开发成本1 800万元，开发完成后结转有关土地开发成本，如表6-7所示。

表 6-7　银河房地产开发公司丽园小区地块土地开发成本分配　单位：万元

分配项目	土地开发成本分配对象						
	A 区商品房	B 区商品房	出租房	周转房	商店	居委会	幼儿园
土地开发成本	456	684	342	228	31.5	18	40.5

借：开发成本——房屋开发——A区商品房——征地拆迁费　4 560 000
——B区商品房——征地拆迁费　6 840 000
——出租房——征地拆迁费　3 420 000
——周转房——征地拆迁费　2 280 000
——配套设施开发——商店——征地拆迁费　315 000
——居委会——征地拆迁费　180 000
——幼儿园——征地拆迁费　405 000
贷：开发成本——土地开发　18 000 000

（2）前期工程费。房屋开发过程中发生的规划、设计、可行性研究、水文地质勘察、测绘、场地平整等各项前期工程支出，若能预先分清成本核算对象，应直接计入相关成本核算对象的开发成本；若不能确定成本核算对象，或应由两个或两个以上成本核算对象共同负担的，应按一定的标准将其分配计入有关受益的成本核算对象的开发成本。

【例6-6】银河房地产开发公司为开发丽园小区，共发生前期工程费3 300万元，假设全部以银行存款支付，不考虑增值税，详细资料如表6-8所示。

表 6-8　银河房地产开发公司丽园小区地块前期工程费　单位：万元

费用项目	费用归属项目						
	A 区商品房	B 区商品房	出租房	周转房	商店	居委会	幼儿园
前期工程费	836	1 254	627	418	57.75	33	74.25

借：开发成本——房屋开发——A区商品房——前期工程费　8 360 000
——B区商品房——前期工程费　12 540 000
——出租房——前期工程费　6 270 000
——周转房——前期工程费　4 180 000
——配套设施开发——商店——前期工程费　577 500
——居委会——前期工程费　330 000
——幼儿园——前期工程费　742 500
贷：银行存款　33 000 000

（3）基础设施费。房屋开发过程中发生的供水、供气、供电、通信、绿化及道路等基础设施支出，如果能直接确定成本核算对象的，可直接计入受益对象的开发成本；如果不能直接确定成本核算对象，或应由两个以上成本核算对象共同负担的，则应先通过“开发成本——土地开发”账户进行归集，土地开发完成后再按一定的分配标准，分配计入各受益对象的开发成本。

【例6-7】银河房地产开发公司为开发丽园小区，共发生基础设施费6 000万元，假设全部以银行存款支付，不考虑增值税，详细资料如表6-9所示。

表 6-9　银河房地产开发公司丽园小区地块基础设施费　单位：万元

费用项目	费用归属项目						
	A 区商品房	B 区商品房	出租房	周转房	商店	居委会	幼儿园
基础设施费	1 520	2 280	1 140	750	105	60	135

借：开发成本——房屋开发——A区商品房——基础设施费　15 200 000
——B区商品房——基础设施费　22 800 000
——出租房——基础设施费　11 400 000
——周转房——基础设施费　7 500 000
——配套设施开发——商店——基础设施费　1 050 000
——居委会——基础设施费　600 000
——幼儿园——基础设施费　1 350 000
贷：银行存款　60 000 000

（4）建筑安装工程费。房屋开发过程中所发生的建筑安装工程支出，根据工程的施工方式不同，采用不同的核算方法。

采用发包方式进行建筑安装工程施工的房屋开发项目，其建筑安装工程支出，应根据承包企业提出的“工程价款结算单”上所列工程价款结算发包工程款，直接计入有关房屋开发成本核算对象的“建筑安装工程费”成本项目。

采用自营方式进行建筑安装工程施工的房屋开发项目，其发生的各项建筑安装支出，一般可直接记入有关房屋开发成本核算对象的“建筑安装工程费”成本项目。如果开发企业自行施工大型建筑安装工程，可以设置“工程施工”“施工间接费用”等账户，用来核算和归集各项建筑安装工程支出，月末将其实际成本转入受益对象的“开发成本”账户下的“建筑安装工程费”项目。

【例6-8】银河房地产开发公司为开发丽园小区，共发生建筑安装工程费15 900万元，增值税1 431万元，全部发包给启星建筑公司完成，全部工程款以银行存款支付，详细资料如表6-10所示。

表 6-10　银河房地产开发公司丽园小区地块建筑安装工程费　单位：万元

费用项目	费用归属项目						
	A 区商品房	B 区商品房	出租房	周转房	商店	居委会	幼儿园
建筑安装工程费	4 028	6 042	3 021	2 014	278.25	159	357.75

借：开发成本——房屋开发——A区商品房——建筑安装工程费　　40 280 000
——B区商品房——建筑安装工程费　　60 420 000
——出租房——建筑安装工程费　　30 210 000
——周转房——建筑安装工程费　　20 140 000
——配套设施开发——商店——建筑安装工程费　　2 782 500
——居委会——建筑安装工程费　　1 590 000
——幼儿园——建筑安装工程费　　3 577 500
应交税费——应交增值税（进项税额）　　14 310 000
贷：银行存款　　173 310 000

（5）配套设施费。房屋开发成本应负担的配套设施费主要是指建设开发小区内不能有偿转让的公共配套设施所发生的费用，如居委会用房、水塔、公厕等。在具体核算时，企业应根据配套设施的建设情况，采用不同的核算方法。

配套设施与房屋建设同步时，其所发生的各项配套设施支出，如果能直接确定成本核算对象的，则直接计入房屋开发成本；如果不能直接确定，或应由两个及两个以上成本核算对象共同负担的，则先在“开发成本——配套设施开发”账户的借方归集，配套设施完工时，再按一定的分配标准分配计入各成本核算对象的“开发成本”账户。

配套设施与房屋建设不同步时，在房屋开发已经完成而配套设施尚未完成的情况下，对房屋项目应负担的配套设施费，采用预提方法确定完工房屋应负担的配套设施支出，计入房屋开发成本中。具体的核算关系如图 6-5 所示。

【例6-9】银河房地产开发公司开发丽园小区的过程中，居委会办公楼配套设施建设共发生支出270万元，其中征地拆迁费18万元，前期工程费33万元，基础设施费60万元，建筑安装工程费159万元。按受益对象分配其开发支出，如表6-11所示，结转其开发成本。

表 6-11　银河房地产开发公司丽园小区地块居委会办公楼配套设施开发成本分配　单位：万元

费用项目	费用归属项目				
	A 区商品房	B 区商品房	出租房	周转房	商店
配套设施费	68.4	102.6	51.3	34.2	13.5

借：开发成本——房屋开发——A区商品房——配套设施费　　684 000
——B区商品房——配套设施费　　1 026 000
——出租房——配套设施费　　513 000
——周转房——配套设施费　　342 000
——配套设施开发——商店——配套设施费　　135 000
贷：开发成本——配套设施开发——居委会——征地拆迁费　　180 000
——前期工程费　　330 000
——基础设施费　　600 000
——建筑安装工程费　　1 590 000

（6）开发间接费。企业内部独立核算单位为组织和管理开发产品而发生的各项间接费用，先通过“开发间接费用”账户的借方归集，期末，按一定的标准分配计入各有关开发产品的成本账户。

【例6-10】银河房地产开发公司为开发丽园小区，共发生开发间接费用2 400万元，假设一次性分配结转开发间接费用，如表6-12所示。

表 6-12　银河房地产开发公司丽园小区地块开发间接费用分配　单位：万元

费用项目	费用归属项目				
	A 区商品房	B 区商品房	出租房	周转房	商店
开发间接费用	608	912	456	304	120

借：开发成本——房屋开发——A区商品房——开发间接费　6 080 000
　　　　　　　　　　　　——B区商品房——开发间接费　9 120 000
　　　　　　　　　　　　——出租房——开发间接费　4 560 000
　　　　　　　　　　　　——周转房——开发间接费　3 040 000
　　　　　　——配套设施开发——商店——开发间接费　1 200 000
　贷：开发间接费用　24 000 000

【例6-11】银河房地产开发公司开发丽园小区，A区房屋和可转让的配套设施——商店均已竣工验收，表6-13所示为有关开发项目的费用开支资料，结转开发产品的完工成本。

表 6-13　银河房地产开发公司丽园小区地块有关开发项目的费用开支资料　单位：万元

开发产品项目	费用项目					
	征地拆迁费	前期工程费	基础设施费	建筑安装工程费	配套设施费	开发间接费用
A 区商品房	456	836	1 520	4 028	228.4	608
商店	31.5	57.75	105	278.25	33.34	120

（1）结转A区商品房完工成本

借：开发产品——A区商品房　76 764 000
　贷：开发成本——房屋开发——A区商品房——征地拆迁费　4 560 000
　　　　　　　　　　　　　　　　　　——前期工程费　8 360 000
　　　　　　　　　　　　　　　　　　——基础设施费　15 200 000
　　　　　　　　　　　　　　　　　　——建筑安装工程费　40 280 000
　　　　　　　　　　　　　　　　　　——配套设施费　2 284 000
　　　　　　　　　　　　　　　　　　——开发间接费　6 080 000

（2）结转商店完工成本

借：开发产品——商店　6 255 000
　贷：开发成本——配套设施开发——商店——征地拆迁费　315 000
　　　　　　　　　　　　　　　　　——前期工程费　577 500
　　　　　　　　　　　　　　　　　——基础设施费　1 050 000
　　　　　　　　　　　　　　　　　——建筑安装工程费　2 782 500
　　　　　　　　　　　　　　　　　——配套设施费　330 000
　　　　　　　　　　　　　　　　　——开发间接费　1 200 000

5. 代建工程开发成本的核算

代建工程是指房地产开发企业接受委托单位的委托，代为开发的各项工程。其主要包括建设场地、各种房屋和市政工程等，如城市道路、园林绿化、基础设施等。

代建工程通常以有单独的施工图设计、能单独编制施工图预算、在技术上可以单独施工的单位工程或单项工程为一个成本核算对象，若代建工程规模大、工期长或有独特的技术要求，也可以分部分项工程作为成本核算对象。

各种代建工程有着不同的开发内容和特点，在会计上应根据各类代建工程成本核算的不同特点和要求，采用相应的费用归集和成本核算方法，如图 6-8 所示。

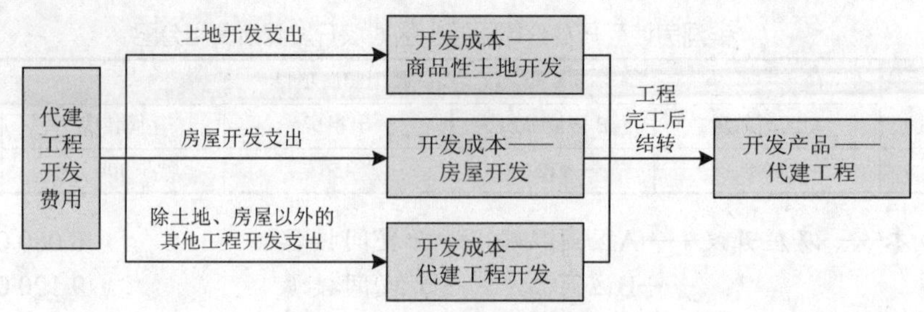

图 6-8 代建工程成本核算方法

代建工程的开发成本主要由以下成本项目构成：①土地征用及拆迁补偿费；②前期工程费；③基础设施费；④建筑安装工程费；⑤开发间接费。

【例6-12】银河房地产开发公司接受市政工程管理部门委托，代为扩建丽园小区旁边的丽园路。扩建过程中，银河房地产开发公司用银行存款支付拆迁补偿费400万元，前期工程费50万元，应付启星建筑公司基础设施工程款200万元，增值税18万元，分配开发间接费用20万元。工程目前已完工并验收合格。根据有关费用支出凭证，做如下会计处理。

（1）归集代建工程费用支出

借：开发成本——代建工程开发——丽园路——征地拆迁费　4 000 000

——前期工程费　500 000

——基础设施费　2 000 000

——开发间接费　200 000

应交税费——应交增值税（进项税额）　180 000

贷：银行存款　4 500 000

应付账款——启星建筑公司　2 180 000

开发间接费用　200 000

（2）结转已完工代建工程成本

借：开发产品——代建工程　6 700 000

贷：开发成本——代建工程开发——丽园路——征地拆迁费　4 000 000

——前期工程费　500 000

——基础设施费　2 000 000

——开发间接费　200 000

技能训练题

一、单项选择题

1．房地产企业下属二级管理机构直接组织和管理开发项目所发生的折旧费、水电费、修理费等属于开发产品成本中的（　　）。

A．直接费用　B．开发间接费用　C．期间费用　D．管理费用

2．房地产开发企业开发小区内供水、供电、供气支出属于（　　）。

A．前期工程费　B．建筑安装工程费　C．基础设施费　D．公共配套设施费

3．开发成本中的公共配套设施费包括开发项目内的（　　）设施支出。

A．照明　B．自行车棚　C．道路　D．供电

4．企业开发自用建设场地的费用支出，如果涉及两个及两个以上成本核算对象的，其开发费用支出应先通过（　　）账户归集。

A．“开发成本——土地开发”　B．“开发成本——前期工程费”

C．“开发间接费用”　　D．“施工间接费用”

5．房地产开发企业的开发间接费用一般按（　　）标准分配。

A．施工人员工资　　B．开发产品的直接成本
C．开发产品的材料成本　　D．开发产品的机械使用费

6．房屋开发前的规划设计费应列为（　　）。

A．土地征用及拆迁补偿费　　B．前期工程费
C．基础设施费　　D．开发间接费

7．房地产开发企业开发的不能有偿转让的配套设施的成本应计入（　　）。

A．开发间接费用　　B．各受益开发产品的成本
C．管理费用　　D．制造费用

8．配套设施的开发不包括（　　）。

A．能分清并直接计入某成本核算对象的托儿所、锅炉房等支出
B．不能直接计入某成本核算对象的托儿所、锅炉房等支出
C．能有偿转让的开发小区内营业性公共配套设施支出
D．能有偿转让的开发小区内非营业性配套设施支出

9．预提不能同步开发的配套设施支出时，应借记（　　）账户。

A．“开发成本——房屋开发”　　B．“开发成本——配套设施开发”
C．“开发成本——土地开发”　　D．“开发间接费用”

10．代建工程成本核算中一般无须设立的账户是（　　）。

A．“开发成本——商品性土地开发”　　B．“开发成本——房屋开发”
C．“开发成本——配套设施开发”　　D．“开发成本——代建工程开发”

二、多项选择题

1．开发成本中的土地征用及拆迁补偿费包括（　　）。

A．耕地占用税　　B．三通一平费
C．劳动力安置费　　D．安置动迁用房支出

2．房地产企业开发土地时应设置的成本项目有（　　）。

A．土地征用及拆迁补偿费　　B．前期工程费
C．基础设施费　　D．开发间接费

3．土地开发的目的与用途有（　　）。

A．商品性建设场地　　B．自用建设场地
C．出租经营用建设场地　　D．周转用建设场地

4．开发成本中的前期工程费包括（　　）。

A．土地征用费　　B．规划设计费　　C．勘察测绘费　　D．三通一平费

5．房屋开发过程中发生的基础设施支出，可能涉及的核算账户包括（　　）。

A．“开发成本——土地开发”　　B．“开发成本——配套设施开发”
C．“开发成本——房屋开发”　　D．“开发成本——基础设施开发”

6．开发成本中的公共配套设施费包括（　　）的支出。

A．居委会　　B．水塔　　C．小区内道路　　D．通信设施

7．开发小区内公共配套设施发生的支出，符合（　　）条件可以以预提方式预先计入商品房成本，待公共配套设施完工后，按其实际成本调整有关成本核算对象的成本。

A．不能有偿转让　　B．与商品房同步建设
C．经上级主管部门批准　　D．与商品房非同步建设

8．企业在房屋建设过程中进行建筑安装工程施工，若采用自营方式，则其发生的建筑安装工程费可通过（　　）账户进行核算。

A．“开发成本——房屋开发”　　B．“工程施工”

C．“施工间接费用”　　D．“开发产品”

9．房地产开发企业开发的商品房成本包括（　　）。

A．土地开发成本　　B．建筑安装成本

C．开发间接费　　D．能有偿转让的配套设施费用

10．在“开发成本——代建工程开发”账户核算的代建工程项目包括（　　）。

A．接受委托代为开发的建设场地　　B．接受委托代为开发的房屋

C．代为开发的旅游风景区　　D．代为开发的城市道路

三、判断题

1．房地产开发企业的成本项目与施工企业基本相同。（　　）

2．商品房开发前发生的规划、设计、可行性研究及水文地质勘察等费用属于基础设施费。（　　）

3．房屋开发项目在开发时，应以单栋房屋作为开发成本项目。（　　）

4. 开发间接费用是指房地产开发企业内部独立核算单位在开发现场为组织与管理开发产品而发生的各项费用。（　　）

5．自用土地和公共配套设施均不参与分配开发间接费用。（　　）

6．房地产开发企业的配套设施开发均不计入开发产品成本。（　　）

7．不能有偿转让的配套设施支出，应全部计入受益开发产品的开发成本中去。（　　）

8．房地产企业对于配套设施与房屋非同步开发的，可预提配套设施费，预提配套设施费的范围仅仅包括不能有偿转让的公共配套设施。（　　）

9．与“开发成本——房屋开发”借方对应的账户可能有“开发成本——土地开发”“开发产品——土地”“开发成本——配套设施开发”和“银行存款”等。（　　）

10．除土地和房屋以外的其他代建工程的开发支出均在“开发成本——代建工程开发”账户中归集。（　　）

四、业务核算题

1．练习开发间接费用的核算。某房地产公司为增值税一般纳税人，适用增值税税率 9%，本月发生有关开发间接费用的经济业务如下。

（1）应付管理人员工资 15 万元。

（2）开发管理部门使用的固定资产月折旧额 4.5 万元。

（3）用银行存款支付以下费用：电费 20 万元，增值税 2.6 万元；设备修理费 2 万元，增值税 0.26 万元；办公费用 0.5 万元。

（4）本月在开发的各项产品实际发生的直接成本如表 6-14 所示。

表 6-14　某房地产公司本月各开发产品实际发生的直接成本　单位：元

指标名称	开发产品名称						
	1 区商品房	2 区商品房	出租房	周转房	公共配套设施	自用土地	商品性土地
直接成本	3 000 000	1 500 000	800 000	500 000	1 700 000	1 300 000	1 200 000

要求：（1）计算各开发产品应分配的开发间接费用。

（2）根据各项经济业务编制相应的会计分录。

2．练习土地开发成本的核算。某房地产公司为增值税一般纳税人，适用增值税税率 9%，公司目前的土地开发项目分商品性土地和自用土地，其中商品性土地面积为 4 000 平方米，自用土地面积为

6 000 平方米。土地开发支出按用地面积进行分配。本月共发生下列与土地开发相关的经济业务。

（1）用银行存款支付征地拆迁补偿费 600 万元。

（2）应付大宇公司前期工程款 900 万元，增值税税额 54 万元。

（3）用银行存款支付基础设施工程款 1 000 万元，增值税税额 90 万元。

（4）分配本月发生的开发间接费用，商品性土地应分配的开发间接费用为 6 万元。

（5）商品性土地和自用土地开发完成并已验收，结转商品性土地开发成本。

（6）根据规划设计要求，自用土地用于建造以下项目：3 000 平方米商品房、2 000 平方米出租房、1 000 平方米周转房。结转自用土地开发成本。

要求：根据各项经济业务编制相应的会计分录。

3．配套设施、房屋开发成本的核算。某房地产公司开发滨江小区，规划建设商品住宅 40 000 平方米，商店 500 平方米，车棚 500 平方米，其中商店建好后将有偿转让，车棚不可转让。该小区发生的土地征用及拆迁补偿费、前期工程费、基础设施费按各项开发产品的建筑面积进行分配。在开发过程中，发生如下经济业务。

（1）土地开发阶段用银行存款支付土地征用及拆迁补偿费 3 500 万元，前期工程费 200 万元，基础设施费 1 500 万元。

（2）土地开发完工，结转其开发成本。

（3）将商品房的建筑安装工程发包给 E 公司施工，工程款共计 6 000 万元，增值税税额 540 万元，工程完工验收后用银行存款支付了工程款。

（4）用银行存款支付各项开发间接费用 90 万元。

（5）按占地面积计算分配开发间接费用。

（6）车棚完工，结算应付 E 公司工程价款 17 万元，增值税 1.53 万元。

（7）按占地面积计算分配商品房和商店各自应负担的车棚开发成本。

（8）商品房竣工，结转商品房的开发成本。

（9）商店完工，支付工程价款 150 万元，增值税 13.5 万元。

（10）结转商店开发成本。

要求：根据各项经济业务编制相应的会计分录。

4．房地产企业代建工程的核算。某房地产企业接受乙单位委托，代为建设办公楼，发生下列经济业务。

（1）用银行存款支付土地征用及拆迁补偿费 500 万元。

（2）用银行存款支付前期工程费 100 万元，增值税税额 6 万元。

（3）应付 D 公司基础设施费 600 万元，增值税税额 54 万元

（4）应付 D 公司建筑安装工程费 2 000 万元，增值税税额 180 万元。

（5）应负担开发间接费用 50 万元。

（6）工程完工，验收合格，结转其开发成本。

要求：根据各项经济业务编制相应的会计分录。

第三节 房地产开发产品的核算

通过对房地产开发成本核算的学习可知，房地产开发是一项系统工程，并且随着社会经济的不断进步和我国房地产市场的不断发展，房地产开发已变得越来越专业和规范。开发完成的房地产产品，包括商品性建设用地、可转让的配套设施、商品房、出租房、周转房和代建工程等。房地产企

业在销售、出租或转让开发产品时，由于不同的房地产开发产品具有各自不同的用途和特点，尤其是商品房产品价值高、经营风险大，有很多区别于一般制造企业的独特的销售方式，故房地产开发企业需要根据开发产品的不同和销售方式的不同采取相应的核算方法。本节继续以银河房地产开发公司开发的丽园小区为例，解析不同的房地产开发产品的核算方法。

开发产品是指房地产开发企业已完成全部开发过程并验收合格，符合国家建设标准和设计要求，可以按合同规定的条件移交购货单位，或者作为商品对外销售、对外出租，用于安置拆迁居民，供其周转使用的产品。在不同的用途下，企业需要进行不同的账务处理。

一、商品房的核算

销售商品房是房地产企业的主要经营业务之一，其会计处理和一般的制造企业销售产品类似，都要确认收入和结转成本。但房地产企业的商品房产品价值高，经营风险大，在销售方式方面也与一般工商企业有很多不同。房地产企业商品房的销售按是否能立即交房分为现售和预售，按结算方式的不同分为分期收款销售、按揭贷款销售、一次性收款销售等。销售方式的不同，导致房地产企业收入的确认与制造企业相比具有一定的特殊性。

房地产企业商品房销售的前提是取得预售许可证和销售许可证。在此基础上，要经过签订预售合同并预收房款、签订正式销售合同、工程竣工验收合格并交付买方验收确认、收取房款、办理产权过户等销售环节。

1. 销售房屋建筑面积的确定

商品房销售时买卖双方应签订房屋买卖合同。房屋可整栋出售，也可分套出售。房屋出售时，应明确房屋的销售面积。

（1）整栋销售商品房的销售面积

整栋销售商品房的销售面积即为整栋商品房的建筑面积，地下室作为人防工程的，应从整栋商品房的建筑面积中扣除。

（2）分套销售商品房的销售面积

分套销售的商品房销售面积为购房者所购买的套内建筑面积与应分摊的公用建筑面积之和。

商品房销售面积=套内建筑面积+应分摊的公用建筑面积

套内建筑面积包括套内的使用面积、墙体面积和阳台建筑面积。公用建筑面积按以下方法计算。

① 计算整栋建筑物的公用建筑面积。将整栋建筑物的建筑面积扣除整栋建筑物各套内建筑面积之和，再扣除已作为独立使用空间销售或出租的地下室、车棚及人防工程等的建筑面积，即为整栋建筑物的公用建筑面积。

② 计算公用建筑面积分摊系数。将整栋建筑物的公用建筑面积，除以整栋建筑物的各套内建筑面积之和，即得到建筑物的公用建筑面积分摊系数。

公用建筑面积分摊系数=公用建筑面积÷套内建筑面积之和

③ 计算各套分摊的公用建筑面积。各套的套内建筑面积乘以公用建筑面积分摊系数，即得到购房者应合理分摊的公用建筑面积。

分摊的公用建筑面积=套内建筑面积×公用建筑面积分摊系数

2. 商品房销售的会计核算

一般情况下，房地产企业销售产品的收入确认应同时满足以下条件：①工程已经竣工并验收合格；②具有经购买方认可的结算通知书；③履行了合同规定的义务，且价款已经取得或确信可以取得；④成本能够可靠地计量。在具体的销售方式下，结合以上收入确认的基本条件，收入的核算方法也有所不同。

（1）一次性全额收款方式销售商品房

一次性全额收款方式下，收入和费用的确认都较为准确，应于实际收讫价款或取得索取价款凭据，且办妥房屋移交手续时确认收入。

【例6-13】银河房地产开发公司开发的丽园小区A区101栋商品房完工，建筑面积共5 000平方米，共40套房屋，其中房屋的公用建筑面积为1 000平方米（其中有600平方米为可以单独出售的地下车库），各套房屋套内建筑面积为100平方米，不含税售价为10 000元/平方米，增值税税率为9%。现出售5套房，已办妥产权移交手续并收到价款。该栋房屋的开发成本为7 000元/平方米。

（1）计算每套房出售面积。

公用建筑面积分摊系数=（1 000−600）÷（5 000−1 000）=0.1

每套房屋销售面积=100×（1+0.1）=110（平方米）

商品房销售收入=5×110×10 000=5 500 000（元）

商品房销售成本=5×110×7 000=3 850 000（元）

增值税税额=5 500 000×9%=495 000（元）

（2）核算商品房销售收入。

分录	借方	贷方
借：银行存款	5 995 000	
贷：主营业务收入——商品房		5 500 000
应交税费——应交增值税（销项税额）		495 000

（3）结转已售商品房销售成本。

分录	借方	贷方
借：主营业务成本——商品房	3 850 000	
贷：开发产品——商品房		3 850 000

（2）分期收款方式销售商品房

房地产开发企业采用分期收款方式销售商品房的，应按销售合同或协议约定的价款和付款日期确认收入的实现。付款方提前付款的，在实际付款日确认收入的实现。根据《企业会计准则——收入》的规定，商品销售时应当按照已收或应收合同或协议价款的公允价值确定销售商品的收入金额。合同或协议明确规定销售商品需要延期收取价款，如分期收款销售商品，实质上具有融资性质的，应当按照应收的合同或协议价款的公允价值确定收入金额。应收的合同或协议价款的公允价值通常应当按照其未来现金流量现值或商品现销价格确定。应收的合同或协议价款与其公允价值之间的差额，应当在合同或协议期间内，按照应收款项的摊余成本和实际利率计算确定的金额进行摊销，冲减财务费用。

房地产开发企业分期收款销售应设置“长期应收款”科目和“未实现融资收益”科目。

“长期应收款”为资产类科目。企业采用递延方式分期收款、实质上具有融资性质的销售商品或提供劳务等经营活动产生的长期应收款，满足收入确认条件的，按应收合同或协议价款借记本科目，按应收合同或协议价款的公允价值贷记“主营业务收入”等科目，按其差额贷记“未实现融资收益”科目。根据合同或协议，每期收到购买单位或接受劳务单位偿还的款项，借记“银行存款”科目，贷记本科目。

“未实现融资收益”为负债类科目，用于核算企业应当分期计入利息收入的未实现融资收益。企业应按期采用实际利率法计算确定利息收入，借记本科目，贷记“财务费用”等科目。

【例6-14】银河房地产开发公司开发的丽园小区B区201栋房以分期收款方式销售给云天公司，销售面积共5 000平方米，不含税售价11 000元/平方米，增值税税率9%。按合同约定分4年均等付清房款，于首付房款时一次性开具全额增值税发票，在房屋交付时支付第一次房款。该栋房屋的开发成本为7 500元/平方米，折现率为6%。会计处理如下。

（1）将房屋移交云天公司时。

借：发出商品——商品房　　37 500 000

　贷：开发产品——商品房　　37 500 000

（2）首付房款确认收入，开具增值税发票时（4年期6%预付年金现值系数为3.673 0）。

每次收回的不含税房款=5 000×11 000÷4=13 750 000（元）

201栋房的公允价值=13 750 000×3.673 0=50 503 750（元）

增值税销项税额=5 000×11 000×9%=4 950 000（元）

首次收到的房款=13 750 000+4 950 000=18 700 000（元）

第一年收款后应收本金余额=50 503 750−13 750 000=36 753 750（元）

借：银行存款　　18 700 000

　长期应收款　　41 250 000

　贷：主营业务收入——商品房　　50 503 750

　　未实现融资收益　　4 496 250

　　应交税费——应交增值税（销项税额）　　4 950 000

同步结转销售成本。

借：主营业务成本——商品房　　37 500 000

　贷：发出商品——商品房　　37 500 000

（3）第2年至第4年按合同约定的收款日结算房款，确认融资利息时。

未确认融资收益分摊计算过程如表6-15所示。

表 6-15　未确认融资收益分摊计算过程　单位：元

日期	收款额（本+息）	确认的融资收益（本期利息收入）	应收本金减少额（归还的本金）	应收本金余额（本金余额）
	（1）	（2）=期初（4）×6%	（3）=（1）−（2）	（4）=期初（4）−（3）
交付房屋收款时				36 753 750
第 2 年收款时	13 750 000	2 205 225	11 544 775	25 208 975
第 3 年收款时	13 750 000	1 512 539	12 237 462	12 971 514
第 4 年收款时	13 750 000	778 486	12 971 514	0

① 第2年按合同约定的收款日结算房款，确认融资利息时。

借：银行存款　　13 750 000

　贷：长期应收款　　13 750 000

借：未实现融资收益　　2 205 225

　贷：财务费用　　2 205 225

② 第3年按合同约定的收款日结算房款，确认融资利息时。

借：银行存款　　13 750 000

　贷：长期应收款　　13 750 000

借：未实现融资收益　　1 512 539

　贷：财务费用　　1 512 539

③ 第4年按合同约定的收款日结算房款，确认融资利息时。

借：银行存款　　13 750 000
　　贷：长期应收款　　13 750 000
借：未实现融资收益　　778 486
　　贷：财务费用　　778 486

（3）通过银行按揭贷款方式销售商品房

房地产开发企业采取银行按揭贷款方式销售商品房的，应按销售合同或协议约定的价款确定收入额。其首付款应于实际收到日确认收入的实现，余款在银行按揭贷款办理转账之日确认收入的实现。

【例6-15】银河房地产开发公司通过按揭贷款方式出售商品房10套，不含税销售额为1 200万元，增值税税率为9%。收取定金20万元，银行按揭风险抵押金为商品房不含税销售额的5%，首付款为总款项的30%。商品房的总开发成本为650万元。

（1）收到定金时

借：银行存款　　200 000
　　贷：预收账款　　200 000

（2）签订合同，收到首付款时

借：银行存款　　3 724 000
　　预收账款　　200 000
　　贷：主营业务收入——商品房　　3 600 000
　　　　应交税费——应交增值税（销项税额）　　324 000

（3）按揭贷款到账时

借：银行存款　　8 556 000
　　其他应收款——按揭风险抵押金　　600 000
　　贷：主营业务收入——商品房　　8 400 000
　　　　应交税费——应交增值税（销项税额）　　756 000

（4）结转商品房销售成本

借：主营业务成本　　6 500 000
　　贷：开发产品——商品房　　6 500 000

（5）签发房产证给银行，收回风险抵押金

借：银行存款　　600 000
　　贷：其他应收款——按揭风险抵押金　　600 000

（4）预售方式销售商品房

房地产开发企业为了筹集开发资金而预先向客户收取一定数量的定金，待开发完毕后再交付房屋并结清销售房屋的价款，这种销售方式称为预售。采取预售方式销售商品房的，在签订正式合同、办理移交时确认收入的实现。在预收定金时，通过“预收账款”核算。

【例6-16】银河房地产开发公司在开发丽园小区商品房时，为筹集开发建设资金，通过预售方式向客户收取房价的30%作为定金，余款在房屋产权移交时再收取。共销售商品房5 000平方米，不含税售价为9 000元/平方米，该批预售房的预算总成本为3 150万元。一年后房屋竣工，该批预售房决算的实际总成本为3 000万元。

（1）预售收取定金时

借：银行存款　　13 500 000
　　贷：预收账款　　13 500 000

（2）办理房屋产权移交时

借：银行存款　　35 550 000
　　预收账款　　13 500 000
　　贷：主营业务收入——商品房　　45 000 000
　　　　应交税费——应交增值税（销项税额）　　4 050 000

（3）预结转预售房销售成本

借：主营业务成本——商品房　　31 500 000
　　贷：应付账款——预提预售房销售成本　　31 500 000

（4）竣工决算后结转实际预售房成本

借：应付账款——预提预售房销售成本　　31 500 000
　　贷：开发成本——商品房　　30 000 000
　　　　主营业务成本——商品房　　1 500 000

二、出租房的核算

出租房是指房地产企业开发完成后用于出租经营的房屋，如写字楼、商铺等。出租房属于企业资产的一部分，但不同于企业固定资产的是，出租房是通过收取租金的方式盈利的，应通过“投资性房地产”科目核算。建筑物作为投资性房地产的确认时点一般为租赁期开始日，即建筑物进入出租状态，开始赚取租金的日期。但企业如果对持有的以备经营出租的空置建筑物做出正式书面决议，明确表明将其用于经营出租且持有意图短期内不再发生变化的，可视为投资性房地产。

出租投资性房地产取得的租金收入，属于房地产企业的其他业务范围，记入“其他业务收入”科目，成本记入“其他业务成本”科目。与投资性房地产有关的后续支出，不满足投资性房地产资本化确认条件的，不论是以成本模式计量，还是以公允价值模式计量，都应当在发生时计入当期损益，借记“其他业务成本”科目。出租的投资性房地产转为出售的，应按主营业务的处理方法进行核算。

【例6-17】银河房地产开发公司开发的丽园小区商铺完工，公司采用公允价值模式计量该商铺。公司与兴盛公司签订了租赁协议，将其中一间开发成本为800万元、公允价值为1 000万元的商铺出租给该企业使用。租赁合同约定，该商铺于完工时开始起租，每月收取租金6万元，增值税0.54万元。银河房地产开发公司开发半年后，该商铺的公允价值为1 300万元，一年后租赁期满，企业收回该商铺，并以1 500万元的不含税价出售，增值税135万元，出售款已收讫。会计处理如下。

（1）将开发完工的商铺转换为投资性房地产

借：投资性房地产——成本　　10 000 000
　　贷：开发产品——出租房　　8 000 000
　　　　其他综合收益——商铺　　2 000 000

（2）每月收取租金时

借：银行存款　　65 400
　　贷：其他业务收入——出租商铺租金　　60 000
　　　　应交税费——应交增值税（销项税额）　　5 400

（3）半年后公允价值变动时

借：投资性房地产——公允价值变动　　3 000 000
　　贷：公允价值变动损益　　3 000 000

（4）一年后收回该商铺并出售时

借：银行存款　16 350 000
　　贷：主营业务收入　15 000 000
　　　　应交税费——应交增值税（销项税额）　1 350 000

（5）同时结转有关成本、其他综合收益、公允价值变动损益

借：主营业务成本　13 000 000
　　贷：投资性房地产——成本　10 000 000
　　　　　　　　　　——公允价值变动　3 000 000
借：其他综合收益——商铺　2 000 000
　　贷：主营业务收入　2 000 000
借：公允价值变动损益　3 000 000
　　贷：主营业务收入　3 000 000

【例6-18】接【例6-17】，如果银河房地产开发公司的投资性房地产采用成本模式核算，则【例6-17】中的有关会计处理如下。

（1）将开发完工的商铺转换为投资性房地产

借：投资性房地产——商铺　8 000 000
　　贷：开发产品——出租房　8 000 000

（2）每月收取租金时

借：银行存款　65 400
　　贷：其他业务收入——出租商铺租金　60 000
　　　　应交税费——应交增值税（销项税额）　5 400

（3）每月计提该商铺折旧时（月折旧额3万元）

借：其他业务成本　30 000
　　贷：投资性房地产累计折旧　30 000

（4）一年后收回该商铺并出售时

借：银行存款　16 350 000
　　贷：主营业务收入　15 000 000
　　　　应交税费——应交增值税（销项税额）　1 350 000

（5）同时结转商铺销售成本

借：主营业务成本　7 640 000
　　投资性房地产累计折旧　360 000
　　贷：投资性房地产——商铺　8 000 000

三、周转房的核算

周转房是指房地产开发企业用于安置拆迁居民周转使用，产权归本企业所有的房屋，主要包括：①开发专门为安置拆迁居民周转使用的房屋；②企业开发完成的商品房，在销售以前用于安置拆迁居民周转使用的部分；③搭建的用于安置拆迁居民周转使用的临时简易房屋。

为了反映和监督企业周转房的增减变动及其摊销的情况，企业应设置“周转房”账户，并下设“在用周转房”和“周转房摊销”两个明细账户进行核算。

1. 周转房增加的核算

企业开发明确用于安置拆迁居民周转使用的周转房和临时简易房屋，在开发完成时，将其开发

成本先转入“开发产品——房屋”账户，将房屋实际投入安置使用时，再从“开发产品——房屋”转入“周转房——在用周转房”账户。

2. 周转房摊销的核算

在使用过程中，周转房随着自然力的侵蚀，会逐渐发生损耗而减少其价值。周转房损耗价值的摊销主要采用年限平均摊销法，一般按月计提，其计算公式如下。

$$周转房月摊销额=周转房原值\times\frac{1-预计净残值率}{预计摊销年限\times 12}\times 100\%$$

周转用临时简易房屋由于周转使用的次数有限，一般可按预计周转使用次数计提每周转使用一次的摊销额，其计算公式如下。

$$每周转使用一次的摊销额=\frac{周转房原值\times（1-预计净残值率）}{预计周转次数}$$

由于周转房并非以营利为目的，因而其每期的摊销额不能计入“主营业务成本”中，而只能由入住的拆迁居民原所在地正在开发的工程来负担，作为开发期间的费用，计入土地、配套设施或房屋的开发成本。若能确定其为某个开发项目负担，应借记“开发成本——房屋开发——征地拆迁费”“开发成本——配套设施开发——征地拆迁费”“开发成本——土地开发——征地拆迁费”等账户；若不能确定其归属的开发项目，应借记“开发间接费用”账户，按摊销额贷记“周转房——周转房摊销”账户。

3. 周转房修理费用的核算

房地产开发企业的周转房在供拆迁居民使用过程中发生的修理费，应按其受益对象，作为开发期间的费用计入土地、配套设施、房屋的开发成本。实际发生修理费用时，若能确定其为某个开发项目负担的，借记“开发成本——房屋开发——征地拆迁费”“开发成本——配套设施开发——征地拆迁费”“开发成本——土地开发——征地拆迁费”等账户；若不能确定其归属的开发项目，应借记“开发间接费用”账户，贷记“银行存款”“应付职工薪酬”等账户。

4. 周转房减少的核算

周转房减少是指改变周转房的用途，将其转为商品房对外销售。企业结转作为商品房销售的周转房的实际成本时，按周转房的摊余价值，借记“主营业务成本”账户；按周转房累计摊销额，借记“周转房——周转房摊销”账户；按周转房原值，贷记“周转房——在用周转房”账户。

【例6-19】银河房地产开发公司为安置丽园小区的动迁居民，将其建造的205栋作为周转房使用，该商品房实际开发成本为3 838.2万元。在使用过程中，按月计提周转房摊销额，该商品房预计使用年限为50年，预计残值率为4%。使用数月后，以银行存款支付周转房发生的修理费用40 000元，15个月后，丽园小区竣工，公司将该栋周转房作为商品房对外销售，不含税收入5 000万元，增值税450万元。房款已存入银行。

（1）周转房完工，结转开发成本

借：开发产品——205栋周转房　　38 382 000

　　贷：开发成本——房屋开发　　38 382 000

（2）周转房用于周转使用时

借：周转房——在用周转房　　38 382 000

　　贷：开发产品——205栋周转房　　38 382 000

（3）按月计提周转房摊销

月摊销额=38 382 000×（1-4%）÷（50×12）=61 411.2（元）

借：开发间接费用　　61 411.2

　　贷：周转房——周转房摊销　　61 411.2

（4）支付周转房维修费

借：开发间接费用　　40 000

　　贷：银行存款　　40 000

（5）将周转房对外销售

借：银行存款　　54 500 000

　　贷：主营业务收入　　50 000 000

　　　　应交税费——应交增值税（销项税额）　　4 500 000

（6）结转周转房销售成本

周转房已摊销额=61 411.2×15=921 168（元）

借：主营业务成本——周转房销售　　37 460 832

　　周转房——周转房摊销　　921 168

　　贷：周转房——在用周转房　　38 382 000

四、土地使用权转让的核算

对于房地产开发企业开发的商品性土地，可以将土地使用权进行转让。但在向其他单位转让前，必须按照法律和合同的规定，投入相当的资金，完成相应的开发。土地使用权转让时，应签订转让合同，在合同中载明土地的位置、四周边界和面积、地上附着物、土地用途、建筑物高度、绿化面积、土地转让期限、土地转让金的支付方式和违约责任等。土地使用权转让的交易，可以采用协议、招标、拍卖等方式。土地使用权转让的价格，根据地理位置、经济环境、土地用途、土地转让期限、房地产市场供求等因素决定，报当地土地管理机关备案。

土地开发是房地产开发企业的主要经营业务之一，土地使用权转让收入应通过“主营业务收入”核算，土地使用权转让成本记入“主营业务成本”科目。

【例6-20】银河房地产开发公司将开发完工的一块商品性建设场地的使用权转让给康达公司，不含税转让价2 000万元，增值税180万元，款项通过银行收讫。该地块开发成本为1 500万元。

（1）确认土地转让收入

借：银行存款　　21 800 000

　　贷：主营业务收入——土地转让　　20 000 000

　　　　应交税费——应交增值税（销项税额）　　1 800 000

（2）结转土地转让成本

借：主营业务成本——土地转让　　15 000 000

　　贷：开发产品——土地　　15 000 000

五、配套设施转让的核算

房地产开发企业在房地产开发过程中按照城市建设规划开发的大型配套设施，如商店、银行储蓄所等，可以进行有偿转让。对有偿转让的配套设施，企业应在办理财产交接手续，并在将配套设施工程价款账单提交有关单位时确认收入；月份终了，应对转让配套设施的实际开发成本进行结转。

【例6-21】银河房地产开发公司将开发的丽园小区商店配套设施转让给惠民超市，不含税转让价10 000 000元，增值税900 000元，款项通过银行收讫。该商店开发成本为6 255 000元。

（1）确认商店转让收入

借：银行存款　　10 900 000

　贷：主营业务收入——商店转让　　10 000 000

　　应交税费——应交增值税（销项税额）　　900 000

（2）结转商店转让成本

借：主营业务成本——商店转让　　6 255 000

　贷：开发产品——商店　　6 255 000

开发企业如将开发的大型配套设施（如商店）用于本企业的经营用房，应视同自用固定资产进行处理，并将用于经营的配套设施的实际开发成本，自“开发产品——配套设施”科目的贷方转入“固定资产”科目的借方。

六、代建工程移交的核算

房地产开发企业代委托单位开发的代建工程，应在工程竣工验收、办理财产交接手续，并将代建工程价款结算账单提交委托单位时确认收入，并于同期结转代建工程成本。

【例6-22】银河房地产开发公司接受市政工程管理部门委托，代为扩建丽园小区旁边的丽园路街道，已完工交付使用，不含税价款900万元，增值税81万元，款项通过银行收讫。该代建工程开发成本为670万元。

（1）确认代建工程转让收入

借：银行存款　　9 810 000

　贷：主营业务收入——代建工程　　9 000 000

　　应交税费——应交增值税（销项税额）　　810 000

（2）结转代建工程转让成本

借：主营业务成本——代建工程　　6 700 000

　贷：开发产品——代建工程　　6 700 000

对于已经办理销售转让和交付手续，而产权尚未移交的开发产品，房地产开发企业应设置“代管房产备查簿”进行实物管理，但不得将这部分财产入账，企业在代管房产过程中取得的收入和发生的各项支出，应在“其他业务收入”和“其他业务支出”中核算。

技能训练题

一、单项选择题

1. 房地产开发企业采用银行按揭贷款销售方式时，收取的首付款应计入（　　）账户贷方。

A.“预收账款”　B.“主营业务收入”　C.“应付账款”　D.“其他应付款”

2. 采用分期收款方式销售开发产品时，其成本应（　　）结转。

A. 在合同成立时一次　B. 按收款比例　C. 在全部房款收齐后　D. 按月

3. 对出租的商品房进行维修，发生的修理费应计入（　　）账户。

A.“主营业务成本”　B.“开发成本”　C.“开发间接费用”　D.“其他业务成本”

4. 房地产开发企业周转房的摊销费一般计入（　　）账户。

A.“开发产品”　B.“开发间接费用”　C.“主营业务成本”　D.“管理费用”

5. 房地产开发企业对周转房进行修理，发生的修理费应计入（　.　）账户。

A.“开发产品”　B.“开发间接费用”　C.“主营业务成本”　D.“销售费用”

二、多项选择题

1. 商品房的销售方式，按照付款方式分为（　　）。

A. 一次性全额收款方式销售　　B. 分期收款方式销售

C. 银行按揭贷款方式销售　　D. 预售方式销售

2. 购房者采用按揭贷款方式购买商品房时，房地产公司商品房销售收入的确认时间为（　　）。

A. 收到首付款时　　B. 收到全部商品房屋款时

C. 按揭贷款到账时　　D. 签订销售合同时

3. 采用分期收款方式销售房屋的，在确认收入时可能涉及的会计科目有（　　）。

A. “长期应收款”　　B. “主营业务收入”

C. “未实现融资收益”　　D. “应交税费——应交增值税（销项税额）”

4. 房地产开发企业开发产品时为安置拆迁居民而开发的周转房包括（　　）。

A. 开发过程中已明确其为安置拆迁居民使用的房屋

B. 开发完成后以和其他商品房同样的价格出售给拆迁居民的房屋

C. 搭建用于安置拆迁居民，供其周转使用的临时性简易房

D. 开发的商品房在销售前用于安置拆迁居民使用的房屋

5. 周转房每月计提的摊销额，应借记（　　）账户。

A. “主营业务成本”　B. “开发成本”　C. “周转房摊销”　D. “开发间接费用”

三、判断题

1. 房地产开发企业的主营业务成本即为已销售的开发产品的开发成本。（　　）

2. 房地产开发企业预售房地产的收入确认时间是收到客户交来的价款时。（　　）

3. 商品房销售面积即为其建筑面积。（　　）

4. 商品房销售按照收款方式分为现售和预售。（　　）

5. 通过银行按揭贷款方式销售商品房的，应于首次收到定金时确认收入。（　　）

6. 出租房属于企业的固定资产，应记入“固定资产”科目核算。（　　）

7. 房地产开发企业用于出租的房屋进行修理时，其修理费用应计入“其他业务成本”。（　　）

8. 房地产开发企业的出租房取得的租金收入属于主营业务收入。（　　）

9. 周转房价值的摊销额应构成开发产品的成本，最终计入开发产品成本项目。（　　）

10. 周转房改变用途对外销售时，应作为固定资产的清理进行核算。（　　）

四、业务核算题

1. 练习商品房销售的核算。集美房地产公司为增值税一般纳税人，现开发完成城中小区商品房，并经验收合格。本月将 202 栋商品房分套出售，该栋商品房共有建筑面积 5 000 平方米，其中公用建筑面积 1 000 平方米，每套商品房套内建筑面积 80 平方米，共 50 套房，每平方米销售面积不含税价为 9 000 元/平方米，整栋商品房的实际开发成本为 3 000 万元。本月 10 日以按揭贷款方式销售 10 套，首付款 30%，银行按揭风险抵押金为 5%，25 日银行按揭贷款到账。

要求：对上述经济业务进行会计核算。

2. 练习出租开发产品的核算。集美房地产公司为增值税一般纳税人，本年度发生下列有关出租开发产品的业务，该企业对投资性房地产采用成本模式核算。

（1）企业开发的一栋出租房于 3 月完工，开发成本为 40 000 000 元，4 月签订出租合同出租给天成公司。

（2）按月计提该出租房的摊销额，预计摊销期限为 50 年，预计净残值率为 4%。

（3）12 月承租人退租，公司将该出租房对外销售，取得不含税价款 50 000 000 元，增值税 4 500 000

元，房款已收存银行。

要求：对上述经济业务进行会计核算。

3．练习周转房的核算。集美房地产公司为增值税一般纳税人，现开发完成城中小区，发生下列有关周转房的经济业务。

（1）月初301号楼周转房竣工，实际开发成本为3 000万元。

（2）月底安排动迁居民入住使用301号楼周转房。

（3）按月计提该周转房的摊销额400 000元。

（4）以银行存款支付该周转房发生的修理费80 000元。

（5）该周转房在使用两年后，城中小区整体竣工，公司将周转房对外销售，不含税销售收入为4 000万元，增值税360万元，房款已收存银行。

（6）结转已售周转房的销售成本。

要求：对上述经济业务进行会计核算。

小结

第六章主要知识点及内在关系如图6-9所示。

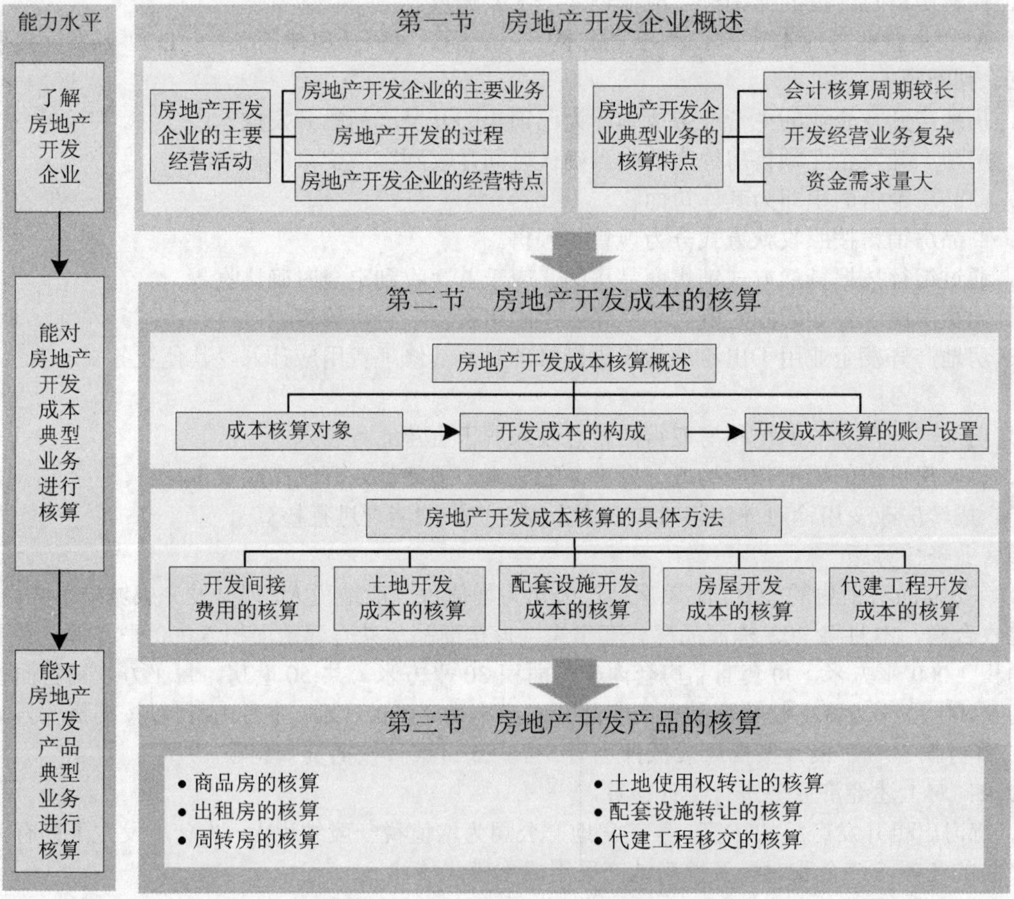

图6-9　第六章主要知识点及内在关系

农业企业典型业务核算 第七章

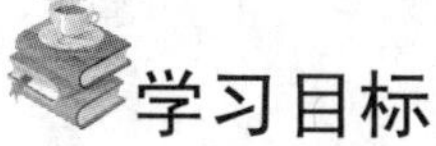

学习目标

- 熟悉农业企业的主要经营业务及其核算特点。
- 掌握生物资产的分类方法。
- 掌握取得各类生物资产的核算方法。
- 掌握持有各类生物资产阶段的核算内容和方法。
- 掌握收获生物资产的核算方法。
- 掌握处置各类生物资产的核算方法。

第一节 农业企业概述

我国是一个拥有约14亿人口的人口大国，同时也是一个农业大国，农业在我国有着悠久的发展历史。随着市场经济的发展，我国的传统农业正在向现代化农业方向转变，农业的经营方式由原来的分散经营向集约化、规模化、机械化、农工商一体化方向发展，传统的个体农业在逐渐被多种所有制并存、多种经营方式并存、农工商并存的现代农业企业所取代。本节将向你介绍农业企业的经营活动及其会计核算的特点。通过学习，你应对农业产业和农业企业形成基本认识，从而为后续学习农业企业的业务核算做好必要的知识准备。

一、概述

现代农业企业是指从事种植业、养殖业或以其为依托进行农工商综合经营，实行独立核算和具有法人地位的农业社会经济组织单位。

农业企业除了可依法设立有限责任公司和股份有限公司等法人企业外，还可设立农民专业合作社。农民专业合作社是在农村家庭承包经营的基础上，同类农产品的生产经营者或者同类农业生产经营服务的提供者、利用者，自愿联合、民主管理的互助性经济组织。农民专业合作社以其成员为主要服务对象，提供农业生产资料的购买，农产品的销售、加工、运输、贮藏及与农业生产经营有关的技术、信息等服务。农民专业合作社依法设立、登记，具有法人资格。

1. 农业企业的主要经营活动

因地制宜地进行农业生产是农业企业的主要经营活动，主要涉及种植业、林业、畜牧养殖业、渔业等多种生产活动，如图7-1所示。

（1）种植业。种植业生产主要是指各种农产品的生产。农产品主要包括粮食、经济作物、饲料作物、蔬菜等。

粮食是指烹饪食品中各种植物种子的总称，又称谷物，主要包括小麦、玉米、水稻等；经济作物又称技术作物、工业原料作物，如烟叶、棉花、麻类作物等；蔬菜是指可以烹饪成为菜品的植物或菌类，如青菜、番茄、香菇等。

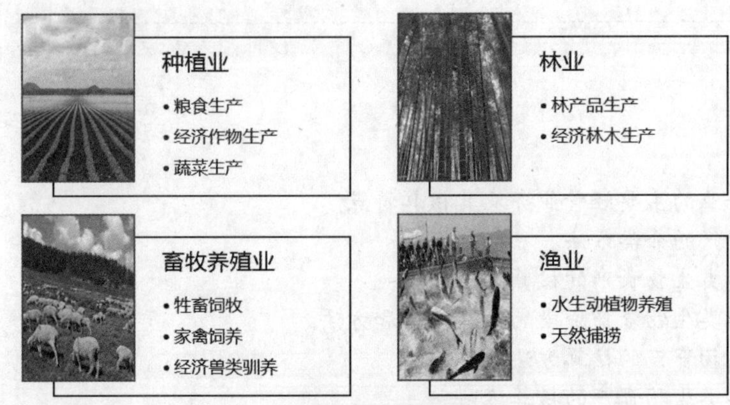

图 7-1　农业企业的主要经营活动

种植业的特点是：以土地为基本生产资料，受自然条件影响较大，生产周期较长。从播种开始，经过除草、中耕、施肥等田间管理，到农产品的产出直到销售，一般需要几个月的时间。

（2）林业。林业生产包括林产品的生产和经济林木的生产。

① 林产品是指利用经济林木生产出来的产品，如果品、食用油料、工业原料和药材等。

② 经济林木是指可以利用自身的某个部位进行某种产品的生产或自身的某个部位本身就是一件产品的林木。例如，茶树的树叶可以用于茶叶的生产，果树上的果实本身就是林产品。经济林木从树苗种植开始，一般要经过多年才能有产出，属于多年生植物，能长期提供产品。

（3）畜牧养殖业。畜牧养殖业生产是利用动物的生理机能，通过人工饲养管理而获得畜禽产品的生产。

畜牧养殖业生产覆盖范围较广，包括猪、牛、羊、鸡、鸭、蜂、蚕、蛇等，可分为牲畜饲牧、家禽饲养、经济兽类驯养等类别。各种畜禽的自然生长特性不同，提供的产品也各不相同。一部分畜禽提供的是其自身，如猪肉等；另一部分畜禽提供的是自身生产的各种产品，如蜂蜜等；还有一些畜禽既提供其自身，又提供自身以外的产品，如鸡肉和鸡蛋等。

（4）渔业。渔业生产包括水生动物和植物的养殖和天然捕捞等生产业务。

① 水生动植物的养殖包括淡水养殖和海水养殖。淡水养殖包括鱼、虾、蟹、珍珠等的养殖；海水养殖包括贝类、藻类的养殖，如牡蛎、海带等。

② 天然捕捞是指在天然湖泊、江河、海洋等场所捕捞自然生产的水产品。

市场经济的发展带动了农业企业在组织形式和经营方式上的变革，目前很多现代农业企业在经营传统农业的基础上，还通过对农产品的深度加工提高其附加值，将农产品生产、加工、运输和贸易紧密结合，形成了规模化的综合经营，这成为当前农业企业发展的趋势。

2.《企业会计准则第 5 号——生物资产》对生物资产的分类

《企业会计准则第 5 号——生物资产》将农业企业生产经营的动植物等生物划分为生物资产，具体又分为消耗性生物资产、生产性生物资产和公益性生物资产。

微课：《企业会计准则第 5 号——生物资产》

（1）消耗性生物资产。消耗性生物资产是指为出售而持有的，或在将来收获为农产品的生物资产。消耗性生物资产是劳动对象，包括生产中的大田作物、蔬菜、用材林、存栏待售的牲畜及养殖待售的水产品等。消耗性生物资产通常被一次性消耗，在一定程度上具有存货的特征，在资产负债表中按“存货”列报。

（2）生产性生物资产。生产性生物资产是指以产出农产品、提供劳务或出租等为目的而持有的生物资产，如产奶的牲畜、产蛋的禽类、果树、种畜和役畜等。生产性生物资产具有自我成长性，能够在一段时间内保持其服务能力或产出经济利益。

与消耗性生物资产相比较，生产性生物资产的最大不同之处在于，生产性生物资产具有能够在生产经营中长期、反复使用，从而不断产出农产品或者是长期役用的特征。消耗性生物资产收获农产品后，该资产就不复存在；而生产性生物资产产出农产品之后，该资产仍然保留，并可以在未来一段时间内继续产出农产品，如奶牛每年产奶、果树每年结果等。因此，通常认为，生产性生物资产在一定程度上具有固定资产的特征。

以是否具备生产能力为标准，生产性生物资产还可进一步划分为未成熟生产性生物资产和成熟生产性生物资产。未成熟生产性生物资产是指未进入正常生产周期，不能多年连续提供劳动服务或不能连续产出农产品的生产性生物资产，如尚未下蛋的鸡鸭、尚未产奶的奶牛、尚未挂果的果树等；成熟生产性生物资产是指已进入正常生产周期，能够多年连续提供劳动服务或可以连续产出产品的生产性生物资产。

（3）公益性生物资产。公益性生物资产是指以保护环境为主要目的的生物资产，如防风固沙林、水土保持林、水源涵养林等。公益性生物资产不能直接给企业带来经济利益，但其具有保护环境的功能，具有潜在的服务作用，有助于企业从相关资产中获得经济利益，如防风固沙林和水土保持林能有效改善企业的经营环境，还能延伸出美化环境的效能，为企业开拓新的经营收入创造条件，所以符合生物资产的确认条件。

微课：防护林

3. 农业企业的生产经营特点

农业企业的生产经营特点如图 7-2 所示。

特点	说明
生产对象具有生命性	• 农业企业的生产对象是各类生物，生物不但是农业企业的生产对象，同时也是生产资料，如种子、种苗等。
生产周期具有季节性	• 农业企业是利用植物和动物的生长和生理机能进行生产的，生物的繁殖、生长周期和规律受自然条件影响，有明显的季节性。
经营组织具有复杂性	• 农业企业大多以家庭农户的分散经营为基础，通过多种方式组建企业，实现合作经营、规模化经营和综合经营。
劳动资料、劳动对象和劳动产品具有相互转化性	• 农业企业的劳动对象是动物和植物，劳动对象和劳动产品有较强的转化性，如成熟的农作物的种子可转化为劳动资料投入到下一轮农业生产中。

图 7-2 农业企业的生产经营特点

二、农业企业典型业务的核算特点

农业生产在组织形式、经营方式等方面跟其他行业相比有着明显的特殊性，从而形成了农业企业会计核算上的特点。

1. 核算内容多样

农业企业会计核算内容的多样性，取决于农业企业的经营特点和经营内容的多样性。农业生产过程受自然条件影响较大，农、林、牧、渔的生产过程往往相互依赖、相互促进。因此，很多农业企业是一业为主，多种经营。随着现代农业的发展，农业企业还广泛涉足工业、商业、运输业、旅游业等多种行业。其多种经营、综合经营的特点决定了其核算内容的多样性和复杂性。

2. 生产费用发生不均衡

由于农业生产的周期较长，生产费用在整个经营期间内并非均匀发生，因此在计算经营成本时，需要以年为会计期间分配具体费用。例如，畜牧业虽然平时可以取得蛋、奶、肉等产品，但由于畜类和禽类的生长周期较长，因而在计算产品成本时不应按月确认。在农业企业经营过程中，各种业务的性质、耗费成本的内容等都有所不同，这就决定了农业企业需要根据农业生产的具体内容和特点，采用不同的成本计算方法，一般以年为周期进行成本核算。

3. 生物资产之间可相互转化

在种植业、林业、牧业和渔业等生产经营过程中，劳动对象和劳动手段可以相互转化。如图7-3所示，饲养的幼畜是劳动对象，应在存货类账户中核算；当幼畜成龄转为产畜、役畜后，应视同非流动资产项目，并每期期末计提折旧；而当产畜、役畜失去生产能力而被淘汰时，或自行屠宰转为劳动对象，或对外出售获得收入。此外，农业企业的产品除了直接对外销售外，还有一部分留作自用，这部分产品一般有两种用途：一种是用于投入再生产，如种子、饲料等；另一种是用于职工消耗，如粮食、棉花、油等。为正确核算农业企业的经营成果，留作自用的农产品也应视同销售处理。

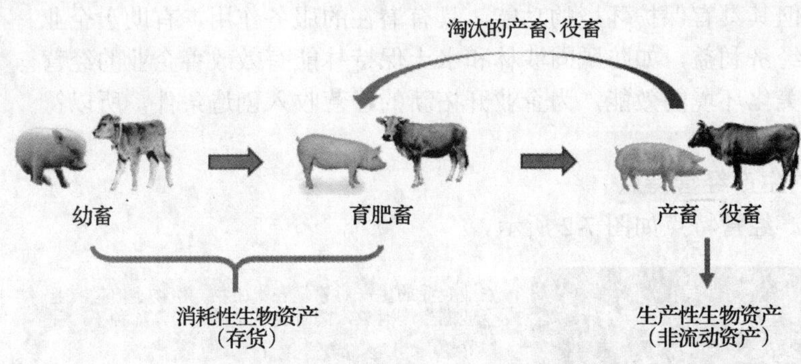

图7-3 农业企业生物资产之间的转换性

技能训练题

一、单项选择题

1. 农民专业合作社在企业组织形式上属于（ ）。

A. 企业法人 B. 合伙企业 C. 个体工商户 D. 独资企业

2. 我国将生物资产分为（ ）。

A. 幼畜、育肥畜、产畜和役畜

B. 牲畜类资产、林木类资产和水产类资产

C. 未成熟生产性生物资产和已成熟生产性生物资产

D. 消耗性生物资产、生产性生物资产和公益性生物资产

3. 以下属于农业企业存货的是（ ）。

A. 公益性生物资产 B. 消耗性生物资产 C. 生产性生物资产 D. 固定资产

二、多项选择题

1. 以下属于种植业生产的产品有（ ）。

A. 茶叶 B. 香菇 C. 苹果 D. 烟叶

2. 以下属于经济作物的是（ ）。

A. 棉花 B. 茶树 C. 果树 D. 烟叶

3．以下属于农业企业会计核算特点的是（　　）。

A．核算的内容一般具有多样性　　B．一般以年为周期进行成本核算

C．核算方法相对简单　　D．生物资产之间具有较强的转换性

三、判断题

1．农民专业合作社是农民自发形成的经济协作组织。（　　）

2．粮食是指烹饪食品中各种植物种子的总称。（　　）

3．渔业主要养殖或捕捞各类水生的动物。（　　）

4．公益性生物资产是指以保护环境为主要目的的生物资产，不能直接给企业带来经济利益。（　　）

第二节 农业企业的生物资产核算

农业企业生产经营的对象是生物资产，经营目的是通过科学管护，促进有生命力的动物和植物生长、蜕化、生产和繁殖，最终获得市场需要的农产品。农产品与生物资产密不可分。当其附在生物资产上时，构成生物资产的一部分。其生长过程具有明显的季节性，少则几个月，多则若干年。无论是生物资产的核算还是其产出的农产品的核算，与制造企业相比较，有着不同的核算方法和核算过程。本节将以一个典型的农业企业为例，说明消耗性生物资产、生产性生物资产和公益性生物资产 3 种生物资产在取得、持有、收获和处置等阶段的核算内容和核算方法。

一、核算生物资产的账户设置

农业企业的生物资产与制造企业的资产相比，有很多不同的特性。根据农业企业对经营业务核算的需要，一般需开设表 7-1 所示的会计账户。

表 7-1　农业企业核算生物资产的账户设置

账户名称	账户性质	核算内容	账户结构	明细账户设置
消耗性生物资产	存货	核算农业企业持有的消耗性生物资产的实际成本	• 借方登记增加 • 贷方登记减少 • 借方余额反映企业消耗性生物资产的实际成本	按消耗性生物资产的种类、群别等进行明细核算
存货跌价准备	资产抵减账户	核算企业持有的存货资产因可变现价值的减少而提取的跌价准备	• 贷方登记计提的跌价准备 • 借方登记转销或因升值转回的跌价准备 • 贷方余额反映已提取的存货资产跌价准备	根据存货品种、规格、产地、品牌等进行明细核算
生产性生物资产	非流动资产	核算农业企业持有的生产性生物资产原价	• 借方登记增加 • 贷方登记减少 • 借方余额反映企业生产性生物资产的原价	按“未成熟生产性生物资产”和“成熟生产性生物资产”设置二级账户，再分别对生物资产的种类、群别、所属部门等进行明细核算

续表

账户名称	账户性质	核算内容	账户结构	明细账户设置
生产性生物资产累计折旧	资产抵减账户	核算农业企业成熟生产性生物资产因使用寿命按规定方法计提的折旧	• 贷方登记计提的累计折旧 • 借方登记处置资产时转销的累计折旧 • 贷方余额反映已提取的成熟生产性生物资产的累计折旧	按生产性生物资产的种类、群别、所属部门等进行明细核算
生产性生物资产减值准备	资产抵减账户	核算农业企业成熟生产性生物资产因灾害和市场需求变化导致减值而计提的准备金	• 贷方登记计提的减值准备 • 借方登记处置资产时转销的减值准备 • 贷方余额反映已提取的减值准备	根据成熟生产性生物资产的种类、群别、所属部门等进行明细核算
公益性生物资产	其他非流动资产	核算农业企业持有的公益性生物资产的实际成本	• 借方登记增加 • 贷方登记减少 • 借方余额反映企业公益性生物资产的原价	按公益性生物资产的种类或项目等进行明细核算
农业生产成本	成本类账户	核算农业企业在生产各种农产品过程中发生的各项生产费用	• 借方登记成本费用的增加 • 贷方登记成本费用的减少、期末分配结转的生产成本 • 借方余额反映企业尚未收获的农产品的累计生产成本	分别按种植业、林业、畜牧养殖业、渔业等确定成本核算对象和成本项目
农产品	存货	核算农业企业收获的各种库存农产品的实际成本或计划成本	• 借方登记库存农产品的增加 • 贷方登记库存农产品的减少 • 借方余额反映企业库存农产品的实际成本或计划成本	按农产品的种类、品种和规格等进行明细核算

二、生物资产的计量属性

我国《企业会计准则第 5 号——生物资产》规定，生物资产应当按照成本进行初始计量。生物资产的后续计量通常也应按照成本计量，但有确凿证据表明其公允价值能够持续可靠取得的，也可以采用公允价值计量。

采用成本模式计量生物资产时，生产性生物资产需计提折旧；如果生物资产发生减值，则还需计提相应的减值准备。具体计量方法如表 7-2 所示。

表 7-2　农业企业生物资产成本模式下的账户设置和计量方法

生物资产类别	核算账户			账面净值（根据账户余额计算）
	取得时的实际成本	持有期间价值变动		
		计提折旧	计提减值准备	
消耗性生物资产	消耗性生物资产	不计提	存货跌价准备——消耗性生物资产	“消耗性生物资产”－“存货跌价准备——消耗性生物资产”
生产性生物资产	生产性生物资产	生产性生物资产累计折旧	生产性生物资产减值准备	“生产性生物资产”－“生产性生物资产累计折旧”－“生产性生物资产减值准备”
公益性生物资产	公益性生物资产	不计提	不计提	“公益性生物资产”

（1）对于采用公允价值计量的生物资产，《企业会计准则第 5 号——生物资产》规定了严格的条件。

① 生物资产有活跃的交易市场。活跃的交易市场是指市场内交易的对象具有同质性、可随时找

到自愿交易的买方和卖方、市场价格信息是公开的。

② 能够从交易市场上取得同类或类似生物资产的市场价格及其他相关信息，从而对生物资产的公允价值做出科学、合理的估计。

（2）对于不存在活跃交易市场的生物资产，采用以下一种或多种方法，有确凿证据表明确定的公允价值是可靠的，也可以采用公允价值。

① 从交易日到资产负债表日经济环境未发生重大变化的情况下，最近期的交易市场价格。

② 对资产差别进行调整的类似资产的市场价格。

③ 按行业基准，如以“亩”表示的果园价值等。

④ 以使用该项生物资产的预期净现金流量的现值（不包括进一步生物转化活动可能增加的价值）作为该资产当前的公允价值。

在公允价值计量模式下，企业不再对生物资产计提折旧，也不再计提跌价准备或减值准备，在资产负债表日，以用生物资产的公允价值减去估计销售时所发生费用后的净额为标准进行计量，各期变动在调整生物资产账面价值的同时，将变动额计入当期损益。

在我国，处于不同生长阶段的各类生物资产的公允价值一般难以取得，本教材主要介绍采用成本模式计量的生物资产的会计核算方法。

三、取得生物资产的核算

取得生物资产是农业企业进行生产经营的前提条件，也是生物资产的核算起点。以下根据农业企业取得生物资产方式的不同说明其核算方法。

1. 外购生物资产的核算

生物资产取得的业务核算首先要确定资产的入账价值问题。生物资产的初始入账价值是指生物资产的取得成本。外购消耗性生物资产、生产性生物资产和公益性生物资产，其成本包括购买价款、相关税费、运输费、保险费、装卸费，以及其他可直接归属于购买该资产的费用，包括场地整理费、栽植费、专业人员服务费等。

企业外购的生物资产，按应计入生物资产成本的金额，借记“消耗性生物资产”“生产性生物资产”“公益性生物资产”等账户，贷记“银行存款”“应付账款”“应付票据”等账户。企业一次性购入多项生物资产时，购买过程中发生的相关采购费用应按一定的分配标准（如价款、重量等）进行分配，分别计入各项生物资产的购进成本。根据增值税法规的有关规定，农业生产者直接销售农产品免征增值税，所以农业企业购进商品、劳务和服务时所含的增值税不可抵扣，外购生物资产所含的增值税应计入该购进资产的成本。

【例7-1】家园农业合作社从市场上一次性购买了30头种猪和300头仔猪，价格分别为3 000元/头和400元/头，此外发生运杂费6 000元、保险费300元，款项全部以银行存款支付，按购进种猪和仔猪支付的价款分摊采购费用。

（1）计算分摊采购费用

分摊系数=（6 000+300）÷（30×3 000+300×400）=0.03

种猪应分摊的采购费用=30×3 000×0.03=2 700（元）

仔猪应分摊的采购费用=300×400×0.03=3 600（元）

（2）编制购进生物资产的会计分录

借：生产性生物资产——种猪　　92 700

　　消耗性生物资产——仔猪　　123 600

　　贷：银行存款　　216 300

2. 自行营造生物资产的核算

自行营造生物资产是指利用生物资产的生命特点，通过对生物资产进行生产投入，促进其自行繁殖的过程。

（1）自行营造消耗性生物资产的核算

通过自行营造取得的消耗性生物资产的成本为其自行繁殖或营造（即培育）过程中发生的必要支出，包括直接材料、直接人工、其他直接费用和应分摊的间接费用。根据具体消耗性生物资产的不同，其自行营造成本的构成如表 7-3 所示。

表 7-3 农业企业自行营造消耗性生物资产的成本构成

消耗性生物资产的类别	自行营造成本的构成
自行栽培的大田作物和蔬菜	收获前耗用的种子、肥料、农药等材料费、人工费和应分摊的间接费用等
自行营造的林木	郁闭前发生的造林费、抚育费、营林设施费、良种试验费、调查设计费和应分摊的间接费用等
自行繁殖的育肥畜	出售前发生的饲料费、人工费、其他直接费用和应分摊的间接费用等
水产养殖的动物和植物	在出售或入库前耗用的苗种、饲料、肥料等材料费、人工费和应分摊的间接费用等

表 7-3 中的自行营造林木的郁闭是林木类生物资产是否成熟的分界点，也是消耗性生物资产成本确定的一个重要界限。消耗性生物资产郁闭前所发生的各项费用予以资本化，计入“消耗性生物资产”账户；郁闭后所发生的各项费用计入当期损益“管理费用”账户。郁闭通常是指一块林地上林木的树干、树冠生长达到一定标准，林木成活率和保持率达到一定的技术规程要求。郁闭度是反映森林中乔木树冠遮蔽地面程度的指标，该指标用于反映林分密度，用林地树冠垂直投影面积与林地面积之比表示，采用十分制，完全覆盖地面为 1。不同林种、不同林分等对郁闭度指标的要求有所不同，企业应当结合历史经验数据和自身实际情况，确定林木类消耗性生物资产的郁闭度及是否达到郁闭。各类林木类消耗性生物资产的郁闭度一经确定，不得随意变更。

【例7-2】家园农业合作社自行繁殖仔牛一批，饲养一个月以来发生应付人员工资20 000元，饲料费用10 000元，用银行存款支付其他直接费用5 000元。做会计分录如下。

借：消耗性生物资产——仔牛　　35 000
　贷：应付职工薪酬　　20 000
　　原材料——饲料　　10 000
　　银行存款　　5 000

【例7-3】家园农业合作社本月对一片工业用材林杨树林进行除虫管护，该片用材林有40%已郁闭。发生应付人员工资10 000元，领用农药1 500元。做会计分录如下。

借：消耗性生物资产——用材林（杨树）　　6 900
　管理费用　　4 600
　贷：应付职工薪酬　　10 000
　　原材料——农药　　1 500

（2）自行营造生产性生物资产的核算

通过自行繁殖、营造取得的生产性生物资产的成本，一般按照其达到预定生产经营目的前发生的必要支出确定，包括直接材料费、直接人工费、其他直接费用和应分摊的间接费用。

自行营造的林木类生产性生物资产的成本，包括达到预定生产经营目的前发生的造林费、抚育费、营林设施费、良种试验费、调查设计费和应分摊的间接费用等必要支出；自行繁殖的产畜和役畜的成本，包括达到预定生产经营目的（成龄）前发生的饲料费、人工费和应分摊的间接费用等必要支出。

“达到预定生产经营目的”是生产性生物资产成熟和未成熟的分界点，同时也是判断其相关费用是否停止资本化的时点，是区分其是否具备生产能力，从而是否计提折旧的分界点。企业应当根据具体情况，结合正常生产期的确定，对生产性生物资产是否达到预定生产经营目的进行判断。

生产性生物资产在达到预定生产经营目的之前发生的必要支出在“生产性生物资产——未成熟生产性生物资产”账户归集；未成熟生产性生物资产达到预定生产经营目的时，按其账面余额，从“生产性生物资产——未成熟生产性生物资产”账户转入“生产性生物资产——成熟生产性生物资产”账户，未成熟生产性生物资产已计提减值准备的，还应同时结转已计提的减值准备。

作为生产性生物资产核算的生物资产，在达到预定生产经营目的之前其用途已经确定，如尚未产奶的奶牛、尚未结果的果树等。对于未来用途尚未确定的生物资产，如尚未成熟的母猪等，应作为消耗性生物资产核算，待确定用途后，再按照用途转换进行账务处理。

【例7-4】家园农业合作社前年年初自行营造60公顷苹果树，当年发生种苗费200 000元，肥料费80 000元，农药费15 000元，应付人员工资200 000元，管护费60 000元。前年做会计分录如下。

借：生产性生物资产——未成熟生产性生物资产（苹果树） 555 000
　　贷：原材料——种苗 200 000
　　　　　　——化肥 80 000
　　　　　　——农药 15 000
　　　　应付职工薪酬 200 000
　　　　银行存款 60 000

【例7-5】家园农业合作社前年自行营造的苹果树在第3年可正常挂果。该批苹果树在成长期发生各项费用共计900 000元。本年做会计分录如下。

借：生产性生物资产——成熟生产性生物资产（苹果树） 900 000
　　贷：生产性生物资产——未成熟生产性生物资产（苹果树） 900 000

（3）自行营造公益性生物资产的核算

通过自行营造取得的公益性生物资产一般为林木类生物资产，其成本一般按照郁闭前发生的造林费、抚育费、森林保护费、营林设施费、良种试验费、调查设计费和应分摊的间接费用等必要支出确定。天然取得的公益性生物资产按名义金额入账。其账务处理方法与前述消耗性生物资产和生产性生物资产类似，不再重复。

3. 其他方式取得生物资产的核算

农业企业除通过外购和自行营造取得生物资产外，还可能通过天然起源和投资者投入等方式取得生物资产。

（1）因天然起源取得消耗性生物资产。天然起源的消耗性生物资产是指天然形成的、未经过人工培育而形成的生物资产，如天然形成的林地等。天然林等天然起源的生物资产，仅在企业有确凿证据表明能够拥有或者控制该生物资产时，才能予以确认。

对于企业拥有或控制的天然起源生物资产，通常企业并未进行相关的农业生产，主要通过政府补助的方式取得，如政府向企业直接无偿划拨的天然林等，或者企业通过政府向其无偿划拨土地、河流湖泊等而间接取得其上自然生长的天然林、其中自然生长的水生动植物等。

对于天然起源的生物资产，因企业通常没有投入，其价值难以按实际成本计量，且其公允价值一般难以可靠地取得，因此，天然起源的生物资产按名义金额确定成本，名义金额为 1 元人民币。

【例7-6】家园农业合作社取得天然起源林100公顷，该批林木属于工业用材林。做会计分录如下。

借：消耗性生物资产——工业用材林 1
　　贷：营业外收入 1

（2）投资者投入生物资产。企业收到投资者以生物资产投资入股的，按合同或协议的价值加上应支付的相关税费，计入相关生物资产的核算账户，按照投资合同或协议确定的实收资本（或股本）份额，贷记“实收资本”或“股本”账户，吸收投资产生的资本溢价计入“资本公积——资本溢价”账户。

【例7-7】 家园农业合作社接受李村奶牛养殖场的投资入股，该养殖场以60头处于泌乳期的奶牛投资入股，该批奶牛双方的协议价格为400 000元，李村奶牛养殖场取得家园农业合作社350 000元的实收资本份额。家园农业合作社做会计分录如下。

借：生产性生物资产——成熟生产性生物资产（奶牛）　　400 000
　　贷：实收资本　　350 000
　　　　资本公积——资本溢价　　50 000

4. 生物资产之间的相互转化核算

农业企业的生物资产会随着生长和繁殖而改变其用途和性质，在会计核算上应及时核算反映不同生物资产之间的这种转化。

（1）消耗性生物资产转为生产性生物资产或公益性生物资产的核算。消耗性生物资产是指为出售而持有的，或者在将来收获为农产品的生物资产。当其持有的性质发生改变时，如肉牛转为种牛或耕牛、用于出售的用材林转为公益性的防风固沙林等，应按其账面净值转出，计入“生产性生物资产”账户或“公益性生物资产”账户。

【例7-8】 家园农业合作社将一批肉牛转为种牛，这批肉牛的账面价值为50 000元，已计提存货跌价准备3 000元。做会计分录如下。

借：生产性生物资产——成熟生产性生物资产（种牛）　　47 000
　　存货跌价准备——消耗性生物资产（肉牛）　　3 000
　　贷：消耗性生物资产——肉牛　　50 000

【例7-9】 家园农业合作社将20公顷工业用材松树林转为防风林，该批林木的账面价值为200 000元，已计提存货跌价准备20 000元。做会计分录如下。

借：公益性生物资产——防风林（松树）　　180 000
　　存货跌价准备——消耗性生物资产（用材林）　　20 000
　　贷：消耗性生物资产——用材林（松树）　　200 000

（2）生产性生物资产转为消耗性生物资产或公益性生物资产的核算。生产性生物资产是指为产出农产品、提供劳务或者出租而持有的生物资产。当其持有性质发生改变时，如奶牛、耕牛被淘汰转为肉牛，产果林木转为防风固沙林等，应按该生物资产的账面净值转出，根据其用途计入“消耗性生物资产”账户或“公益性生物资产”账户。

【例7-10】 家园农业合作社将一批淘汰的奶牛转为肉牛，淘汰的奶牛账面原值为50 000元，已提折旧费35 000元，已计提减值准备5 000元。做会计分录如下。

借：消耗性生物资产——肉牛　　10 000
　　生产性生物资产累计折旧　　35 000
　　生产性生物资产减值准备——奶牛　　5 000
　　贷：生产性生物资产——成熟生产性生物资产（奶牛）　　50 000

【例7-11】 家园农业合作社将一片产量不高的枣树林转为防风林，该批枣树林的账面原值为80 000元，已提折旧费60 000元，已提减值准备9 000元。做会计分录如下。

借：公益性生物资产——防风林　　11 000
　　生产性生物资产累计折旧　　60 000
　　生产性生物资产减值准备——枣树　　9 000
　　贷：生产性生物资产——成熟生产性生物资产（枣树）　　80 000

四、持有生物资产的后续核算

企业在取得生物资产后，在持有期间要对生物资产进行饲养和管护，同时也会因为使用生物资产形成损耗，还会因为灾害和市场变化带来生物资产的减值，由此形成了持有生物资产的后续核算内容。各项生物资产在持有期间所发生的各项支出的核算关系如图 7-4 所示。

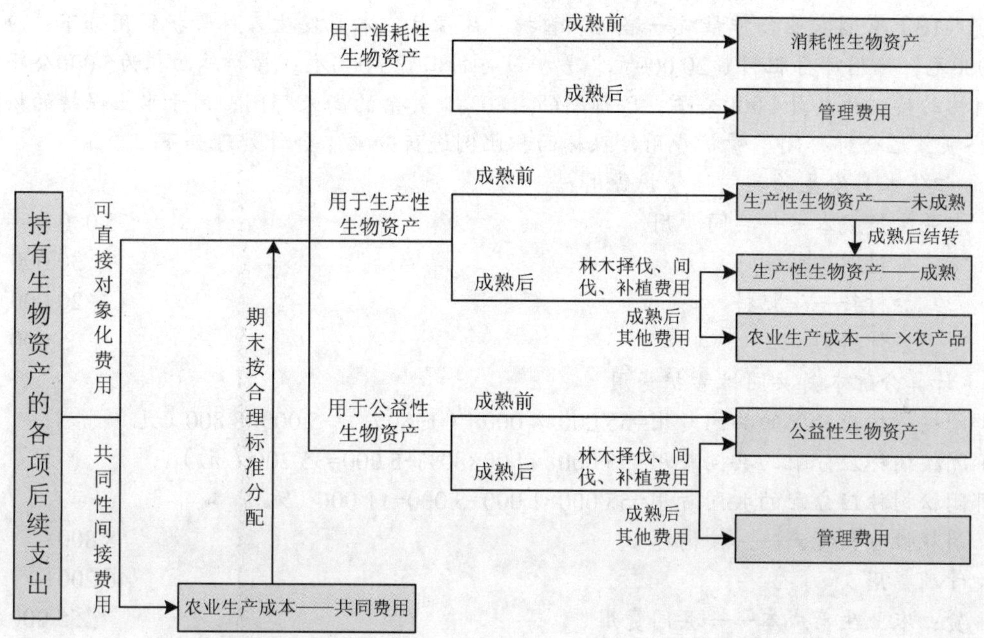

图 7-4　各项生物资产在持有期间所发生的各项支出的核算关系

1. 持有消耗性生物资产的后续核算

消耗性生物资产在取得后至售出前所涉及的核算，主要包括两方面：由于培育消耗性生物资产而发生的相关成本费用的核算、持有期间发生的生物资产减值核算。

（1）消耗性生物资产的后续支出核算

在成本模式下，企业在取得消耗性生物资产后到收获农产品期间，培育消耗性生物资产所发生的各项成本费用，直接计入“消耗性生物资产”账户。

林木类消耗性生物资产在生长过程中，为了使其更好地生长，往往需要进行择伐、间伐或抚育更新性质的采伐，并且在采伐后进行相应的补植。由于林木类消耗性生物资产在郁闭前发生的后续支出能使生物资产的价值继续增加，因此发生的管护费用应予以资本化，计入该生物资产的“消耗性生物资产”账户。

林木类消耗性生物资产在郁闭后，其资产价值基本达到最佳状态，处于待售阶段，但为了维护其生命状态，也需要对其进行管护，形成有关管护费用。郁闭后的林木类消耗性生物资产发生的管护费用应予以费用化，计入当期损益“管理费用”账户。

若企业发生的培育、管护费用应由消耗性生物资产、生产性生物资产和公益性生物资产共同负担，则将所发生的费用先计入“农业生产成本——共同费用”账户借方，期末，按一定的分配标准对所发生的共同负担的费用进行分配，分别计入“消耗性生物资产”“生产性生物资产”“公益性生物资产”等账户的借方，贷记“农业生产成本——共同费用”账户。

【例7-12】家园农业合作社本月对肉牛养殖场投入仔牛一批，该批仔牛账面价值40 000元，另领用库存饲料90 000元，应付人员工资20 000元，用银行存款支出药品、设施维修费等共15 000元。

做会计分录如下。

借：消耗性生物资产——肉牛　　165 000
　　贷：消耗性生物资产——仔牛　　40 000
　　　　应付职工薪酬　　20 000
　　　　原材料——饲料　　90 000
　　　　银行存款　　15 000

【例7-13】家园农业合作社统一培植、管护一片森林，本月发生森林管护费用如下：应付人员工资30 000元，领用库存肥料费20 000元，管护设备折旧费5 000元。管护总面积为5 000公顷，其中作为用材林的桉树林共计4 000公顷，已郁闭的占80%，其余的尚未郁闭；用于水土保持的松树林共计1 000公顷，已全部郁闭。管护费用按森林面积比例进行分配。会计处理如下。

（1）归集本月发生的共同性管护费用

借：农业生产成本——共同费用　　55 000
　　贷：应付职工薪酬　　30 000
　　　　原材料——肥料　　20 000
　　　　累计折旧　　5 000

（2）计算分配本月共同性管护费用

未郁闭桉树林应分配的共同费用=55 000×4 000×（1-80%）÷5 000=8 800（元）

已郁闭桉树林应分配的共同费用=55 000×4 000×80%÷5 000=35 200（元）

已郁闭松树林应分配的共同费用=55 000×1 000÷5 000=11 000（元）

借：消耗性生物资产——桉树林　　8 800
　　管理费用　　46 200
　　贷：农业生产成本——共同费用　　55 000

（2）消耗性生物资产的减值核算

由于消耗性生物资产具有未来经济利益不确定性，依据《企业会计准则第 5 号——生物资产》的规定，企业至少应当于每年年度终了时对消耗性生物资产进行检查，有确凿证据表明生物资产发生减值的，应当计提相应的跌价准备。具体来说，消耗性生物资产和生产性生物资产存在下列情形之一的，通常表明可变现净值或可收回金额低于账面价值。

① 因遭受火灾、旱灾、水灾、冻灾、台风、冰雹等自然灾害，造成消耗性生物资产或生产性生物资产发生实体损坏，影响该资产的进一步生长或生产，从而降低其产生经济利益的能力。

② 因遭受病虫害或者疯牛病、禽流感、口蹄疫等动物疫病侵袭，造成消耗性生物资产或生产性生物资产的市场价格大幅度持续下跌，并且在可预见的未来无回升的希望。

③ 因消费者偏好改变而使企业的消耗性生物资产或生产性生物资产收获的农产品的市场需求发生变化，导致市场价格逐渐下跌。与工业产品不同，一般情况下技术进步不会对生物资产的价值产生明显的影响。

④ 企业所处经营环境变化，如动植物检疫标准等发生重大变化，对企业产生不利影响，导致消耗性生物资产或生产性生物资产的市场价格逐渐下跌。

⑤ 其他足以证明消耗性生物资产或生产性生物资产实质上已经发生减值的情形。

会计期末，农业企业需要根据消耗性生物资产账面价值与可变现净值之间的差额计提减值准备。消耗性生物资产的可变现净值是指在日常活动中，消耗性生物资产的估计售价减去至出售时估计将要发生的成本、估计的销售费用及相关税费后的金额。

在发生减值损失后，若引起资产减值的因素消失或损失程度得以减轻，则应将已计提的资产减值损失在原已计提的跌价准备金金额内转回。

【例7-14】家园农业合作社种植水稻200公顷，已发生成本900 000元，未计提过减值准备。本月发生台风灾害，致使水稻严重受灾，灾后可变现净值约为500 000元。做会计分录如下。

借：资产减值损失——消耗性生物资产（水稻）　　400 000
　　贷：存货跌价准备——消耗性生物资产（水稻）　　400 000

【例7-15】接【例7-14】，由于引进了新的技术手段，家园农业合作社因台风受损的水稻受灾程度得到缓解，经重新估算，水稻的可变现净值可恢复到800 000元，比原估计损失减少了300 000元。做会计分录如下。

借：存货跌价准备——消耗性生物资产（水稻）　　300 000
　　贷：资产减值损失——消耗性生物资产（水稻）　　300 000

2. 持有生产性生物资产的后续核算

持有的生产性生物资产包括成熟和未成熟两种状态，其后续核算内容主要包括由于培育和管护生产性生物资产所发生的后续支出核算、成熟生产性生物资产的折旧核算和生产性生物资产持有期间所发生的减值核算。

（1）生产性生物资产的后续支出核算

达到预定生产经营目的是生产性生物资产成熟的标志，同时也是其相关费用停止资本化的时点，是其具备生产能力，从而计提折旧的起点。企业应当根据具体情况，结合正常生产期的确定，对生产性生物资产是否达到预定生产经营目的进行判断。

生产性生物资产在郁闭或达到生产经营目的后（成熟后）发生的维护和饲养费用，应当予以费用化，计入“农业生产成本”账户。

林木类生产性生物资产因择伐、间伐或抚育更新性质的采伐，以及采伐之后进行相应补植而发生的后续支出，应当予以资本化，计入该林木的“生产性生物资产”账户。

【例7-16】家园农业合作社对自有的一片已挂果苹果林进行林间除虫管护，发生应付人员工资20 000元，领用农药5 000元。做会计分录如下。

借：农业生产成本——苹果　　25 000
　　贷：应付职工薪酬　　20 000
　　　　原材料——农药　　5 000

【例7-17】家园农业合作社对自有的一片已挂果苹果林进行择伐，并按照作业计划对择伐地进行更新造林，作业发生应付人员工资20 000元，领用材料2 000元。做会计分录如下。

借：生产性生物资产——成熟生产性生物资产（苹果林）　　22 000
　　贷：应付职工薪酬　　20 000
　　　　原材料　　2 000

（2）生产性生物资产的折旧核算

生产性生物资产具备自我生长性，能够不断产出农产品。从生产性生物资产上收获农产品后，生产性生物资产这一母体仍然存在，但母体在不断产出农产品的同时，其生物自身价值也开始损耗，因此生产性生物资产具有固定资产的性质，需要按期计提折旧。生产性生物资产应计提的折旧额是指应当计提折旧的生产性生物资产的账面原值扣除预计净残值后的余额。如果该生物资产已经计提了减值准备，则还应扣除已计提的生产性生物资产减值准备累计金额。在持有生产性生物资产期间，如果发生账面原值增值的业务，如林木类生产性生物资产因择伐、间伐或抚育更新性质的采伐所发生的后续支出予以资本化增加了账面原值，则应按调整后的账面原值进行生产性生物资产的折旧计算。

① 需要计提折旧的生产性生物资产。当未成熟生产性生物资产达到预定生产经营目的，转为成熟生产性生物资产时，企业应当对该项资产按期计提折旧。

与固定资产计提折旧类似，企业一般应按月计提折旧。当月增加的成熟生产性生物资产，当月不计提折旧，从下月起计提折旧；当月减少的成熟生产性生物资产，当月照提折旧，从下月起不提折旧。成熟生产性生物资产提足折旧后，不管能否继续使用，均不再提取折旧；提前报废的成熟生产性生物资产，不再补提折旧。

需要注意的是，以融资租赁方式租入的生产性生物资产和以经营租赁方式租出的生产性生物资产，应当计提折旧；以融资租赁方式租出的生产性生物资产和以经营租赁方式租入的生产性生物资产，不应当计提折旧。

② 影响生产性生物资产预计使用寿命的因素。企业在确定生产性生物资产的使用寿命时，应当考虑的因素如表 7-4 所示。

表 7-4　　影响生产性生物资产预计使用寿命的因素

影响因素	举　例
该资产的预计生产能力或实物产量	如奶牛的预计产奶年限、果树的丰产年限等
该资产的有形损耗	如经济林木、产畜和役畜的老化情况
该资产的无形损耗	如因新品种的出现而使现有生产性生物资产的生产能力和产出品的质量相对下降等
有关该资产使用的法律或类似限制	如对融资租赁的生产性生物资产，按租赁合同规定，能够合理确定租赁期满时将会取得租赁资产所有权的，按租赁资产尚可使用年限计提折旧；无法合理确定租赁期满时能够取得租赁资产所有权的，应当在租赁期与租赁资产尚可使用年限两者中的较短期间内计提折旧

具体到判断某一生产性生物资产的预计使用寿命，企业应在考虑表 7-4 中的 4 种主要影响因素的基础上，结合不同生产性生物资产的性质、消耗方式、所处环境等因素进行决策。例如，在考虑林木类生产性生物资产的使用寿命时，可以考虑温度、湿度和降雨量等生物特征，灌溉特征，嫁接和修剪程序，植物的种类和分类，植物的株间距，所使用初生主根的类型，采摘或收割的方法，所生产产品的预计市场需求等。在相同环境条件下，对同样的生产性生物资产的使用寿命应具有相同的预期。

③ 生产性生物资产的折旧方法。根据《企业会计准则第 5 号——生物资产》的规定，企业对生产性生物资产可选用的折旧方法包括平均年限法、工作量法、产量法等。在具体运用时，企业应当根据生产性生物资产的具体情况，合理选择相应的折旧方法。

企业应当结合本企业的具体情况，根据生产性生物资产的类别，制定适合本企业的生产性生物资产目录、分类方法，并根据生产性生物资产的性质、使用情况和有关经济利益的预期实现方式，合理确定生产性生物资产的使用寿命、预计净残值和折旧方法，作为进行生产性生物资产核算的依据。

企业制定的生产性生物资产目录、分类方法、预计使用寿命、预计净残值、折旧方法等，应当编制成册，并按照管理权限，经股东大会、董事会或经理（场长）会议讨论通过，按照法律、行政法规的规定，报送有关各方备案，同时备置于企业所在地，以供投资者等有关各方查阅。企业已经确定并对外报送或备置于企业所在地的有关生产性生物资产目录、分类方法、预计净残值、预计使用寿命、折旧方法等，一经确定，不得随意变更，如需变更，仍然需要按照上述程序进行批准后，报有关各方备案，并在报表附注中予以说明。

此外，《企业会计准则第 5 号——生物资产》规定，企业至少应当于每年年度终了，对生产性生物资产的使用寿命、预计净残值和折旧方法进行复核。如果生产性生物资产的使用寿命和预计净残值的预期数与原先的估计数有差异，或者有关经济利益预期实现方式有重大改变，企业应当作为会计估计变更，按照《企业会计准则——会计政策、会计估计变更和差错更正》的规定进行会计处理，调整生产性生物资产的使用寿命或预计净残值，或者改变折旧方法。

【例7-18】假设一头奶牛的原价为8 000元，预计该头奶牛的产奶期为5年，预计净残值率为4%，按平均年限法计算该头奶牛的月折旧额。

奶牛月折旧额=8 000×（1-4%）÷（5×12）=128（元）

【例7-19】假设一头奶牛的原价为8 000元，预计产奶总量为40 000千克，预计净残值率为4%，当月该奶牛产奶600千克，按产量法计算该头奶牛的月折旧额。

奶牛月折旧额=8 000×（1-4%）×600÷40 000=115.2（元）

④ 生产性生物资产折旧的会计处理。企业应当按期对成熟的生产性生物资产计提折旧，并根据受益对象分别计入将收获的农产品成本、劳务成本、出租费用等，借记“农业生产成本”“管理费用”等账户，贷记“生产性生物资产累计折旧”账户。

【例7-20】家园农业合作社本月应对本公司产奶的奶牛计提折旧10 000元，对种牛计提折旧5 000元，对已挂果的苹果树计提折旧7 500元。做会计分录如下。

借：农业生产成本——牛奶　10 000
　　　　　　　　——仔牛　5 000
　　　　　　　　——苹果　7 500
　贷：生产性生物资产累计折旧——奶牛　10 000
　　　　　　　　　　　　　　——种牛　5 000
　　　　　　　　　　　　　　——苹果树　7 500

（3）生产性生物资产的减值核算

《企业会计准则第 5 号——生物资产》规定，企业至少应当于每年年度终了对生产性生物资产进行检查，有确凿证据表明生物资产发生减值的，应当计提生物资产的跌价准备或减值准备。判断生物资产出现减值的标准在本节“消耗性生物资产的减值核算”中已有介绍。

当生产性生物资产的可收回金额低于其成本或账面价值时，企业应当按照可收回金额低于账面价值的差额，计提生物资产的跌价准备或减值准备。生产性生物资产的可收回金额取其公允价值减去处置费用后的净额与资产预计未来现金流量的现值两者之间的较高者。值得注意的是，根据《企业会计准则第 8 号——资产减值》的规定，生产性生物资产减值准备一经计提，不得转回。

【例7-21】家园农业合作社2015年年初自行饲养奶牛50头，奶牛的成长期为1年，该批仔牛的培育成本为10 000元，当年耗用饲料20 000元，水电费、防疫费、治疗费等支出5 000元，应付人员工资380 000元；2015年年底，50头牛犊已经成熟为产奶期的成年奶牛，泌乳牛的使用年限为5年，预计净残值为每头1 500元；2016年奶牛消耗饲料55 000元，水电费、防疫费、治疗费、应付人员工资等支出与2015年相同；2016年年底，奶牛市场价格出现下跌，该批奶牛每头的市场价格为6 500元。会计处理如下。

（1）2015年饲养牛犊的业务核算

借：生产性生物资产——未成熟生产性生物资产（牛犊）　415 000
　贷：农业生产成本——仔牛　10 000
　　　原材料——饲料　20 000
　　　银行存款　5 000
　　　应付职工薪酬　380 000

（2）2015年年底将牛犊转为奶牛的业务核算

借：生产性生物资产——成熟生产性生物资产（奶牛）　415 000
　贷：生产性生物资产——未成熟生产性生物资产（牛犊）　415 000

（3）2016年饲养奶牛的业务核算

借：农业生产成本——牛奶　　440 000
　　贷：原材料——饲料　　55 000
　　　　银行存款　　5 000
　　　　应付职工薪酬　　380 000

（4）2016年计提奶牛折旧的核算

奶牛年折旧额=（415 000−1 500×50）÷5=68 000（元）

借：农业生产成本——牛奶　　68 000
　　贷：生产性生物资产累计折旧　　68 000

（5）2016年年底计提奶牛减值准备的核算

奶牛的公允价值=6 500×50=325 000（元）

奶牛的账面价值=415 000−68 000=347 000（元）

奶牛应计提的减值准备=347 000−325 000=22 000（元）

借：资产减值损失　　22 000
　　贷：生产性生物资产减值准备　　22 000

【例7-22】接【例7-21】，2017年年底，奶牛的价格有所回升，该批奶牛每头的市场价格为5 800元。对奶牛的减值准备进行核算。

依据企业会计准则的有关规定，生产性生物资产减值准备一经计提，后期不得转回，因此，不需要做会计分录。

3. 持有公益性生物资产的后续核算

公益性生物资产是指企业以保护环境为主要目的而持有的生物资产，包括防风固沙林、水土保持林和水源涵养林等。因此，公益性生物资产主要是林木类资产。其会计核算方法如图 7-4 所示。

林木类公益性生物资产在郁闭之前所发生的管护费用应予以资本化，计入该林木的“公益性生物资产”账户，反映该生物资产所发生的实际成本；郁闭后的管护费用等后续支出应予以费用化，计入当期损益“管理费用”账户；但林木类公益性生物资产因择伐、间伐或抚育更新性质的采伐，以及采伐之后进行相应补植而发生的后续支出，应当予以资本化，计入该林木的“公益性生物资产”账户。

由于公益性生物资产主要是为保护环境等公益性目的而持有的，与消耗性生物资产和生产性生物资产有着本质不同，具有非经营性的特点，故《企业会计准则第 5 号——生物资产》规定，公益性生物资产不计提减值准备，也不计提折旧。

【例7-23】家园农业合作社本月对防沙林进行除虫管护，其中郁闭林占80%，未郁闭林占20%，领用除虫农药2 000元，发生应付人员工资14 000元，另对部分郁闭林进行择伐和补植，发生应付人员工资12 000元。做会计分录如下。

应计入“公益性生物资产”的金额=（2 000+14 000）×20%+12 000=15 200（元）

应计入“管理费用”的金额=（2 000+14 000）×80%=12 800（元）

借：公益性生物资产——防沙林　　15 200
　　管理费用　　12 800
　　贷：应付职工薪酬　　26 000
　　　　原材料——农药　　2 000

五、收获和处置生物资产的核算

收获生物资产是指生物资产经过生长过程成熟后，企业进行采摘或收割形成农产品的经营活动，包括：①消耗性生物资产生产过程结束后形成农产品，如收割成熟的水稻、采伐成材的原料林等；②从成熟生产性生物资产上分离出农产品，如从苹果树上采摘下苹果、奶牛产出牛奶、绵羊产出羊毛等。

处置生物资产是指出售、报废、毁损、盘亏、转换生物资产的经营活动。

1. 生物资产收获农产品的成本核算要求

生物资产收获核算的实质是对生物资产收获的农产品成本进行核算。农产品按照所处行业，一般可分为种植业产品（如小麦、水稻、玉米、棉花、糖料、烟叶等）、畜牧养殖业产品（如牛奶、羊毛、肉类、禽蛋等）、林产品（如苗木、原木、水果等）和水产品（如鱼、虾、贝类等）。企业应当按照成本核算对象（消耗性生物资产、生产性生物资产、公益性生物资产和农产品）设置明细账，并按成本项目设置专栏，进行明细分类核算。

农产品收获过程中发生的间接费用，如需分摊的材料费、人工费、设备折旧费等，先通过“农业生产成本——共同费用”账户进行归集，期末按一定的标准分配，计入有关的成本核算对象。

由于在不同的时点对农产品进行收获会得到不同的农产品价值，故在确定收获农产品的成本时，应特别注意成本计算的截止时点。在收获截止时点前发生的费用支出，应计入农产品的成本；在收获截止时点之后发生的费用支出（如仓储费、保险费等），应按《企业会计准则第 1 号——存货》的规定，计入当期损益。例如，粮豆的成本算至入库或能够销售；棉花的成本算至皮棉（一般意义上的棉花就是指皮棉，即对籽棉进行轧花，脱离了棉籽的棉纤维；籽棉是指农民直接从棉株上采摘下来，棉纤维还没有与棉籽分离，没有经过任何加工的带籽棉花）；纤维作物、香料作物、人参、啤酒花等的成本算至纤维等初级产品；草的成本算至干草；不入库的鲜活产品的成本算至销售；入库的鲜活产品的成本算至入库；年底尚未脱粒的作物，其产品成本算至预提脱粒费用；育苗的成本算至出圃；采割阶段，林木采伐的成本算至原木产品；橡胶的成本算至加工成干胶或浓缩胶乳；茶的成本算至各种毛茶；水果等其他收获活动的成本算至产品能够销售等。

企业收获农产品时，应将归属于某农产品生产成本的账面价值结转为农产品的成本，具体的成本结转方法包括个别计价法、加权平均法、折耗率法、蓄积量比例法、轮伐期年限法等。个别计价法适用于单体价值较高的农产品，或者信息化管理水平较为成熟的农业企业；加权平均法是畜牧养殖产品常用的方法；蓄积量比例法、轮伐期年限法、折耗率法等是林业产品常用的方法。

（1）蓄积量比例法。蓄积量比例法以达到经济成熟可供采伐的林木为“完工”标志，将包括已成熟和未成熟的所有林木按照完工程度（林龄、林木培育程度、费用发生程度等）折算为达到经济成熟、可供采伐的林木总体蓄积量，然后按照当期采伐林木的蓄积量占折算的林木总体蓄积量的比例，确定应该结转的林木资产成本。该方法主要适用于择伐方式和林木资产由于择伐更新而使其价值处于不断变动的情况。计算公式如下。

$$\text{某期应结转的林木资产成本}=\frac{\text{当期采伐林木的蓄积量}}{\text{林木总体蓄积量}}\times\text{期初林木资产账面总值}$$

（2）轮伐期年限法。轮伐期年限法是将林木原始价值按照可持续经营的要求，在其轮伐期的年份内平均摊销，并据以结转林木资产成本。其中，轮伐期是指将一块林地上的林木均衡、分批、轮流采伐一次所需要的时间，通常以年为单位进行计算。计算公式如下。

$$\text{某期应结转的林木资产成本}=\text{林木资产原值}\div\text{轮伐期}$$

（3）折耗率法。折耗率法也是林业上常用的方法之一。该方法按照采伐林木所消耗林木蓄积量占采伐为止预计该地区、该树种可能达到的总蓄积量的比例摊销、结转所采伐林木资产成本。计算公式如下。

$$\text{采伐的林木应摊销的林木资产价值}=\text{折耗率}\times\text{所采伐林木的蓄积量}$$

$$\text{折耗率}=\text{林木资产总价值}\div\text{到采伐为止预计的总蓄积量}$$

其中，折耗率应分树种、地区分别测算，林木资产总价值是指该地区、该树种的营造林历史成本总和，预计总蓄积量是指到采伐为止预计该地区、该树种可能达到的总蓄积量。

2. 收获和处置消耗性生物资产的核算

（1）收获消耗性生物资产的核算

从消耗性生物资产上收获农产品后，消耗性生物资产自身因完全转化为农产品而不复存在。因此，企业在消耗性生物资产生产过程中发生的生产费用构成了其所收获的农产品的成本，企业应当将收获时点消耗性生物资产的账面价值结转为农产品的成本，借记“农产品”账户，贷记“消耗性生物资产”账户。已计提跌价准备的，还应同时结转跌价准备，借记“存货跌价准备——消耗性生物资产”账户。对于不入库直接销售的鲜活产品，按实际成本，借记“主营业务成本”。

【例7-24】家园农业合作社本年3月月末养殖的肉牛账面余额为75 000元，共计50头，4月月初花费30 000元新购入一批肉牛进行养殖，共计30头。养殖半年后，共发生饲养费用415 000元（其中领用饲料95 000元，专职饲养员薪酬320 000元），10月月初屠宰肉牛30头，以银行存款支付屠宰费用1 500元，肉牛入库后，分批出售取得价款300 000元，已存银行。家园农业合作社采用移动加权平均法结转成本。会计处理如下。

（1）4月月初购进肉牛的核算

借：消耗性生物资产——肉牛	30 000
贷：银行存款	30 000

（2）肉牛的饲养费用核算

借：消耗性生物资产——肉牛	415 000
贷：原材料——饲料	95 000
应付职工薪酬	320 000

（3）出售肉牛的收入核算

借：银行存款	300 000
贷：主营业务收入	300 000

（4）结转出售肉牛生产成本

肉牛总成本=75 000+30 000+415 000=520 000（元）

肉牛加权平均单位成本=520 000÷（50+30）=6 500（元）

出售肉牛的成本=6 500×30=195 000（元）

借：农产品——肉牛	195 000
贷：消耗性生物资产——肉牛	195 000

（5）肉牛屠宰费用的核算

借：农产品——肉牛	1 500
贷：银行存款	1 500

（6）结转出售肉牛的销售成本

借：主营业务成本——肉牛	196 500
贷：农产品——肉牛	196 500

【例7-25】接【例7-24】，若肉牛屠宰后直接出售，则做会计处理如下。

借：主营业务成本——肉牛	196 500
贷：消耗性生物资产——肉牛	195 000
银行存款	1 500

（2）处置消耗性生物资产的核算

消耗性生物资产盘亏或死亡、毁损时，应当将处置收入扣除其账面价值和相关税费后的余额先计入“待处理财产损溢”账户，待查明原因后，根据企业的管理制度，经股东大会、董事会、经理（场长）会议等批准后，在期末结账前处理完毕。生物资产因盘亏或死亡、毁损造成的损失，在减去过失人或保险公司等的赔款和残余价值后，计入“管理费用”账户；属于自然灾害等非常损失的，计入“营业外支出”账户。

【例7-26】家园农业合作社有一头肉牛因管理不善落入河道丢失，账面价值6 000元，经理办公会决定由饲养员赔偿3 000元，企业承担3 000元。会计处理如下。

借：待处理财产损溢——待处理流动资产损溢　　6 000
　　贷：消耗性生物资产——肉牛　　6 000
借：其他应收款——饲养员　　3 000
　　管理费用　　3 000
　　贷：待处理财产损溢——待处理流动资产损溢　　6 000

3. 收获和处置生产性生物资产的核算

（1）收获生产性生物资产的核算

生产性生物资产具有自我生长性，能够不断产出农产品。从生产性生物资产上收获农产品后，如奶牛产出牛奶、从果树上采摘下水果等，生产性生物资产这一母体仍然存在。生产性生物资产成熟后发生的饲养、管护费用，是为收获农产品而发生的相关支出，这部分后续支出不再资本化，而是构成生产性生物资产产出的农产品的成本。成熟生产性生物资产发生的各项生产费用，按照经济用途可以分为直接材料、直接人工等直接费用及间接费用，企业应当区别处理。

① 农产品收获过程中发生的直接材料、直接人工等直接费用。农产品收获过程中发生的直接费用，直接计入相关成本核算对象，借记“农业生产成本——农产品”账户，贷记“库存现金”“银行存款”“原材料”“应付职工薪酬”“生产性生物资产累计折旧”等账户。

【例7-27】家园农业合作社本月发生奶牛（已进入产奶期）的饲养费用如下：领用饲料15 000元，应付饲养人员工资20 000元，以现金支付防疫费1 000元。账务处理如下。

借：农业生产成本——牛奶　　36 000
　　贷：原材料——饲料　　15 000
　　　　应付职工薪酬　　20 000
　　　　库存现金　　1 000

② 农产品收获过程中发生的间接费用。农产品收获过程中发生的间接费用，如材料费、人工费、生产性生物资产的折旧费等应分摊的共同费用，应当在生产成本中归集，借记“农业生产成本——共同费用”账户，贷记“库存现金”“银行存款”“原材料”“应付职工薪酬”“生产性生物资产累计折旧”等账户；在会计期末按一定的分配标准，分配计入有关的成本核算对象，借记“农业生产成本——农产品”科目，贷记“农业生产成本——共同费用”科目。

实际操作中，常用的间接费用分配方法通常以直接费用或直接人工为基础，采用直接费用比例法或直接人工比例法。采用直接费用比例法时，以生物资产或农产品相关的直接费用为分配标准；采用直接人工比例法时，以直接从事生产的工人工资为分配标准。其公式如下。

$$\text{间接费用分配率}=\frac{\text{间接费用总额}}{\text{分配标准（即直接费用总额或直接人工总额）}}\times 100\%$$

$$\frac{\text{某项生物资产或农产品}}{\text{应分配的间接费用}}=\frac{\text{该项资产相关的}}{\text{直接费用或直接人工}}\times\text{间接费用分配率}$$

【例7-28】家园农业合作社养殖场本月发生间接费用如下：以银行存款支付水电费2 000元、养殖场折旧费10 000元、技术人员工资8 000元。按直接费用比例法分配间接费用。其中，奶牛的直接饲养费用为36 000元，肉牛的直接饲养费用为64 000元。账务处理如下。

（1）核算所发生的间接费用

借：农业生产成本——共同费用　　20 000

　贷：银行存款　　2 000

　　　累计折旧　　10 000

　　　应付职工薪酬　　8 000

（2）分配本月发生的间接费用

间接费用分配率=20 000÷（36 000+64 000）=0.2

奶牛应分配的间接费用=0.2×36 000=7 200（元）

肉牛应分配的间接费用=0.2×64 000=12 800（元）

借：农业生产成本——奶牛　　7 200

消耗性生物资产——肉牛　　12 800

　贷：农业生产成本——共同费用　　20 000

除此之外，还可以直接材料、生产工时等为基础进行分配，企业可以根据实际情况加以选用。例如，蔬菜的温床费用分配计算公式如下。

$$\text{蔬菜应分配的温床（温室）费用} = \text{温床（温室）费用总额} \times \text{该种蔬菜占用的格日（平方米日）数} \div \text{实际使用的格日（平方米日）总数}$$

其中，温床格日数是指某种蔬菜占用温床格数和在温床生长日数的乘积，温室平方米日数是指某种蔬菜占用位的平方米数和在温室生长日数的乘积。

【例7-29】甲农场利用温床培育丝瓜、西红柿两种秧苗，温床费用为3 200元。其中丝瓜占用温床40格，生长期为30天；西红柿占用温床10格，生长期为40天。秧苗育成移至温室栽培后，发生温室费用15 200元。其中，丝瓜占用温室1 000平方米，生长期为70天；西红柿占用温室1 500平方米，生长期为80天。两种蔬菜发生的直接生产费用为3 000元，其中丝瓜1 360元，西红柿1 640元。应负担的间接费用共计4 500元，采用直接费用比例法分配。丝瓜和西红柿两种蔬菜的产量分别为38 000千克和29 000千克。有关计算如下。

丝瓜应分配的温床费用=3 200÷（40×30＋10×40）×40×30=2 400（元）

丝瓜应分配的温室费用=15 200÷（1 000×70＋1 500×80）×1 000×70=5 600（元）

丝瓜应分配的间接费用=4 500÷（1 360＋1 640）×1 360=2 040（元）

西红柿应分配的温床费用=3 200÷（40×30＋10×40）×10×40=800（元）

西红柿应分配的温室费用=15 200÷（1 000×70＋1 500×80）×1 500×80=9 600（元）

西红柿应分配的间接费用=4 500÷（1 360＋1 640）×1 640=2 460（元）

借：农业生产成本——丝瓜　　10 040

　　　　　　　——西红柿　　12 860

　贷：农业生产成本——共同费用　　22 900

(2）生产性生物资产收获农产品成本的结转

生产性生物资产收获的农产品验收入库时，按其实际成本，借记“农产品”账户，贷记“农业生产成本——农产品”账户。农产品出售时，企业应按实际收到的金额，借记“银行存款”等账户，贷记“主营业务收入”账户；按出售农产品的账面价值，借记“主营业务成本”账户，贷记“农产品”账户。

【例7-30】家园农业合作社本月入库牛奶20 000千克，每千克售价3.5元，货款已存银行。本月牛奶的生产成本为53 200元。做会计处理如下。

（1）牛奶的销售核算。

借：银行存款　　70 000

　贷：主营业务收入　　70 000

（2）牛奶的生产成本结转。

借：农产品——牛奶　53 200

　贷：农业生产成本——牛奶　53 200

（3）牛奶的销售成本结转。

借：主营业务成本——牛奶　53 200

　贷：农产品——牛奶　53 200

（3）处置生产性生物资产的核算

① 出售生产性生物资产。生产性生物资产的出售分为以下两种情况。

a. 出售未成熟的生产性生物资产。将未成熟的生产性生物资产作价转让时，按应收价款金额，借记“银行存款”等账户，贷记“其他业务收入”账户；按未成熟生产性生物资产的账面价值，借记“其他业务成本”账户，贷记“生产性生物资产——未成熟生产性生物资产”“生产性生物资产减值准备”等账户。

b. 出售成熟的生产性生物资产。将成熟的生产性生物资产作价出售时，按实际交易金额，借记“银行存款”等账户；按已计提的累计折旧，借记“生产性生物资产累计折旧”账户；按已计提的减值准备，借记“生产性生物资产减值准备”账户；按账面余额，贷记“生产性生物资产——成熟生产性生物资产”账户；最后按借贷方差额确认处置损益，收益贷记“营业外收入”账户，损失借记“营业外支出”账户。

【例7-31】家园农业合作社按6 000元/头的价格出售给当地养殖户处于产奶期的奶牛20头，每头奶牛原值8 000元，已提折旧2 000元，计提减值准备600元。已收到养殖户汇入银行的货款。账务处理如下。

借：银行存款　120 000

　生产性生物资产累计折旧　40 000

　生产性生物资产减值准备　12 000

　贷：生产性生物资产——成熟生产性生物资产（奶牛）　160 000

　　营业外收入　12 000

② 生产性生物资产盘亏或死亡、毁损。生物资产盘亏或死亡、毁损时，应当将处置收入扣除其账面价值和相关税费后的余额先记入“待处理财产损溢”账户，待查明原因后，根据企业的管理权限，经股东大会、董事会、经理（场长）会议等批准后，在期末结账前处理完毕。生产性生物资产因盘亏或死亡、毁损造成的损失，在减去过失人或者保险公司等的赔款和残余价值之后，属于企业经营损失的计入“管理费用”账户，属于自然灾害等非常损失的计入“营业外支出”账户。

【例7-32】家园农业合作社本月因管理不善丢失一头奶牛，账面原值为8 000元，已提折旧2 000元，计提减值准备600元。经经理办公会决议，由饲养员赔偿4 000元，其余损失由企业承担。做会计处理如下。

借：待处理财产损溢——待处理非流动资产损溢　5 400

　生产性生物资产累计折旧　2 000

　生产性生物资产减值准备　600

　贷：生产性生物资产——成熟生产性生物资产（奶牛）　8 000

借：其他应收款——饲养员　4 000

　管理费用　1 400

　贷：待处理财产损溢——待处理非流动资产损溢　5 400

4. 处置公益性生物资产的核算

公益性生物资产转为消耗性生物资产或生产性生物资产时，应按其账面余额，借记“消耗性生物资产”或“生产性生物资产”科目，贷记“公益性生物资产”科目。

【例7-33】家园农业合作社根据所属区域的林业发展规划和相关政策调整，将以松树为主的800公顷防风固沙林，全部转为以采脂为目的的商品林。该松树林的账面价值为2 000 000元。其中，已经具备采脂条件的有600公顷，账面价值为1 600 000元，其余的尚不具备采脂条件。另根据国家政策规定，将100公顷作为防风固沙林的杨树林转为作为造纸原料的商品林，该杨树林的账面余额为180 000元。账务处理如下。

（1）将以松树为主的防风固沙林转为以采脂为目的的商品林

借：生产性生物资产——成熟生产性生物资产（松树）　　1 600 000

　　　　　　　　——未成熟生产性生物资产（松树）　　400 000

　贷：公益性生物资产——防风固沙林（松树）　　1 000 000

（2）将作为防风固沙林的杨树林转为作为造纸原料的商品林

借：消耗性生物资产——用材林（杨树）　　180 000

　贷：公益性生物资产——防风固沙林（杨树）　　180 000

技能训练题

一、单项选择题

1．天然起源生物资产，如天然起源的林木等，其初始入账价值为（　　）。

A．估算价　B．实际成本　C．不入账　D．本本本元

2．以下不构成外购生物资产成本的是（　　）。

A．专业人员服务费　B．增值税　C．场地整理费　D．采购人员差旅费

3．用于核算生产性生物资产折旧的会计账户是（　　）。

A．“累计折旧”　B．“生产性生物资产累计折旧”

C．“生产性生物资产减值准备”　D．“生产性生物资产跌价准备”

4．消耗性生物资产发生减值损失时，应借记“资产减值损失——消耗性生物资产”科目，贷记（　　）科目。

A．“存货跌价准备——消耗性生物资产”　B．“生产性生物资产减值准备”

C．“资产减值损失——生产性生物资产”　D．“消耗性生物资产减值准备”

5．消耗性生物资产的成本结转方法不包括（　　）。

A．加权平均法　B．折耗率法　C．蓄积量比例法　D．平均年限法

6．在移动加权平均法下结转消耗性生物资产成本，以（　　）为依据计算单位平均成本。

A．资产期初数与本期增加数之和减去本期减少数

B．资产期初数与本期增加数之和

C．本期收入数

D．资产期初数

7．某农场外购 25 头公牛、45 头母牛，公牛单价为 9 000 元，母牛单价为 11 000 元，外购生物资产的运输费为 30 000 元，保险费为 10 000 元，则母牛应负担的运输费与保险费合计为（　　）元。

A．12 500　B．27 500　C．10 000　D．17 500

8．某农业公司主要从事大豆、玉米等经济作物的种植业务，为对种植的经济作物进行保护，公司种植了一批农田防风林。该批农田防风林预计使用寿命为 10 年，净残值率为 5%，则该资产的平均月折旧率为（　　）。

A．0.79%　B．0.95%　C．9.5%　D．0

9．处置成熟生产性生物资产所得收益应该用（　　）账户进行核算。

A．“其他业务收入”　B．“主营业务收入”　C．“营业外收入”　D．“投资收益”

10．处置未成熟生产性生物资产所得收益应该用（　　）账户进行核算。
A．“其他业务收入”　B．“主营业务收入”　C．“营业外收入”　D．“投资收益”

二、多项选择题

1．农业企业在进行生物资产的核算过程中可能涉及的资产抵减账户有（　　）。
A．“累计折旧”　B．“公益性生物资产减值准备”
C．“存货跌价准备”　D．“生产性生物资产减值准备”

2．外购消耗性生物资产的实际成本包括（　　）。
A．专业人员服务费　B．保险费　C．运输费　D．种子购买费用

3．消耗性生物资产在持有期间发生的各项费用支出可能计入的账户有（　　）。
A．“消耗性生物资产”　B．“农业生产成本”　C．“管理费用”　D．“主营业务成本”

4．生产性生物资产在持有期间发生的各项费用支出可能计入的账户有（　　）。
A．“生产性生物资产”　B．“管理费用”　C．“农业生产成本”　D．“农产品”

5．下列计量模式中可用于生物资产后续计量的有（　　）。
A．历史成本计量　B．公允价值计量　C．重置成本计量　D．可变现净值计量

6．农业企业需计提折旧的资产有（　　）。
A．固定资产　B．消耗性生物资产　C．生产性生物资产　D．公益性生物资产

7．以下各项中，属于生产性生物资产折旧方法的有（　　）。
A．平均年限法　B．工作量法　C．轮伐期年限法　D．生产量法

8．下列情况中，可能造成生产性生物资产可回收金额低于账面价值的有（　　）。
A．遭受火灾、虫灾、水灾等自然灾害
B．消费者偏好的改变使得市场需求发生变化，导致市场价格下跌
C．同期市场利率或者其他市场投资报酬率大幅提高
D．遭受病虫害或者动物疫病

9．在判断生产性生物资产是否存在减值迹象时，需要用到资产价值相关的数据，这些数据有（　　）。
A．生产性生物资产可收回金额
B．资产公允价值减去处置费用后的净额
C．预计资产在未来所能带来的现金流量的现值
D．资产账面价值

10．收获消耗性生物资产并进行销售时，借方可能涉及的账户有（　　）。
A．“银行存款”　B．“农产品”　C．“主营业务成本”　D．“存货跌价准备”

三、判断题

1．在公允价值计量模式下，农业企业不需要对生物资产计提折旧，也不需要计提跌价准备或减值准备。（　　）

2．当月增加的成熟生产性生物资产需要计提折旧。（　　）

3．企业每隔两年需要对生产性生物资产的预计使用寿命、预计净残值进行复核。（　　）

4．未成熟生产性生物资产达到预定生产经营目的，在转为成熟生产性生物资产时不需要结转已经计提的资产减值损失。（　　）

5．公益性生物资产不需要计提折旧及确认资产减值。（　　）

6．郁闭后的林木发生的管护费用应计入当期损益“管理费用”账户。（　　）

7．未成熟的生产性生物资产不需要计提折旧，但可能会计提减值准备。（　　）

8．天然起源的消耗性生物资产不需要计提减值准备。（　　）

9．生产性生物资产已计提的减值准备不得转回。（ ）

10．收获截止时点后发生的仓储费用应计入收获的农产品成本。（ ）

四、业务核算题

1．练习生物资产取得的核算。

（1）甲养殖企业于本年3月从市场上一次性购入了80头肉牛仔牛，单位价格为1 200元，共支付价款96 000元；另外，发生的运输费为3 200元，保险费为2 000元，装卸费为1 500元，所有款项均以银行存款支付。

（2）乙奶牛养殖企业从本年开始自行繁殖奶牛共计600头，当年发生饲料费800 500元、人员工资439 000元，以银行存款支付场地整理费18 000元、医疗防疫费6 000元。

（3）丙奶牛厂本年4月接受了某农业集团公司对其投资的20头已经进入产奶期的奶牛，合同协议确定奶牛（泌乳牛）的价格为每头9 000元，另外以银行存款支付运输费1 000元。确认的资本份额为150 000元。

2．练习持有生物资产的后续核算和收获核算。某农业种植企业发生如下经济业务，请完成相关的会计分录。

（1）20×1年年初自行营造200亩柑橘树。当年发生种苗费200 000元，平整土地所需机械作业费5 000元，领用化肥10 000元，领用农药1 000元，应付人工费100 000元，支付的其他费用共计5 000元。

（2）20×2年及20×3年，柑橘树处于生长期，每年发生化肥费用12 000元，农药费用5 000元，人工费150 000元，其他管护费5 000元。

（3）20×4年，柑橘树进入结果期。该柑橘树结果期为15年，净残值率为4%。当年发生化肥费用80 000元，农药费用10 000元，人工费200 000元，其他管护费5 000元。

（4）20×4年，产出柑橘的销售收入为450 000元，货款已存入银行。进行当年柑橘的收入和成本核算。

（5）20×5年6月，森林火灾使柑橘树受损，计提50 000元减值准备。

（6）火灾后幸存的柑橘树结果期不变，净残值率为重估价值的4%，计提20×5年的柑橘树折旧。

3．练习收获和处置生物资产的核算。甲农业公司属于养猪类企业，为了进行规模化经营，将公司分为两部分，设立两个分公司，一个公司专门饲养肉猪，另一个公司专门从事种猪养殖。

（1）1月，企业购入1 500头仔猪，仔猪每头350元，此外发生运输费3 000元，保险费1 000元，装卸费1 000元，以银行存款支付。

（2）3月，企业从种猪养殖场转入仔猪3 500头到肉猪养殖场进行育肥（本年年初拥有仔猪2 000头，账面价值为600 000元）。本年年初至结转前仔猪的各项抚育费用发生额共计340 000元，其中：领用饲料215 000元，人工费80 000元，设施折旧费24 000元，其他银行存款支付的直接费用21 000元。

（3）4月，出栏上年留存的育肥猪2 500头（该批育肥猪共计3 200头，账面价值为3 520 000元）。从本年年初至出栏前各项抚育费用发生额共计800 000元，其中：领用饲料510 000元，人工费180 000元，设施折旧费56 000元，其他银行存款支付的直接费用54 000元。以每千克16元的价格销售，每头出栏肉猪的体重为100千克，货款已存入银行。

（4）5月，销售种猪100头，每头3 000元。公司年初有刚进入成熟期的种猪530头，账面价值1 325 000元，种猪繁殖年限为5年，估计淘汰种猪每头价值400元。

（5）5月，销售自行繁殖仔猪500头，每头售价400元，货款已存入银行，每头成本300元。

要求：编制以上业务的会计分录。

小结

第七章主要知识点及内在关系如图 7-5 所示。

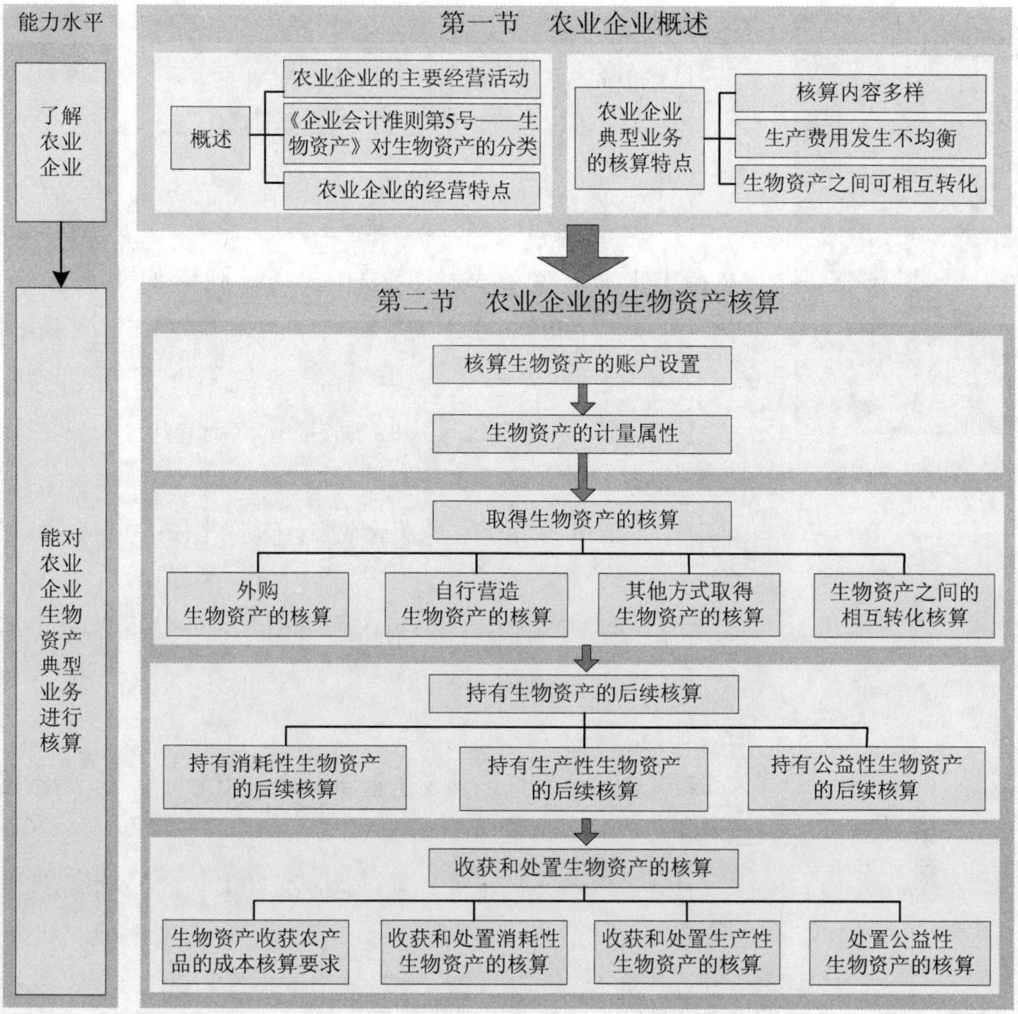

图 7-5　第七章主要知识点及内在关系

参考文献

[1] 蒋晓凤. 行业会计比较[M]. 北京：人民邮电出版社，2017.

[2] 周列平，乔荣，王艳霞. 行业会计[M]. 武汉：武汉大学出版社，2011.

[3] 唐棠，金岩. 行业会计[M]. 上海：上海财经大学出版社，2010.

[4] 张流柱. 行业会计比较[M]. 北京：高等教育出版社，2011.

[5] 平准. 物流企业会计实务一本通[M]. 北京：中国纺织出版社，2013.

[6] 平准. 旅游饮食服务业会计实务一本通[M]. 北京：中国纺织出版社，2013.

[7] 严玉康，刘舒叶. 物流企业会计[M]. 上海：立信会计出版社，2008.

[8] 王晓兰. 物流企业会计[M]. 北京：冶金工业出版社，2008.

[9] 平准. 房地产企业会计实务一本通[M]. 北京：中国纺织出版社，2013.

[10] 冯浩. 房地产开发企业会计[M]. 上海：复旦大学出版社，2010.

[11] 李赞祥，吕岩荣. 施工企业会计[M]. 北京：北京理工大学出版社，2016.

[12] 张俊玲，张国健. 新编施工企业会计[M]. 北京：经济管理出版社，2009.

[13] 黄庆阳，李跃珍，聂新田. 施工企业会计[M]. 武汉：武汉理工大学出版社，2009.

[14] 于春红. 银行会计学[M]. 北京：对外经济贸易大学出版社，2015.